대승불교는 어떻게 발전했는가

Sillasian 인문총서 3

대승불교는 어떻게 발전했는가

동국대학교
출판문화원

책 머리에

　불교학을 접한 지 어느덧 30여 년의 시간이 흘렀다. 1년 차에는 아무것도 몰랐지만, 마냥 신기했고, 시간이 흐르면 좀 더 많은 것을 알 수 있으리란 기대감만 있었다. 4년의 학부 기간을 마친 시점에는 조금 더 공부하면 궁금증이 해결되리란 기대감으로 대학원에 진학했다. 그렇게 학부 4년, 석박사 10여 년의 시간 동안 공부에 전념했지만, 오히려 남은 공부가 더 많은 분야임을 어렴풋이 알아차렸다. 30여 년이 지난 이 시점에는 처음의 1년 차보다 궁금증이 더 많아졌으니 과연 궁금증이 해결될 수 있는 날이 오는 것일까 하는 의문을 여전히 갖고 책과 자료를 뒤적거리는 날이 더 많은 듯하다.
　실크로드라는 불교교류의 가교역할을 했던 지역을 중심으로 불교교류사를 공부하면서 대승불교의 흥기 문제를 고민한 시간이 15년이다. 감히 대승불교의 흥기 문제를 언급할 깜냥이 되지 못함을 알지만, 그간 공부한 전공에 기반해 접근하기 시작한 것이 대승불교의 발전사−대승불교 집단화 문제였다. 처음 문제제기를 한 자리가 마침 한·중·일 삼국 공동학술대회였다. 일각에서는 말도 안 되는 학설이라고 비난했고, 일각에서는 새로운 시각이고 신선한 학설이라 극찬했다.
　양극화된 반응에 당황스럽기도 했지만, 적어도 논쟁을 끌어낼 만한 문제 제기였다는 것에 만족하며 문제 제기의 근거에 해당하는 논문을 끊임없이 시도했다. 그 결과의 일부가 바로 이 책이다. 10여 년간 노력의 일부가 본서로 출간되어 설레는 마음도 있지만, 마음 한 켠이 무척이나 무겁다. 아직도 가야 할 길이 멀고, 살펴야 할 문제들이 많기 때문이다.

지난 10년 동안, 이 문제를 해결하기 위한 과정이 머릿속을 스쳐 지나간다. 방 안 가득 자료와 책들이 펼쳐져 있어 조심스럽게 발을 딛고 책상을 향해 가던 일, 주제를 향해 가는 과정에 두세 가지 문제를 한꺼번에 해결해야 해서 각각의 주제로 세 편의 논문을 동시에 작성하던 일. 그 과정에서 어떤 말을 해도 들리지 않는 듯 몇 차례나 말해야 겨우 알아들을 뿐만 아니라 그러고도 한 달을 넘기는 것을 보며 '엄마가 드디어 그 무섭다는 갱년기가 온 줄 알고 가슴이 조마조마했어.'라고 논문이 모두 완성된 후 말하던 초등학생 아들의 모습까지. 본의 아니게 주변의 소중한 사람들에게 외로운 시간을 준 과정이었던 것 같다.

이 책을 출간하게 되면서 이제야 아들 성준에게 말해주고 싶다. 외로운 시간을 버티는 동안 이런 공부를 하고 있었다고, 포근한 엄마가 되어주지 못해 미안했다고. 그리고 공부한다는 이유로 자주 찾아뵙지 못한 아버지와 어머니께 죄스러운 마음을 전한다. 가족에게 드는 죄스러운 마음과 더불어 이 책이 출간되기까지 언제나 곁에서 할 수 있다고 응원해 준 여러 선생님께 감사의 마음을 전하고 싶다.

더운 날 공부하랴, 일하랴 밥 짓기 힘들 텐데 몸 챙겨가며 공부하라고 곰탕까지 보내주시는 지도교수 권기종 교수님께 못난 제자이지만 언제나 아껴주시고 격려해 주셔서 감사하다는 말씀을 드리고 싶다.

그리고 평소 이 주제를 함께 고민하며 논쟁을 통한 발돋움으로 도움을 주고 더 나아가 부족한 원고를 실라시안 학술총서 시리즈로 출간하기를 격려해주신 동국대 WISE캠퍼스 석길암 교수님께 감사의 말씀을 드린다. 언제나 잔잔한 미소로 격려해 주시며 부족한 저자를 한없이 믿어주시는 불교사회문화연구원 원장 유진스님께도 감사의 마음을 전하고자 한다. 또한 함께 동고동락하며 관련 자료가 있으면 챙겨주던 최은영 선생님께도 감사의 마음을 전한다. 지금은 유명을 달리하셨지만, 많은 영감을 주신 카라시마 세이시 선생님께도 감사의 말씀을 올린다.

향후 계속되는 연구 성과가 또다시 책으로 출간되는 그날까지 다시금 죄스런 마음과 감사한 마음이 계속되겠지만, 그 마음을 연구의 원동력으로 삼아 정진하겠다고 다짐하며 글을 마친다.

2024년 11월
실크로드의 동단東端 경주에서
저자 한지연

서장 | 대승불교에 대한 새로운 시선 갖기 ＿ 17

1장 | 대승불교 발전과정의 재구성

○○● 대승불교의 집단화, 언제 어떻게 이루어졌을까?

    Ⅰ. 충분히 고려되지 않았던 문제들 ＿ 27

    Ⅱ. 대승불교 집단화가 가능하도록 했던 외적 요인 ＿ 30

       – 교류의 첫 번째 목적, 경제: 대승불교 집단화의 연관성 ＿ 30

       – 교류 목적 달성의 결과물: 대승불교 집단화의 연관성 ＿ 34

    Ⅲ. 대승불교 집단화를 엿볼 수 있는 불교 내적 요소들 찾기 ＿ 38

       – 구법승 기록의 특이점 ＿ 38

       – 초기 중국불교의 변화 ＿ 42

    Ⅳ. 문제 해결과 남은 과제 ＿ 45

○●● 고대 실크로드의 경제권이 대승불교 발전에 끼친 영향

    Ⅰ. 불교와 상업의 관계성 ＿ 49

Ⅱ. 고대 실크로드 경제권 변화 ___ 51
- 서방문화권 속의 실크로드 ___ 53
- 실크로드-서역-의 중국 영역화 ___ 59

Ⅲ. 불교 전파 초기 승려의 활동 ___ 65
- 초기 입중入中 승려의 활동 ___ 66
- 중국불교의 본격화와 승려들의 활동 ___ 70

Ⅳ. 고대 경제의 흐름 속에 변화하는 불교 ___ 75

2장 | 대승불교 발전의 숨은 주역들

○○● 아쇼카왕, 그는 대승불교의 토대를 만든 사람인가

Ⅰ. 아쇼카왕, 그는 누구인가? ___ 83

Ⅱ. 인도불교 교단; 아쇼카 시대 교단에 대한 중앙통제의 의미 ___ 85
- 아쇼카왕의 불교 교단에 대한 보시와
  사유재산 인정의 의미 ___ 85

- 아쇼카왕의 불교 교단에 대한 통제 방식과 의미 ___ 88

Ⅲ. 실크로드 불교 교단과 정치권력 ___ 93
　　　　- 인도식 중앙통제의 교단상, 우전국 ___ 93
　　　　- 국가불교식 중앙통제의 교단상,
　　　　　　　　구자와 누란 그리고 북위北魏 ___ 99
　　Ⅳ. 국가불교의 신호탄을 쏘아 올린 아쇼카왕 ___ 105

○●● 서역 경영권 쟁탈전과 대승불교의 발전
　　Ⅰ. 민족간 전쟁 속에서의 불교 전파 ___ 111
　　Ⅱ. 천산남로, 사막남도에서의 흉노와 중국 ___ 114
　　　　- 천산남로 경영권 침탈 ___ 114
　　　　- 사막남도에서의 경영권 전쟁 ___ 119
　　Ⅲ. 소승에서 대승으로의 변화 ___ 124
　　　　- 실크로드 불교의 시작점, 소승불교 ___ 124
　　　　- 흉노와 중국 간 전쟁으로 인한 불교 변화 ___ 129
　　Ⅳ. 전쟁, 전법승 활약의 무대가 되다 ___ 134

●●● 지리와 자연환경 그리고 대승불교의 발전

　Ⅰ. 누란은 수로水路를 어떻게 활용했을까? ＿ 139

　Ⅱ. 누란역사 속에서 본 문화의 다양성 ＿ 141

　　– 수로를 이용한 교류의 역사적 정황 ＿ 141

　　– 동서문화 융합체로서의 누란 ＿ 146

　Ⅲ. 누란을 통해 본 실크로드 불교 특징의 한 단면 ＿ 150

　　– 누란 불교 교단 발전의 양상 ＿ 150

　　– 누란 불교의 성격과 문화의 상대성 연동 ＿ 154

　Ⅳ. 인문적 요소가 선사한 진정한 의미의 교류 ＿ 159

3장 | 교류와 융합으로 탄생한 대승불교

○○● 대승불교의 집단화와 동아시아인의 붓다관

　Ⅰ. 간다라의 붓다 스토리 ＿ 167

　Ⅱ. 중국인들이 주목한 전생고사와 간다라의 전승 양상 ＿ 170

　Ⅲ. 간다라 지역에 대한 붓다와의 직접적 연결고리 만들기 ＿ 179

Ⅳ. 붓다 전생고사를 통한 중국에서의 붓다에 대한 이해: 전륜성왕 = 보살 개념을 도입한 불교 확장 ___ 186

Ⅴ. 전파와 수용, 변용의 결과로 나타난 붓다관 ___ 192

○●● 전륜성왕 개념의 전이·확장과 대승불교의 발전
   Ⅰ. 불교 교단과 전제왕권 ___ 197
   Ⅱ. 양 무제 사신 활동과 배경 ___ 199
      – 양 무제의 전륜성왕 인식과 사신 활동 ___ 200
      – 승우의 전륜성왕 체계 수립을 위한 노력 ___ 205
   Ⅲ. 양 무제 사신 활동의 목적과 교단과의 관계 ___ 210
      – 양 무제; 사신 활동을 통해 보살계체를 성취 ___ 210
      – 양 무제의 백의승정 의도와
              교단의 승정제 폐지 의지 ___ 216
   Ⅳ. 중국 남조의 국가불교 ___ 221

●●● 대승경전이 주목한 본생담
   Ⅰ. 본생담의 북전 ___ 227

Ⅱ. 본생담의 북전, 한역의 역사와 의의 ___ 229

　　- 본생담, 언제 어떤 기준으로 한역되었는가 ___ 229

　　- 한역된 본생담, 왜 547편이 아닌가 ___ 233

Ⅲ. 믿음의 대상, 붓다에서 경전으로 ___ 239

　　- 붓다를 향한 믿음의 대상으로서의 본생담 ___ 239

　　- 깨달음을 향한 믿음의 대상으로서의 대승경전 ___ 246

Ⅳ. 대승경전의 본생담 활용 ___ 252

4장 | 동서 문화교류와 대승불교

○○● 실크로드의 동서 문화 교섭과 불교의 중국화 과정
_ 돈황 지역에 보이는 불교문화와 중국 도교문화의 융합 사례를 중심으로

Ⅰ. 고대 돈황은 문화의 단순 주변부였을까? ___ 259

Ⅱ. 교류 여건의 충족지, 돈황 ___ 262

　　- 오량의 건국과 돈황의 역사 지리적 배경 ___ 262

　　- 돈황, 한漢문화의 자리매김과 타문화의 덧씌움 과정 ___ 267

Ⅲ. 불교와 돈황의 닮은꼴, 다양성 인정과 추구 ___ 272

　　　　- 돈황에서의 불교, 한漢문화 흡수와 정착 ___ 272

　　　　- 중국에서의 돈황불교 이식화 작업 ___ 279

　　Ⅳ. 고대 불교문화 교류의 중심지였던 돈황 ___ 285

○●● 대승불교 경전으로 인한 불교 수행의 변화

　　Ⅰ.『현겁경』, 대승불교 초기 신앙의 소의경전 ___ 293

　　Ⅱ.『현겁경』의 동전東傳과 천산남로의 수행 체계 ___ 296

　　　　-『현겁경』의 동전과 한역 ___ 297

　　　　- 양주 지역의 수행 체계와 현겁신앙 ___ 300

　　Ⅲ. 실크로드의 현겁신앙과 수행 양상 ___ 308

　　　　- 간다라 지역의 관불수행 ___ 309

　　　　- 우전국의 초기 불교와『현겁경』 성행의 연관성 ___ 315

　　Ⅳ.『현겁경』이 제시한 관불수행 ___ 320

●●● 북방불교의 수행 문화에 대한 고찰

　　Ⅰ. 한국의 선불교 문화의 기원을 찾아서 ___ 327

Ⅱ. 서북인도의 수행 문화 ___ 329

　　- 간다라 지역의 수행 ___ 329

　　- 간다라의 공동 수행 문화 ___ 335

Ⅲ. 실크로드의 수행 문화 ___ 339

　　- 천산남로와 사막남도의 수행 문화 ___ 339

　　- 양주 지역의 수행 문화 ___ 345

Ⅳ. 서북인도로부터 전해 온 한국불교의 수행 전통 ___ 348

남은 과제 | 대승불교의 재발견 ___ 353

서장

대승불교에 대한
새로운 시선 갖기

연대기 순으로만 바라보는 불교학

부처님 가르침의 근본에는 변함이 없다. 왜냐하면 부처님 가르침은 세상이 어떻게 구성되고 있는지, 그 세상은 어떻게 돌아가고 있는 것인지, 그 속에서 우리는 왜 희노애락喜怒哀樂의 감정을 느끼는지, 그 희노애락이 주는 여러 가지 감정은 어떠한지 등 세상의 진리에 대한 말씀이기 때문이다. 그러기에 불교는 인도印度라는 한 지역에 국한되지 않고 세계적인 종교로 거듭날 수 있었다. 다시 말해서 인간이 존재하는 한, 그리고 세상이 존재하는 한 부처님의 가르침은 유효할 것이다.

지극히 인문적人文的 종교인 불교는 시간과 지역의 상이相異를 극복하고 발전했다. 그리고 우리는 그 발전의 과정을 통상 시간 개념에 입각해서 언급하기 때문에 부처님 말씀도, 경전의 발전 순서도, 교단의 발달도 모두 초기初期─부파部派─대승大乘의 기준을 적용한다. 물론 이러한 기준을 적용하는 것에 그만큼 타당성이 존재했고, 실효성이 높았기 때문이다.

그렇지만 앞서 언급한 바와 같이 시간과 지역의 특수성이라는 점을 고려하고 그 상황에 적절한 '인문적 대응'을 해왔던 불교의 발전사에 대해 단순히 시간 개념만을 적용시킬 수 있을까?

쇼펜G. Schopen은 '낡은 직선적 모델'[1]이라는 다소 거북한 용어를 사용하면서 기존 불교사 연구방법론에 대한 문제를 지목했다. 물론 이는 쇼펜의 주요 연구 테마였던 대승불교 흥기의 문제를 다루면서 그 이전의 대승불교 흥기에 관한 접근 방식에 대해 비판적으로 성찰한 부분이기는 하다. 그러나 쇼펜의 '낡은 직선적 모델'은 비단 대승불교 흥기 문제에 국한된 반성만은 아니다.

쇼펜이 제시한 직선적 모델이라는 것에 대해 필자는 그동안 불교학에서 초기, 부파, 대승을 천편일률적으로 시간의 흐름으로만 이해하고 있었다는 것으로 풀이한다. 또한 그 속에서 전개된 여러 사상·지역 및 그 사회로의 적응·신앙의 발전 양상 등의 제문제와 결합된 연구는 진행되지 않은 것을 의미하는 것으로도 풀이한다.

퍼즐 조각이 많은 곳부터 끼워맞춰 보기

필자는 '낡은 직선적 모델'로 치부되는 단순한 시간 개념의 적용을 탈피함과 동시에 '대승불교'라는 거대한 담론을 시작할 때 반드시 서론

---

1 Gregory Schopen, *"Bones, Stons, And Buddhist Monks"*, Univ. Hawaii pr journals, 1997.

격으로 거론되는 대승불교 흥기 문제를 역으로 추적해 보는 것은 어떨까 하는 조금은 엉뚱한 생각을 시작했다. 왜냐하면 대승불교 흥기의 문제를 해결하기 위해서는 많은 퍼즐이 필요하지만, 우리가 그렇게 많은 퍼즐 조각을 손에 쥐고 있는 것이 아니기 때문이다. 오히려 우리는 대승불교의 발전 과정에 대해서는 규명을 시도할 수 있는 퍼즐을 상당수 확보하고 있다.

인도 불교사를 조명하는 경우 기록의 부재不在로 인해 사실 규명에 한계가 있다. 특히 부파불교 시대가 그러하고, 부파불교와 밀접한 연결고리가 있는 대승불교 흥기 시점이 특히 그러하다. 기록의 퍼즐이 상당수 결여된 상태에서 그나마 남아있는 기록의 단편들을 얼기설기 엮어내다 보니 대승불교 흥기에 대한 수많은 가설假說이 난무한 상태가 되어버렸다. 그 가운데는 오랜 시간 정설定說처럼 회자된 내용도 있고, 두어 가지의 가설을 합쳐 하나의 정설처럼 접근했던 시각도 있었다. 그러나 여전히 정설이 아닌 가설만 생산되는 것은 퍼즐 조각의 숫자에 한계가 있기 때문일 것이다.

이에 가설만 많을 수밖에 없는 한계를 극복할 수 있는 방안의 일환으로 상대적으로 퍼즐의 숫자가 많은, 연대기적으로 후대인 '대승불교의 발전 혹은 확장기'의 양상을 먼저 이해하는 방식을 적용해 보았다. 필자의 첫 번째 시도는 '西域において小乘教団と大乘教団とは対立したのか'번역문: 서역에서 소승교단과 대승교단은 대립했는가?, 동아시아불교학술논집, 2015의 논문을 통해 이루어졌다.

일반적으로 소승과 대승은 서로 대립 관계에 놓여있었다는 전제가 있고, 그 전제 하에 대승이 흥기 및 발전했을 것이라는 논의가 이루어져 왔다. 여기서 소승과 대승의 교단이 반드시 대립적인 관계였을까 하는 의문이 들기 시작했다. 그리고 그 의문이 발단이 되어 다음과 같은 꼬리를 문 의문이 생겨났다. 소승과 대승의 교단은 독립적으로 각각 발전했을까? 대승불교 흥기 시점에 과연 대승교단이란 것이 존재할 수 있었을까? 대승교단이 성립되기 위해서 어떤 과정이 있었을까? 결국 지금 바라보고 있는 대승불교의 완성체는 무엇을 계기로, 누가, 어떤 과정을 거쳐 이루어진 것일까 하는 문제를 해결하지 않으면 원론적인 의문은 해결될 수 없다는 생각에 도달했다.

주변부가 불교교류에 끼친 영향 그리고 대승불교의 집단화

시론적試論的이긴 했지만, 대승불교의 흥기 문제를 해결하기 이전에 '대승'이라는 그룹을 형성하여 집단적인 움직임이 시작되는 지점을 찾아야만 했다. 필자는 이 움직임을 '대승불교의 집단화 과정'이라 칭하고자 한다. 그리고 이를 규명하기 위해 불교 발전사의 중심부가 아닌 주변부에 주목했다. 여기서 말하는 중심부란 사상, 교단의 발전사 등 불교적 측면에만 집중된 것을 말한다. 그러나 기원전후의 시점에 흥기했던 대승불교라는 점은 다른 여러 가지 측면도 고려의 대상으로 삼아야 한다는 것을 시사한다.

기원전후의 인도 사회는 서북인도를 중심으로 한 상업, 그중에서도 특히 무역업이 활성화된다. 동서 문물 교류의 중간지점에 위치하면서 교류의 중추 역할을 했던 당시의 인도에서 대승불교가 탄생했고, 문물의 교류와 더불어 불교는 본격적으로 새로운 지역으로 뻗어나간다. 새로운 지역은 새로운 사람과의 만남을 의미한다. 인도 사회에서 인도인이 사유하는 방식이 아닌, 전혀 다른 사유 방식과 생활 방식을 가진 사람들과의 만남이다. 그리고 그들이 처해 있는 당시의 여러 상황과 결합하여 불교를 받아들이는 방식은 인도 내부의 불교를 변화시키는 주요 원인으로 작동할 수 있었다.

'그들이 처해 있는 당시의 여러 상황'에는 불교를 받아들이는 주체가 되는 민족, 그들의 삶의 터전인 국가, 고대 사회에서의 수많은 변화 속에 이루어지는 외교 및 왕조의 교체, 자원 확보를 위해 교역로를 확보하는 경제적 변화 등이 포함된다. 이러한 '여러 상황'은 불교 전파 및 수용에 다양한 변수로 작동한다. 경우에 따라 수용자의 의지가 강하게 작동되어 제공자의 변화가 일어나기도 한다. 현대 사회에서 흔히 소비자의 필요성 Needs이 공급자의 공급물품에 변화를 주듯이 말이다. 필자는 이 부분을 통틀어 '주변부'라 정의하고 고대 사회의 여러 조건과 불교 교류의 관계성에 주목하였다.

인도에서 발생한 불교이기 때문에 단순히 동전東傳에 그치는 것이 아니라 주변부의 제반 조건들이 함께 작동하여 진정한 교류가 이루어질 수 있는 기틀을 마련하는 것이 확인된다. 특히 대승불교의 발전 과정에 있어서 주변부의 영향력은 지대했다. 당시 인도 내에서 주류 불교였던 부파불교 교단은 보다 조직적이었다고 추정된다. 이에 반하여 주변부의 여러 조건들과 상황들에 보다 민감하게 반응했던 것이 '대승불교'라는 결과로 이어지지 않았을까? 주변부의 여러 조건들은 아직은 집단을 이루고 있지 못했던 것으로 추정되는 대승불교를 움직이는 이들이 체계성과 조직성을 갖추게 하는 계기로 작동했다.

더 나아가 대승불전을 대경大經으로 재조직하고 완성시키는데 작동했던 요인 중 하나로 손꼽을 수 있는 것도 바로 주변부였다. 다양한 주변부의 개입介入을 제외한 상태에서는 일방적인 불교의 동전東傳만을 언급할 뿐이다. 그동안 불교의 전파와 교류를 연구하면서 일방적인 전파만을 반복적으로 말하는 것을 우리는 이상히 여기지 않았다. 게다가 불교가 기본적으로 갖고 있는 생명력의 근원이 무엇인지 고민해 본다면 연구의 분야에서도 동일하게 적용되어야 할 것임에도 불구하고 말이다.

이 책을 구성하고 있는 연구 성과들은 이러한 고민이 바탕이 되어 조금씩 진전시켰던 나름의 결과를 모아 본 것이다.

1장

대승불교 발전과정의 재구성

○○● 대승불교의 집단화, 언제 어떻게 이루어졌을까?
○●● 고대 실크로드의 경제권이 대승불교 발전에 끼친 영향

대승불교의 집단화,
언제 어떻게 이루어졌을까?

Ⅰ. 충분히 고려되지 않았던 문제들

Ⅱ. 대승불교 집단화가 가능하도록 했던 외적 요인
    교류의 첫 번째 목적, 경제: 대승불교 집단화의 연관성
    교류 목적 달성의 결과물: 대승불교 집단화의 연관성

Ⅲ. 대승불교 집단화를 엿볼 수 있는 불교 내적 요소들 찾기
    구법승 기록의 특이점
    초기 중국불교의 변화

Ⅳ. 문제 해결과 남은 과제

Ⅰ. 충분히 고려되지 않았던 문제들

대승과 소승에 대한 근대불교학 초기의 관점은 각각의 교단이 추구하는 깨달음을 향한 수행, 계율, 재가자의 참여 등을 차별화시켜 바라보고, 결과적으로 두 교단의 차별화라는 이분법적 해석을 낳게 한다. 이런 관점을 토대로 대승불교의 출발점이 어디인가에 대한 논의는 일찍부터 시작되었다.

일본의 히라가와 아키라平川彰는 불탑신앙과의 연관성을 주된 초점으로 삼아 대승불교의 흥기를 광범위하고 체계적으로 접근하는 최초의 근대적 연구성과를 제출하였다.[1] 쇼펜G. Schopen은 인도에서 발견되는 비문 등을 토대로 히라카와 아키라와는 다른 관점에서 대승불교의 흥기 문제에 접근하였다.[2] 쇼펜은 이러한 연구접근을 통해 '낡은 직선적 모델과

---

[1] 히라가와 아키라 외, 정승석 역, 『대승불교개설』(서울: 김영사, 1989).

[2] Gregory Schopen, *"Bones, Stons, And Buddhist Monks"*, Univ. Hawaii press journals, 1997. 국내에서는 성청환이 「불교연구에서 고고학의 중요성-그레고리 쇼펜의 학문세계」(『불교평론』38, 2009)를 통해

대승기원의 시기'라는 화두로 시간 흐름에 따른 대승불교 흥기라는 단순한 이해를 경계했다.

이후 사이토 아키라斎藤明・사사키 시즈카, 후지타 요시미치 등은 부파불교 교단 내에서 활동하던 일군의 무리가 대승불교로 전환하는 데에 필요충분조건이 갖추어지면서 독립된 형태를 이루게 되었다는 새로운 견해를 내놓고 있다.[3] 이들은 대승불교 경전을 주된 근거 자료로 활용하고 있다. 시모다 마사히로의 경우에는 대승 경전이 곧 대승불교를 만들었다는 주장을 하면서 경전으로부터 비롯된 대승불교 교단의 실체성을 주장하고 있다.[4] 또한 카라시마 세이시 등은 대승불교가 부파불교 가운데서도 대중부와 깊은 연관성이 있다는 주장을 하고 있다[5].

따라서 기존의 인식이 직선적인 이해를 통해 대승의 흥기를 바라보는 관점이었다면, 최근에는 여러 현상이 결합되어 대승이 존재했으며 발전과정에서 단일화하는 움직임이 거듭된 것으로 보는 시각이 더욱 지배적이다.

이와 같이 대승불교 흥기와 관련된 기존의 연구는 조금씩 진척이 있기는 하지만 다음의 세 가지 사항에 대해 간과하는 측면이 있다. 첫째, 소승과 대승이라는 현대적 관점으로 이분화시켰기 때문에 대승불교가 처음부터 집단화되어 독립된 형태로 존재했을 것이라는 관념이 작용하

쇼펜의 입장을 정리하였다.
[3] 사이토 아키라 외 저, 안성두 역, 『대승불교란 무엇인가』(서울:씨아이알, 2015).
[4] 시모다 마사히로, 「經典을 創出하는-大乘世界의 出現」 『大乘佛敎의 誕生』, シリーズ 大乘佛敎2(東京:春秋社, 2011).
[5] 카라시마 세이시(辛嶋靜志), 「누가 대승경전을 창작하였는가?: 대중부 그리고 방등경전」(『불교학리뷰』 16호, 2014), pp.9~96.

고 있다. 예를 들면 초기 대승불교 경전으로 분류되는『법화경』,『반야경』,『정토경』,『화엄경』등이 동일한 대승불교의 범주 속에서 탄생하고, 각 경전의 흐름이 당시에도 동일한 카테고리 속에서 발전하고 있었다는 착각을 하고 있다. 이는 소승과 대비되는 단절된 어떤 것으로 대승불교를 이해하고 있기 때문에 나타나는 현상일 것이다.

둘째, 불교의 '동전東傳'이란 지배적 관념이 주축이 되었기 때문에 확장되는 과정에서 필요충분조건으로 제시될 수 있는 여러 가지 문제들에 대한 이해가 결여되어 있다. 교단 내부의 문제는 차치하더라도 교류의 배경 하에 이루어진 불교 전파 문제를 오로지 한 방향으로만 전파되었다고 바라보는 생각은 '교류'의 기본 의미를 저버리는 것이다. 그리고 그 교류 안에서 발생하는 사회·경제·민족·문화의 다양한 요인들이 불교 확장에 어떤 영향을 미쳤는가에 대한 논의가 필요하다.

셋째, 앞의 두 가지 사항이 간과되었기 때문에 결과적으로 대승불교의 흥기와 발전을 분리시켜 바라보는 관점이 강하다. 그러나 대승불교가 흥기·발전되는 시기는 동서 문화교류가 가장 활발했던 시기이다. 현 학계의 관점으로 분리해 논해 본다면 흥기에 대한 명확한 규명이 없기 때문에, 흥기·발전 가운데서도 발전 시기에 대한 점만 논의해 보는 이러한 주장에 이의가 없을 것이다. 그럼에도 불구하고 동서교류를 배경으로 하는 발전 과정을 연구함에 있어서도 역시 교단의 계율, 문헌학적 용어, 사상사적 시각만을 수용하는 연구방법론을 고집하고 있다.

이에 필자는 '교류'의 측면을 염두에 두고 불교의 확장성을 조명할 필요가 있다고 생각한다. 이를 전제하지 않은 상태에서 대승불교의 흥기 또는 발전을 논하는 것은 대승불교라는 현상의 일부만 해명할 수 있을 뿐이라 생각한다. 이때 불교의 확장성은 곧 대승불교의 발전과 밀접한 관련이 있기 때문에, 대승불교 발전 및 확장을 '대승불교의 집단화'라는 용어로 집약해 논의를 시작하고자 한다.

Ⅱ. 대승불교 집단화가 가능하도록 했던 외적 요인

교류의 첫 번째 목적, 경제: 대승불교 집단화의 연관성

우리는 고대문명 및 문화가 교류하는 데에 상당히 긴 시간이 필요하고 교류 방식은 상당히 미개하거나 혹은 하나의 방식으로 이루어졌을 것이라는 착각에 빠져있다. 그리고 고대에 이루어졌던 교류의 목적성이 무엇이었을까라는 질문보다는 교류를 통한 결과물에 더욱 집착한다. 즉, 교류의 산물로만 교류의 과정을 추정하는 데에서 일어나는 오류와도 같은 것이 시간과 방식에 대한 오해인 셈이다.

동서고금을 막론하고 서로 다른 문화에 소속된 사람들이 교류하는 데에 가장 중요한 목적은 풍요롭기 위해서이다. 교류의 결과물이 물질적인 것이든, 정신적인 것이든 풍요롭고 넉넉하게 먹고살기 위해 교류는 시작된다. 특히 기원전후의 동서교류는 이러한 범주의 대표주자 격이라 할 수 있다. 후대에 '실크로드'라는 교류 루트의 명명으로 인해 표면적으로는 사치로부터 시작된 교류로 보일 수 있으나, 수요자 입장에서의 대변일 뿐 공급자와 중간 매개자의 입장에서는 역시 먹고살기의 치열한 경제활동 가운데서 시작된 것이다. 또한 교류의 시간과 방식에서도 '먹고살기' 목적에 부합될 수 있도록 최대한 합리적 방식으로 최단 시간이 적용되도록 노력했다. 이를 불교학의 관점에서 재해석해 본다면 경전의 유통과 사상의 변화가 상당히 빠르게 이루어졌다는 것으로 분석할 수 있다. 굳이 교류의 목적과 방식, 시간의 문제를 언급한 것은 기원전후 불교의 확장이 빠르게 이루어졌고, 이 빠른 확장이 당시의 경제교류와 연관성이 있었음을 기본 전제 하에 두고 논의를 진행하고자 하기 때문이다.

월 듀런트Will Durant가 주장한 바와 같이[6] 금속을 대신하는 대용代用 통화가 국가가 보증하는 통화로 바뀐 것은 상업로를 마련해주는 동시에 문학과 예술 분야에 재정을 제공해 주었다. 불교의 전파로가 곧 고대의 대표적인 무역로였다는 점을 감안해 본다면 듀런트의 시각을 적용할 수 있지 않을까? 기원전 문명 전파가 인도와 중국 양 대륙 간에 이루어졌다는 근거는 대표적으로 청동기 문명, 철기 문명 외에도 민족의 이동으로 인한 농작물의 유입과 직조물 등에서 찾아볼 수 있다.

기원전 4000~3500년 무렵, 메소포타미아 문명Mesopotamian Civilization 지역에서 이루어졌던 청동기 야금술이 500~100년의 시간차를 두고 이집트로, 200년의 간격을 두고 다시 인도로 전해졌다. 이후 중앙아시아를 거쳐 중국으로 전해진 흔적을 찾을 수 있는데, 기원전 2000년경에 성립된 중국 삼성퇴三星堆 청동기문화이다. 철기문화 역시 현재 출토되고

---

[6] 윌 듀런트, 왕수민·한상석 옮김, 『문명이야기-동양문명-』(서울:민음사, 2011).

있는 철제 물품 가운데 가장 이른 유물이 신강성 지역에서 발견되는 것은[7] 청동기와 같이 서쪽에서 동쪽으로 문명 전파가 이루어지고 있었다는 반증으로 회자되고 있다. 이러한 문명 전파 과정에서 민족의 이동도 이루어졌다. 누란Loulan에서 발견된 미라인 '누란미녀'는 기원전 1800~1000년 사이에 이곳 누란에 정착해 살고 있던 여성으로 추정하고 있다. 이 미라에 대한 과학적 분석 결과뿐 아니라 육안으로도 확인 가능한 외모는 당시 중국 서부지역까지 서방의 민족이 진출해 있었음을 알 수 있다. 또한 이 지역에서 발견되는 미라의 소장품으로 밀알이 담긴 주머니가 함께 출토된다. 그러나 이 시기, 중국에서 밀이 경작되지 않았다는 점을 보았을 때, 기원전의 문명이 서방에서 동방으로 전파되었다는 점을 짐작해 볼 수 있다.

그렇다면 기원후의 상황 역시 동일한 관점으로 볼 수 있을까? 결론부터 말하자면 일방향적인 경제교류의 시대는 기원전으로 끝이 났다. 듀런트가 제시한 '화폐'가 등장하면서부터 양방향 교류가 시작되었다. 이에 대한 근거 역시 화폐에서 찾을 수 있다. 쿠샨왕조의 비마Wima-카드피세스Kadphises는 당시 로마에서 사용하던 중량표준 8g짜리 아우레우스Aureus 금화와 동일 중량으로 '시노-카로슈티Sino-Kharosthi를 제작하였다. 이는 로마와 서북인도 간의 교류 현황을 보여주는 것인데, 중국 신강성의 호탄Khotan에서도 최근 '시노-카로슈티'가 발견되었다. 동일 중량의 이 금화가 기준 화폐가 되어 로마-쿠샨서북인도-실크로드로 이어지는 동

---

7 제임스 A. 밀워드, 김찬영·이광태 옮김, 『신장의 역사—유라시아의 교차로』(서울:사계절, 2013), p.52.

일한 교역 경제권이 형성되었다. 그런데 호탄에서 발견된 시노-카로슈티에는 특이할 만한 점이 있다. 화폐의 한쪽 면에는 말의 도안과 카로슈티 문자로 새겨진 왕의 이름이 있고, 다른 면에는 한자로 입사수卄四銖 또는 육수六銖라는 글자가 새겨져 있다.

중국이 그동안 금, 전, 포布, 백帛을 사용하다가 흉노 정벌과 서역 경영을 위한 출정과 관련해 봉록의 개념으로 도입하게 된 것이 바로 오수전이다. 전란 이후 보상하는 상금으로 오수전이 채택되었고, 이외에 관직 개편이 이루어지는 모습을 보이고 있다. 즉 고대 중국에서 화폐를 적극적으로 사용한 것과 관직개혁 등의 배경에는 실크로드 경영권 확보라는 점이 존재한다. 더 나아가 시노-카로슈티의 중량이 오수전을 기준으로 했을 때, 24수가 되거나 육수가 된다는 중국 측 중량 기준을 일정 부분 따랐다는 것이다. 이는 당시 서북인도와 중국 사이의 중개무역을 실크로드 고대국가에서 상당 부분 담당했고, 이에 따른 중국 시장의 확대를 시사한다.

그리고 화폐가 발견된 호탄은 사막남도에 위치한 국가였는데, 이곳에서 로마 및 쿠샨왕조가 사용하는 동일 중량의 화폐이면서 동시에 중국 시장에서도 통용될 수 있는 입사수 또는 육수의 명칭으로 동일 화폐를 사용했다. 이는 곧 당시 호탄이 양측의 거대상권을 이어주는 중간 역할을 했고, 충실한 역할 이행에 따라 인도문화권역에서 점차 중국문화를 받아들이고 양측의 문화가 공존하는 형태의 국가로 존속하고 있었음을 보여준다. 이러한 양상은 활발한 경제 교류가 기반이 되어 나타나고, 그에 따른 여러 가지 변화가 일어났음을 의미한다.*

---

* 이 부분에 대한 좀 더 상세한 논의는 다음 장에서 언급한다.

교류 목적 달성의 결과물: 대승불교 집단화의 연관성

앞서 살펴본 바와 같이 교류의 목적이 '먹고살기'였고, 그에 따른 활동양상이 기원전과 기원후가 상당한 차이를 보이고 있다. 그리고 기원후 양방향 경제교류로 인해 양 대륙의 문화가 중간 기점이라 할 수 있는 실크로드 상에 공존하며 다양한 변화의 가능성이 내포되어 있었음은 이미 언급한 바와 같다. 그렇다면 교류를 통한 경제적 해결 이외에 어떤 요인들이 문화의 변화를 촉진시켰을까 하는 점에 주목하지 않을 수 없다.

긴 여정의 교류를 바탕으로 이루어진 경제활동은 어떤 이에게는 부富를 축적할 수 있는 행운을, 어떤 이에게는 죽음으로 이어지는 불행을 안겨주었다. 다시 말해 이 교류의 길은 그야말로 '운'에 따라 운명을 달리하는 것처럼 보이는 얄궂은 길이었다. 때문에 고대의 다른 교류의 길도 그러했듯이 이곳에서도 행운을 바라는 상인들의 종교적 활동이 강하게 드러난다. 이때 상인들은 로마 및 페르시아, 쿠샨 제국인 등 많은 민족이 활동하였기 때문에 종교 역시 다양했다. 그럼에도 불구하고 이때 불교가 급성장하며 동아시아 세계로 빠르게 전파된다. 그 이유는 교역로의 주요 중간거점 지역이라 할 수 있는 쿠차, 호탄, 누란 등이 모두 불교국가였기 때문이다. 이들 국가는 인도 풍습, 인도어를 사용할 뿐만 아니라 서북인도의 민족이 이동한 경우도 있어 건국과 동시에 불교가 국교화된 나라들이다. 때문에 이들 국가를 경유하거나 이 지점에서 다른 상인 집단에게 교역권을 넘기는 형식으로 교역에 참여했던 상인 집단은 불교를 쉽게 접할 수 있었다. 또한 이들의 경제 교역단에 전법승들이 동참했기 때문에 불교를 자연스럽게 받아들일 수 있는 여건이 조성되었다.

교역단, 특히 상인들은 다시 고국으로 돌아가고자 하는 간절한 마음으로 중간 거점 지역에 불교사원이나 석굴을 조성하면서 신행활동을 병행했다. 축적된 부를 이용한 이들의 신행활동은 문화적으로도 큰 변화를 이끌어 냈다. 뿐만 아니라 이들의 활동은 곧 사후세계와 내세관이 뚜렷했던 인도와는 달리 현세 구복적 성향이 강하게 드러나면서 이후 중국인들의 취향에 접근하는 결과를 낳게 된다. 경제적 측면뿐만 아니라 정치적으로도 후한 시대 이후부터는 본격적으로 서역 경영에 참여한 중국으로 실크로드 각 국에서 사신과 조공을 보내는 횟수가 점차 늘어나고 있었다. 때문에 정치·경제적으로 기원전과는 다른, 양방향 교류가 원활하게 이루어질 수 있는 기반이 마련되었고, 불교 역시 '전파'라는 한 방향이 아닌 중국이 원하는 불교를 서북인도 측에 직간접적으로 요청할 수 있는 배경이 마련된 것이다.

이에 따라 상인 및 사신과 함께 동행한 전법승들의 전방위적 활동은 중국이 원하는 불교가 무엇인지 서북인도로 전달하는 계기로 작용할 수 있었다. 구마라집 이전의 전법 승려들은 일부를 제외하고[8] 대부분 당시까지 서북인도에서 유행하던 소승을 전하고 있는 모습이다. 특히 간다라 근접 지역인 카시미르 출신의 승가발징381년, 승가제바376~401년 등은 주로 아비달마와 관련된 경서를 역경하였고, 이때까지만 해도 중국 내에서

---

[8] 3세기 중반 주사행이 반야경의 호본을 구하기 위해 호탄에 방문하는 모습은 당시 실크로드 지역에서 대소승이 공존하는 모습을 확인할 수 있는 대목이다. 그러나 당시 호탄에서의 반응이 바라문교를 찾는 이들이라 하면서 정통 불교가 아니라는 비난을 하고 있어, 대소승의 공존이기는 하지만 대승이라는 인식이 부족한 시기임을 알 수 있다. 따라서 본격적인 대소승의 구분이 확립된 시점은 구마라집 이후라고 보아야 할 것이다.

대소승에 대한 구분을 뚜렷이 하지 못했던 것 같다.[9]

그러나 구마라집 이후 대승에 대한 갈증은 증폭되고 있다. 이는 불타야사佛陀耶舍에 대한 『고승전』의 기록에서 추정해 볼 수 있다. 410년 불타야사가 자신의 고향인 계빈국으로 귀국하기 전까지 그는 주로 소승경전에 치중하여 번역 활동을 하였다. 그러나 계빈국으로 귀국한 이후 『허공장경』을 구해 양주의 여러 승려에게 전했다는 내용의 기록이 뒤이어 나오고 있다. 이는 불타야사가 계빈국으로 귀국할 무렵, 중국에서 대승경전 및 사상에 대한 수요가 증가하고 있었음을 짐작하게 하는 근거로 볼 수 있다. 이와 동시에 서북인도 지역에서는 이미 대승경전이 유통되기 시작했고, 이를 필요로 하는 중국으로 보낼 정도로 중국 측의 대승불교 경전에 대한 요구가 존재했음을 추정케 하는 대목이다.

단순히 서북인도 내부에서 대승불교 흔적이 존재하지 않았다가 중국 측 요구에 의해 시작된 활동이라는 것은 아니다. 서북인도 내부에도 분명 대승불교의 확장 흔적은 남아있다. 일례로 2005년 발굴된 바달푸르 사원지에서는 탑의 기단부에서 동전이 출토되거나, 1830년 발굴된 소승계 사원 내부에 있던 마니키알라 스투파에서도 불탑 기단부에서 카니시카왕 때 사용되던 금화와 은화가 대량 발견되는 모습과 바달푸르 불탑의 예와 같이 마니키알라 스투파 기단부에서도 동전이 놓여 있던 흔적이 있다. 이는 기존 주류 불교에서 제시하지 못했던 재가자 스스로가 '공덕'에 의미를 두고 불탑을 중심으로 신앙활동을 전개해 나간 것으로 해석할 수 있다.

---

9 湯用彤, 『漢魏兩晉南北朝佛敎史』(中華書局, 1955)., 呂澂, 『中國佛敎學講義』(서울:민족사, 1992)., 최은영, 「초기 중국불교 역경문헌에 나타난 '소승불교'에 대한 견해」『韓國思想과 文化』제27집, 한국사상문화학회, 2009) 등.

기원전후로 이루어졌던 이러한 활동이 대승불교의 흥기와 관련이 있는 유의미한 것으로 볼 수 있긴 하지만, 이것이 대승경전을 집중적으로 편집하거나 대승교단이 성립되어 확장할 수 있는 직접적인 계기가 되었다고 보기엔 무리가 있다. 그 이유는 인도 왕조의 흥망성쇠와 존립, 국가의 경제활동 성향이 크게 작용했기 때문이다. 상업을 중심으로 국가를 운영했던 쿠샨 왕조가 망하고, 뒤이은 굽타왕조는 갠지즈강을 중심으로 건립된 전형적인 농업국가였다. 이에 따라 불교는 점차 쇠퇴하면서 오히려 밀교가 우세한 형국이 되었다. 때문에 서북인도에 존재하던 당시 주류 불교의 교단 역시 인도 사회구조와 연관시켜 고려해 본다면 앞서 언급한 재가자의 신앙활동은 대승불교의 집단화와 직접적인 관련성은 없어 보인다. 오히려 때마침 동일 경제권역에서 큰 시장으로 자리 잡은 중국 측의 대승에 대한 관심이 고조되기 시작하면서 이러한 중국의 관심과 필요를 전달하는 매개체 역할을 주도해 가는 재가신도로서의 역할을 고려해 볼 수 있다. 따라서 서북인도 내부의 불교 교단 상황에서도, 중국 측 요구에 대한 답변으로도 대승불교가 집단화될 수 있는 여건이 마련되었음을 염두에 두어야 할 것이다.

III. 대승불교 집단화를 엿볼 수 있는 불교 내적 요소들 찾기

구법승 기록의 특이점

인도와 실크로드 상에 존립했던 국가들은 안타깝게도 그들의 역사를 기록하지 않았다. 스스로의 역사 기록이 이루어지지 않았기 때문에 불교 확장과 관련된 내용을 확인할 수 있는 기록 역시 찾아볼 수 없다. 당시 이 지역 지리·민족·문화를 비롯해 국가 관계도는 오히려 중국 구법승들이 남긴 기록을 토대로 이해할 수 있다. 구법승의 활동은 3세기 초반부터 본격적으로 이루어지고 있으며, 법현法顯의 기록부터 본격적으로 시작된다. 이후 현장玄奘으로 이어지는 구법 기록은 당시 인도 및 실크로드의 여러 국가들이 중국과 어떤 관계인지도 함께 가늠해 볼 수 있다. 또한 이 기록들에는 당시 각 국의 불교 성격까지 규명하고 있다.

그런데 흥미로운 점은 본격적인 구법활동 이전에 '방등方等'의 뜻을 구하기 위해 경전을 찾아 떠나는 모습이 보인다. 『양고승전』의 저자인 혜교가 활동했던 시기에는 이미 '대승'이라는 용어가 사용되었음에도 불구하고, 초기에 활동했던 고승의 구법행에는 '방등'이라는 용어를 사용하고 있다. 이는 각 승전과 목록에서 경전의 서문에 해당하는 부분을 기본 자료로 했기 때문일 것이다. 이는 중국 내에서 활동했던 초기의 승려들이 대승이라는 용어보다는 방등이란 용어를 더 자연스럽게 사용했다는 반증이다. 이에 비해 399년 구법을 떠난 법현의 기록 이후부터는 대승과 소승의 용어가 명확하게 구분되어 사용된다.

여기서 잠시 법현이 남긴 간다라에 대한 기록을 살펴보자. 법현이 400년 무렵에 간다라에 도착했다고 가정한다면, 이 당시 간다라 불교는 '대부분이 소승'이라는 표현으로 대변되고 있다. 법현은 간다라 이외의 다른 지역에 대해 대소승을 명확하게 구분하고 있다. 소승의 경우 '모두 소승'이라는 표현을 쓰고 있는 것에 비해 특이하게도 간다라 지역에 대해서는 '대부분'이라는 표현하고 있다. 이런 법현의 표현은 4세기 말엽, 간다라가 순수하게 소승교단만 존재하지는 않았을 가능성이 높다는 점을 추정케 한다. 그리고 이러한 추정은 비단 4세기 말로 국한되지 않는다. 중국에서 역경 활동을 통해 불교를 전한 첫 번째 인물이라고 평가되는 안세고安世高와 지루가참支婁迦讖의 활동을 통해서도 법현의 방문 이전부터 간다라에 대승이 존재했음을 알 수 있다.[10]

법현 이후, 북위시대 양현지가 남긴 『낙양가람기』에는 간다라 불교 교단에 대한 묘사와 더불어 국가 및 민족에 대한 재미있는 묘사가 포함되어 있다. 양현지는 대승경전을 소홀히 취급하는 간다라 왕에 관해 태도 등을 문제삼아 '오랑캐인'으로 기록하였다. 이는 간다라에 대한 묘사에서만 볼 수 있는 것이 아니라 소승불교가 우세한 국가의 민족을 '예의없는 민중'으로 표현하는 공통점을 확인할 수 있다. 반면 우전국은 대승이라 기록하면서 그 민족성에 관해 상당히 우호적으로 평가하고 있다.

---

10 한지연, 「고대 실크로드 경제권의 변화와 대승불교의 발전」, 『원불교사상과 종교문화』제64집, 2015.

간다라는 전통적으로 설일체유부說一切有部 강세 지역이라고 알려져 있다. 부파 가운데서도 정통 상좌부로 일컬어지는 설일체유부 강세 지역이 구마라집의 역경 활동 시기와 비슷한 무렵에는 대소승이 공존하는 형태로 교단이 바뀌고 있다. 앞서 살펴본 법현의 기록이 이러한 상황을 말해주는 것이라면, 『낙양가람기』는 북위 시대 들어서면서 중국 내부에서 대승과 소승에 대한 관념이 어떠했는가 말해주고 있는 것으로 해석할 수 있다.

다음에서 상세히 논의하겠지만 축법호 활동 무렵부터 중국 내부에서 대승과 소승에 대한 편 가르기가 시작되었고, 당시 중국인들은 우리가 '대승'으로 분류하는 경전들을 좀 더 선호하는 성향을 이미 보여주고 있다. 이러한 성향 위에 사상적·신앙적 측면에서도 대승과의 어우러짐이 더욱 활발했던 중국인들로서는 성향에서 한 걸음 더 나아가 대승 우월의식이 강해지게 되었다고 보아도 큰 무리는 없을 것 같다. 이런 배경 속에서 양현지는 위와 같은 묘사를 통해 간다라 및 간다라의 위정자를 평가하고 있는 것이다.

그럼에도 대승경전을 구하기 위해 간다라 지역으로 갔다는 것은 어떤 의미일까? 대승 우월의식이 강했던 중국 내부의 사정뿐만 아니라 당시 서북인도에도 변화의 바람이 있었다는 점을 유의해야 할 것이다. 당나라 때의 현장은 『대당서역기』에서 간다라의 중심부인 탁실라에 대해 '승도는 적으나 모두 대승을 학습하고 있다.'는 기록을 고민의 대상으로 올려놓고 시작한다. 전통적인 설일체유부 지역에 대해 법현은 대부분이 소승이었다고 밝힌 점, 그리고 100여 년 후에는 대승경전을 입수할 수 있는 지역으로 변화했다는 점, 또다시 100여 년 후에는 모두 대승을 학습하는 지역으로 변화했다. 이러한 변화를 단순히 불교 교단의 내부 변화로만 설명하는 것이 가능할까?

문제는 이 100년 단위의 기간이 중국불교사에 있어 상당한 변화 과정을 겪는 시기였다는 점이다. 축법호竺法護로 인한 대승에 대한 인식의 시작, 구마라집에 의한 대승사상의 이해는 중국 내에서 대승 우월의식이 싹틀 수 있는 계기가 되었다. 불교를 수용하는 초기에는 호흡관을 중심으로 하는 명상수행의 전통이 강하게 부각되었기 때문에 중국 전통사상과의 차이점을 찾지 못하고 있다가 비로소 제대로 된 이해가 도모될 수 있는 배경이 생긴 것이다. 뿐만 아니라 점차 종교적 색채를 강하게 풍기면서 전란의 노곤함을 느끼던 중국인들에게 신앙적 안식처를 제공하려는 노력이 불교 내부에 있었다. 그리고 이러한 노력은 소승보다는 보다 강렬한 신앙적 성격을 내포하고 있던 대승불교가 중국에서 우위를 점할 수 있는 가능성을 열어주었다고 할 수 있다.

벤자민 로랜드Benjamin Rowland의 주장처럼 인도가 깔때기 모양을 하고 있어 그 입구가 육지로는 서북쪽으로만 뚫려 있기 때문에, 간다라 지역 곧 서북인도는 인도 외부의 상황에 민감하게 반응할 수밖에 없는 지형적 특성을 지니고 있다. 이 같은 지형적 특성과 그리스계, 페르시아계, 쿠샨족, 훈족, 돌궐 등의 지배가 어우러진 역사를 가진 서북인도는 당시 중국에서 추구하는 불교 성격에 민감하게 반응했다고 볼 수 있다. 이는 앞서 논의의 대상으로 올렸던 외적요인들과 결부시켜 본다면 좀 더 명료해진다.

초기 중국불교의 변화

대승불교라는 용어를 자유롭게 사용하는 현재의 관점으로는 마치 대승불교 흥기 시점부터 '대승'을 자처하는 일군의 무리가 존재했고, 전파 과정에서도 여전히 대승이라는 기치 아래 활동했을 것이라고 착각하기 쉽다. 굳이 착각이라는 무리한 표현을 한 까닭은 대승이라는 용어를 사용한 시점이 생각보다 늦다는 점을 인지해야 하기 때문이다.

우선 불교 내부에서 '대승'의 용어가 사용된 시점부터 생각해 보자. 카라시마 세이시는 그의 논문에서 간다리어를 포함, 쁘라끄리뜨어와 비문법적인 산스크리트어 문헌 등을 통해 대승이란 용어를 언제부터 사용하였는지 밝혔다. 그가 특히 주목한 것은 vevulla, vaitulya/vaipulya와 Mahāyāna의 용례 확인, 그리고 용어의 번역어 문제이다. 이들 용어가 번역될 때 마하연-방등-대승의 순서를 가진다. 특히 축법호 활동 시기까지는 방등, 구마라집 이후부터 비로소 대승이라는 용어로 정립되었다는 결론을 내놓고 있다. 다시 말해서 불교 교단 내에서조차 대승이라는 용어를 주로 쓰기 시작한 것은 5세기 이후부터라 할 수 있다.

그렇다면 중국 사회에서는 대승이라는 인식을 언제부터 하기 시작했을까? 중국 사서를 통틀어 살펴보았을 때, 대승을 언급한 최초의 시기는 북위 시대라 할 수 있다. '영평 4년511년 6월 사문 법경이 무리를 이끌고 기주에 왔는데, 자칭 대승이라 칭한다.'는『위서』의 기사가 대승 용어 사용의 첫 번째 사례이다. 이에 비해 대승보다 이른 시기에 사용했던 '방등'은 사서에 등장하는 예를 찾을 수 없다. 불교 교단 내부에서는 사상에 대한 이해가 점점 높아졌지만, 중국 일반 사회에서는 불교사상을 분류할 만큼 성숙하지 못했다는 점을 알려주는 대목이다. 그러나 남북조 시대에 들어서면서 일반사회에서 대승을 이해할 수 있는 안목이 생겼고, 더불어 불교 교단 내부에서는 사회적으로 '대승'을 내세웠을 때 얻을 수 있는 이점을 이용할 수 있는 배경이 조성되었다는 점도 짐작할 수 있다.

비록 대승에 대한 인식도, 대승이라는 용어를 본격적으로 사용한 시점도 5~6세기 무렵이기는 하지만, 흔히 '대승불교도'라 일컬어지는 이들의 특별한 노력이 있었기 때문에 중국 내부에서 대승에 대한 인식이 가능해졌다. 그리고 그 노력을 변용이라는 용어로 대신하고 있는 실정이다. 그런데 사상적인 변화에만 초점이 맞추어 연구되고 있고, 인도와 비교한 문헌 및 용어 등에 집중한다. 그러나 이러한 문제를 풀어나가는 데에 있어 대사회적 관계 속에서 불교를 보는 관점은 결여되어 있다. 다시 말해서 불교 내부에 국한되어 변용을 말할 것인가, 아니면 인도와는 다른 중국 사회에 불교 측에서 불교를 확장시키기 위해 사상이 아닌 다른 어떤 측면으로 사회에 적응해 나갔는가에 대해서 고민할 것인가의 문제이다. 물론 전자가 우선이겠지만, 후자 역시 간과할 수 없는 중요한 부분이다.

필자는 중국 내부에서 대승 우월주의가 생성된 배경에 대해서는 중국 내 기득권 사상·사회와 불교가 충돌하면서 합의점을 찾아가는 과정에서 이루어진 변용을 고려할 필요가 있다고 본다. 사상적으로는 중국 전통사상에 근거한 해석 방식으로 불교가 이해되었던 격의불교가 있었다면, 사회적으로는 중국 기득권 세력에 맞추어 불교를 이해시키고자 다변화시킨 노력이 불교 내부에서 있었다고 본다. 후자에 대해 필자는 '사회구조에서의 격의불교 현상'이라 이해하고 있다. 이는 중국의 충효사상忠孝思想에 대한 합의점을 찾는 모습에서 단적으로 확인할 수 있다. 인도불교에서의 충忠과 효孝는 인간으로서 기본적으로 지녀야 할 윤리적 관점 정도로만 표명된다.

그러나 불교가 중국으로 들어온 이상 이 부분에 방점을 둘 수밖에 없는 사회적 분위기가 있었다. 이에 남북조 시대 직전부터 중국의 도가와 결합해 효를 강조하는 북량탑北凉塔이 등장하기도 한다. 또한 이 시기 돈황 막고굴 등에서는 승천성선昇天成仙 의식과 효의 이데올로기가 결합한 중국 특유의 상장喪葬문화에 사용되던 화상석畫像石의 주요 소재를 불교 도상에 적극적으로 사용하기도 한다. 뿐만 아니라 북위 시대의 조상비造像碑는 그 형식과 내용이 당시 민간 층에 불교가 이질적 종교가 아니라는 점을 부각시키기 위해 노력한 흔적으로 볼 수 있다. 북위 조상비는 불교의 조상 형식과 발원문 형식에 도교의 소재를 결합하여 망부모에 대한 효를 드러냄으로써 사회 전계층에서 자연스럽게 받아들일 수 있도록 형상화한 대표적 사례이다.

즉, 남북조 시대를 기점으로 중국 효 사상과 불교와의 결합이 시작되고, 이는 전파 초기에 주류를 이루었던 소승불교에서 해결될 수 없는 문제들이었기 때문에 중국이 완전한 대승불교로의 전향이 이루어질 수 있는 사회적 배경으로 작용하였다. 그리고 이 과정에서 채용한 여러 문화는 현재 동아시아 대승불교만이 갖고 있는 고유성으로 인식될 수 있을 만큼 불교가 확장성의 도구로 적극 활용했던 것으로 볼 수 있다.

Ⅳ. 문제 해결과 남은 과제

대승불교는 분명 인도 지역에서 흥기하였다. 그러나 교단이 형성되고, 별행경別行經의 형태에서 방대한 각각의 대승경전으로 편집되는 과정은 흥기 시점에 이루어진 것이 절대 아니다. 대승경전의 편집이 단순히 한두 명의 인물이 중심이 되어 이루어질 수 없고, 여러 대승경전을 집대성하는 데에는 각고의 노력과 시간이 필요하다. 따라서 경전의 편집, 교단의 완성과 전파 등이 함께 어우러져야 비로소 우리가 이해하는 대승불교가 완성되는 것으로 볼 수 있다.

그리고 이 과정을 집단화 과정이라 상정해 본다면 시기적으로는 이르면 2세기부터 시작해 4세기 무렵에는 본격적으로 이루어졌다고 볼 수 있다. 집단화 과정이 발생하게 된 주된 원인 중의 하나는 불교 교단 내부에서 비롯된 것이 아니라 외부에서 비롯된 것이라고 볼 수 있다. 여기서 외부적 요인이란 인도 불교 교단 내부에서의 자각을 통한 것이 아니라는 것이다.

전통적인 설일체유부 강세 지역이었던 서북인도지역에서 일정 기간 동안 차츰 대승불교 경전이 편집되고, 각 경전의 주요 스토리가 문화에 접목되면서 신앙과 수행이 탄생하는 – 현대 사회에서 일컫는 문화콘텐츠가 제공되는-대승으로 이해할 수 있을 것이다. 그리고 그 이면에는 동서 교류를 통한 동일 경제권역의 형성이 이루어지는 것이 가장 큰 요인으로 작용했다. 그 과정에서 이미 흥기된 대승불교의 흔적은 서북인도 지역 곳곳에서도 발견할 수 있었다. 그러나 집단성을 이루며 교단으로서 세를 확장하는 것은 그 이후의 일이다.

대승불교의 주요 논지들이 중국 사회에 전해질 수 있었고, 중국 사회에 빠르게 발맞추며 불교의 확장성을 고려했던 대승불교는 당시 중국인들이 정신적으로 갈망하는 것을 채워줄 수 있었다. 그리고 실크로드를 통한 교역에서 우위를 점했던 중국은 지속적으로 대승불교를 요구할 수 있었다. 실크로드 각 국에서는 중국이 요구하는 정치·경제적 문제를 해결하는 노력이 보이고 있고, 불교에 관한 부분 역시 중국이 요구하는 '대승불교'를 서북인도에 전달하고, 이를 실어 나르는 역할을 하였다. 더불어 굽타왕조의 출현과 함께 현저하게 교세가 약화되어 가던 불교 교단으로서는 위기를 극복할 수 있는 새로운 돌파구로서 중국을 필요로 했던 것으로 보인다.

따라서 대승불교의 집단화 문제는 당시 불교 교단 내부의 문제만으로 해결될 수 없다는 점, 그리고 복잡다단한 여러 외부적 문제를 함께 고민해야 한다는 점은 분명해 보인다. 필자가 언급한 여러 요인 외에도 아직 풀어야 할 과제들이 산재해 있다. 간다라 지역에서 계속 발견되고 있는 한자가 혼용된 비문의 내용이 파악되지 않는 문자체계가 어떻게 생산될 수 있었는지에 대한 문제도 해명돼야 한다. 또한 민족 간 대이동이 일어나는 시기이기 때문에 민족 간의 활동과 그들이 대승불교를 어떻게 대했으며, 실제 신앙활동이 어떤 방식으로 이루어졌는가에 대한 문제 또한 해명되어야 한다. 그리고 중요한 것은 초기 대승경전—법화, 반야, 정토, 화엄 등—에 나타난 용어, 사상 등에 대한 전개 문제를 비롯해 별행경과 집대성된 대승경전 간의 차이 등이 연구돼야 할 것이다.

논의에 많은 문제들을 올려놓고 짧은 글 안에서 최대한 해명했음에도 불구하고 남아있는 문제들이 더 많다. 이는 그만큼 수많은 문제를 풀어야만 대승불교가 어디서 기원하였고, 어떻게 확장해 나아갔는지의 퍼즐을 맞출 수 있다는 이야기인 셈이다. 극히 일부의 퍼즐 맞추기를 시작해 본다.

고대 실크로드의 경제권이 대승불교 발전에 끼친 영향

Ⅰ. 불교와 상업의 관계성

Ⅱ. 고대 실크로드 경제권 변화
    서방문화권 속의 실크로드
    실크로드-서역-의 중국 영역화

Ⅲ. 불교 전파 초기 승려의 활동
    초기 입중入中 승려의 활동
    중국불교의 본격화와 승려들의 활동

Ⅳ. 고대 경제의 흐름 속에 변화하는 불교

Ⅰ. 불교와 상업의 관계성

실크로드SilkRoad의 개념은 과거에 비해 상당 부분 확대되어 현대에는 정치·경제 영역까지 포괄하는 교류의 장으로 이해하기도 한다.[1] 이는 실크로드라는 개념에 '국가 간의 연결고리'라는 의미가 강하게 내포되어 작용하고 있기 때문이다. 그 연결고리 속에는 크게 문명교류가 내재되어 있고, 이를 다시 세분화해 보면 역사적 배경, 민족의 교류, 정신 및 물질적 교류 등이 언급될 수 있다. 즉, '국가 간의 연결고리'를 뜻하고 있는 실크로드이기 때문에 실크로드는 학문적 분야가 다양화될 수 있는 가능성 또한 지니고 있다.[2]

---

[1] 周偉州, 「실크로드와 새로운 '실크로드 경제지대'의 구축」(금강대학교 불교문화연구소편, 『종교와 역사의 교차점, 실크로드』, 서울;민족사, 2014), pp.39~44.
[2] 정수일은 실크로드학이라는 개념에 관해 "실크로드라는 환지구적 통로를 통해 진행된 문명의 교류상을 인문·사회학적 방법으로 연구하는 학문이다."라고 그의 책에서 밝히고 있다.(『실크로드학』, 서울:창작과 비평사, 2001, p.17) 이와 같이 학문적 접근이 다양화될 수 있다는 점 역시 실크로드가 지니고 있는 의미에서 크게 벗어나지 않는다고 할 수 있다.

이처럼 다방면에서 다양화와 세분화의 가능성을 지니고 있는 실크로드에 대해 이 장에서는 첫 번째, '고대'라는 시기에 한정하고, 두 번째로는 현대적 의미의 실크로드가 아닌 과거 중국-유럽 간 실크를 비롯한 문물의 교역을 둘러싸고 이루어진 서역으로 한정하고, 중국과 간다라를 포함하고 양자 간의 교역을 매개하는 지역으로써의 동일 경제무역권에 해당하는 지역에 한정 지어 '대승불교'에 관련된 일면을 살펴보고자 한다. 사실 대승불교의 기원, 발생 시기와 장소, 주도 세력에 대한 연구는 20세기 초부터 지금까지 활발하게 이루어지고 있다. 그러나 단순히 한 가지 문제로만 풀 수 없는 것이 대승불교 기원과 관련된 문제이다.

필자는 대승불교 기원에 대한 문제를 다루는 것이 아니라 대승불교 발전과 관련된 다양한 문제 가운데 고대 실크로드, 즉 불교 전파의 중심에 서 있는 시간과 장소에서 특히 경제권과 관련해 불교의 변용 문제를 다루고자 한다. 이와 관련하여 2014년 정치, 사회, 경제적 측면에서 고려한다면, 서역 및 서북인도의 대승불교 발전에 중국의 영향력이 존재했을 가능성을 제시한 바 있다.[3]

이 글은 앞서 발표한 논문에 이어서 고대 서역의 경제상을 집중적으로 조명하고, 중국에 의한 동일 경제권이 형성되는 시점과 대승불교 발전 시기가 동일하다는 점에 초점을 맞추었다. 그리고 이러한 경제상이 대승불교 발원지로서의 의미가 아닌 중국 측의 영향력이 가중됨으로써

---

[3] 한중일 삼국학술대회에서 '서역에서 소승교단과 대승교단이 대립했는가?'라는 논문을 통해 대소승의 구분이 없던 시기로부터 대승이 본격화되는 과정에서 수많은 요인들 가운데 특히 중국으로부터의 필요성에 의해 광범위의 서역에서 대승화가 진행되었을 가능성을 제시한 바 있다.(『동아시아불교에서 대립과 논쟁』, 서울;여래, 2015, pp.23~55).

대승불교 발전이 촉진되는, 다시 말해서 불교 발상지에서의 불교 발전상에는 당시의 교류가 생성시킨 다양한 원인이 복합적으로 작용할 수 있다는 가능성을 고찰하고자 한다.

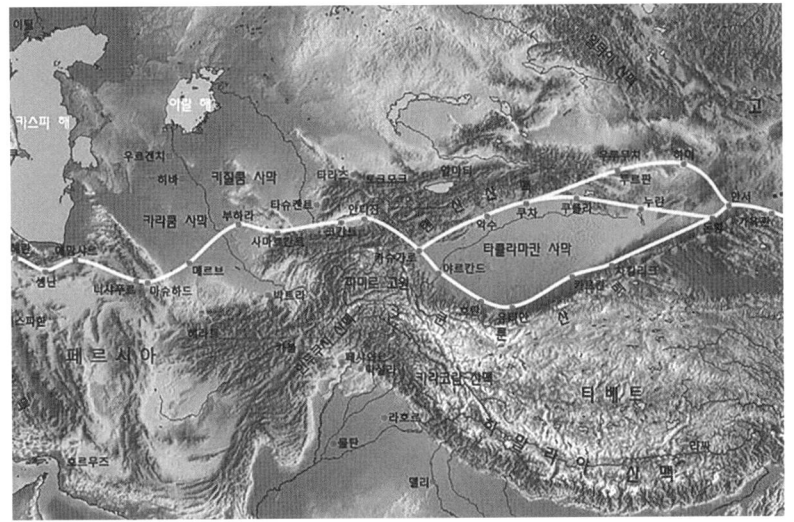

불교가 교류할 수 있는 광범위한 루트

II. 고대 실크로드 경제권 변화

사상적 전환은 순수하게 특정 사상에 대한 선호, 신앙적 측면 등이 계기가 되어 이루어질 수 있다. 그러나 이 같은 종교 문화적 측면의 원인이 아닌 당시 경제상과 연관지어 고찰해 보고자 한다. 왜냐하면 지금까지 중국 초기 불교에서 중심축의 역할을 했던 승려들의 활동이 대승불교와 밀접한 연관을 짓고 있으며, 특히 그들의 활동 시기와 활동 지역이 당시 실질적인 중국의 경제권역에 속해있을 가능성이 높기 때문에 이와 같은 연관성을 염두에 두고 검토해 보고자 한다.

그리고 그 시도는 기원전부터 불교 전파 시기와 이후의 경제 상황을 알아보고자 당시 통용되던 '화폐'에 집중하여 그 흐름을 추적해 본다. 이는 대승불교 성행 요인을 중국에서 찾고 이러한 현상들이 전파의 역방향으로 영향을 줄 수 있는가라는 문제의 가능성을 주로 당시의 '경제상' 곧 경제권 영역의 단일화와 연관지어 살펴보려는 것이다.

경제권과 대승불교 발전의 문제 사이에 어떤 연관성이 있을까라는 의문을 가진 이들도 많을 것이다. 필자가 굳이 당시의 경제권, 특히 고대 실크로드의 경제상을 보는 이유는 그 당시-기원전후의 시기- 경제활동의 주축이 되었던 인도 왕조, 즉 쿠샨왕조의 영향은 실크로드 전역에 퍼져 있었기 때문이다. 이는 곧 문물의 이동이 동쪽으로 전해지는 주요 계기로 작동하는 단적인 예라 할 수 있다. 그러나 문물 이동의 고대 실크로드, 즉 서역의 경제상을 보는 데 있어 주요하게 작용하는 것은 크게 두 가지로 나누어 볼 수 있다.

첫째는 중국의 경제권에 통합되기 이전, 인도 왕조의 영향권 내에 존재하면서 이루어진 무역·경제권으로서의 서역 제국, 둘째는 동일 시기에 중국과 이루어지는 정치·경제 연관 선상에서 이해할 수 있는 경제권의 형성이다. 이 장에서는 이 두 가지 문제를 대승불교가 흥기하는 시점이라 추정하는 기원전후의 상황에 초점을 맞추어 집중적으로 살펴보고자 한다. 종착지가 중국이었다는 것을 감안하면 중국의 참여율 역시 고민의 대상에 올려놔야 할 것이다. 그리고 그 경제활동에 적극 참여했다면 문물 교류가 이루어지는 과정에서 불교에 대한 관심도 표출이 이루어졌을 것이다. 이에 대한 인도의 반응이 없지 않았을 것이므로 대승불교 발전 과정에 경제활동 역시 중요한 요인으로 작동했을 것이라 생각되어 이 문제를 해명하는 시도를 해 본다.

서방문화권 속의 실크로드

윌 듀런트Will Durant의 주장처럼 금속들을 대신하는 대용代用 통화가 국가가 보증하는 통화로 바뀐 것은 상업로를 마련해 주고 동시에 문학과 예술 분야에 재정을 제공해 주었다.[4] 여기서 다루고 있는 실크로드 역시도 이러한 무역로로써 활용되었던 배경을 이해한다면, 중국으로의 불교 전파 과정에서 일어났던 여러 문제를 풀어나가는데 하나의 단서로 활용할 수 있을 것이다.

불교 전파의 시발점인 인도와 실크로드 간의 문제를 해명하는 것에는 자료 부족으로 상당한 어려움이 있다. 때문에 여기서는 대략 두 가지 정도의 공통된 근거를 통해 일정기간 인도와 실크로드 간에 이루어졌던 경제적 교류관계를 살펴본다. 첫 번째는 청동기·철기 문명의 전파 문제이고, 두 번째는 화폐 사용의 문제이다.

첫 번째는 청동기문명의 전파 문제이다. 청동기 문명 전파의 기간은

---

4 윌 듀런트, 왕수민·한상석 옮김, 『문명이야기–동양문명』(서울;민음사, 2011), pp.476~478.

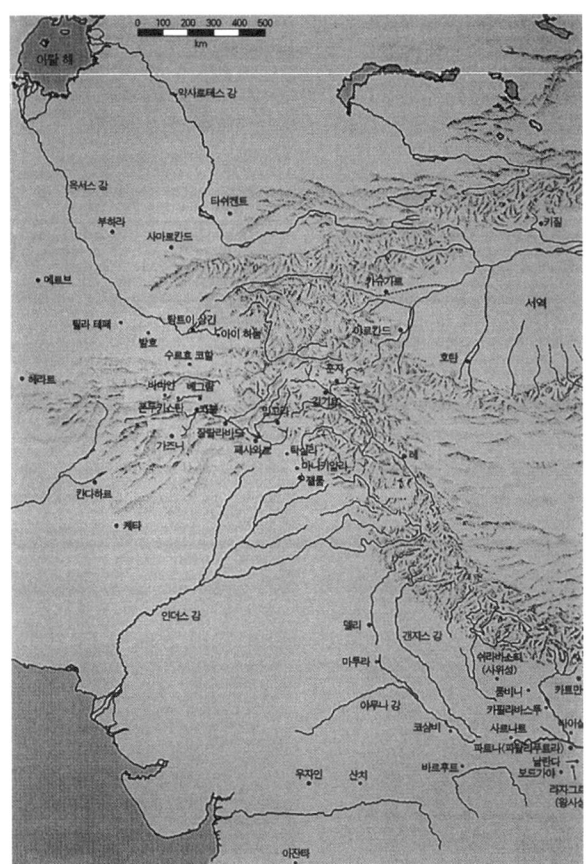

서북 인도의 높은 산맥을 넘어 동쪽으로 이동한 불교

상당히 길고 광범위하다. 그럼에도 이 문제를 언급하는 것은 기원전 시기의 전파 방향을 논하고자 하기 때문이다. 메소포타미아 지역의 청동기 야금술은 기원전 4000~3500년 무렵에 이루어졌다. 그리고 이 기술은 약 500~100년 격차를 두고 이집트 지역으로, 여기서 다시 200여 년 후에 인도로 전해졌다. 이후 중앙아시아를 거쳐 중국으로 전해진 것으로

보여지는데, 중국 삼성퇴三聖堆 청동기 문화가 기원전 2000년경에 성립된 것이다.[5]

청동기 문화뿐만 아니라 철기 문화 역시 서방에서 동방[6]으로 전파가 이루어진 흔적이 있다. 현재 신강성 위구르자치구에서 출토되고 있는 철제 물품은 기원전 1200년 무렵으로 추정하고 있는데, 중국문화권 내의 다른 어떤 지역보다 빠른 것이었다.[7] 또한 민족성에 관해 살펴보면 누란 지역에서 발견된 미라인 '누란미녀'[8]가 동양인보다 서양인의 외모를 지녔을 것으로 추정하고 있다. 그녀가 소장하고 있던 것은 밀알이 담긴 주머니인데 당시 중국에서 경작하고 있던 것이 아니라는 점을 감안해 보면, 서방에서 들어온 이주민일 것이라 볼 수 있다. 이뿐만 아니라 신강성 위구르자치구에서 출토된 여러 직조물 역시도 서방으로부터 유입된 흔적으로 보고 있다.[9]

이와 같이 문화전파의 경로 가운데서 확인되는 것은 기원전 오랜 기간 동안 주로 서방에서 동방으로 문물과 문화가 유입된다는 것이다. 이는 곧 기원전 실크로드의 민족·문물·문화는 멀리는 그리스·로마, 가까이는 인도서북인도를 포함의 영향권에 놓여있었다는 것으로 해석할 수 있다. 석기, 청동기, 철기 시대의 서역은 분명 서방의 영향권 하에 놓여

---

5 김채수, 『알타이문명론』(서울;박이정, 2013), pp.81~90.
6 여기서 말하는 동방의 의미는 고대 그리스와 로마 지역에서 봤을 때 '해가 뜨는 지역'인 에게해 동쪽에 위치한 아나톨리아지방 以東을 말한다. 즉, 그리스·로마를 출발해 중국에 이르는 전역을 말한다.
7 제임스A.밀워드 지음, 김찬영·이광태 옮김, 『신장의 역사—유라시아의 교차로』(서울;사계절, 2013), p.52 재인용.
8 기원전 1800년~1000년 사이의 미라라고 추정하며, 현재 누란박물관에 안치, 전시되어 있다.
9 제임스A.밀워드, 앞의 책, p.55.

쿠샨왕조 Wima Kadphises 때 유통되던 화폐. 로마의 화폐와 동일한 질량의 화폐

있었다는 점은 분명하다. 그렇다면 불교, 특히 대승불교가 흥기하는 시점이라 할 수 있는 기원전후 실크로드의 경제 상황은 어떠했을까?

아프가니스탄 카불의 북쪽에 위치한 차리카르 근방에 위치한 베그람Begram 지역에서는 1,800여 개의 고대 화폐가 발견되었다. 화폐는 박트리아 그리스 출신 왕이 사용하던 것부터 카니슈카를 필두로 한 쿠샨왕조의 것 등 기원전부터 이 지역 일대에서 유통되던 것들이었다. 이는 공식적으로 발견된 것이고, 비공식적인 루트를 통해 발견될 수 있는 것은 3만 개 이상이라 한다.[10]

그런데 쿠샨왕조 영역이었던 베그람에서 출토된 것과 동일한 화폐가 아프가니스탄 및 파키스탄 일대에서 출토되고 있다. 그리고 이와 동일한 화폐가 실크로드에서도 발견되고 있다.

선선鄯善에서는 쿠샨왕조 시대, 특히 쿠줄라-카드피세스Kujula-Kadphises대부터 사용했던 화폐가 발견되었다. 이를 통해 고부국高附國, 현재의 아프가니스탄 카불지역과 선선 지역이 정치·경제적으로 밀접한 연관성이

---

[10] 이주형 지음, 『아프가니스탄, 잃어버린 문명』(서울:사회평론, 2004), pp.92~93.

기원전후 중국에서 사용하던 반량半兩화폐. 이 역시 로마-실크로드 지역에서 사용하던 화폐와 동일한 질량으로 이루어져 있다.

있었음을 알 수 있다.[11] 또한 1세기 무렵의 것으로 추정하는 우전국 출토 화폐도 존재한다. 시노-카로슈티Sino-Kharosthi라 명명한 이 화폐는 쿠샨왕조의 비마-카드피세스Vima-Kadphises가 로마의 화폐인 아우레우스Aureus 금화의 중량표준인 8g짜리 금화와 동일한 중량으로 제작한 것이다.[12] 여기서 '동일한 중량'이 갖는 의미는 크다. 당시 금·은·동·철기 등의 금속의 중량으로 물품의 가격을 대신했던 사회에서 화폐로 전환되면서 금속 중량이 화폐 중량으로 대치된 것이다. 다시 말해서 로마와 쿠샨, 그리고 실크로드에 위치한 우전국에서 동일한 중량의 화폐를 사용하고 있었다는 점은 곧 하나의 통일된 화폐기준이 세워져 있었다는 것이다.

시노-카로슈티가 로마와 쿠샨의 동일 경제권에 있었다는 것이 중량으로 입증되는 것과 더불어 또 하나 특이할 만한 점은 여기에 새겨져 있는 언어의 문제이다. 화폐의 한쪽 면에는 말[馬]의 도안과 카로슈티 문자로 새겨진 왕의 이름이, 다른 한쪽 면에는 한자로 '입사수卄四銖' 혹은 '육수六銖'라는 글자가 새겨져 있다. 다음에 상세한 내용이 전개되겠지만,

---

11 長澤和俊, 『樓蘭王國史の研究』(東京:雄山閣出版株式會社, 平成8년), pp.111~113.
12 오다니 나카오 지음, 민혜홍 옮김, 『大月支』(서울:아이필드, 2008), p.48., 미야지 아키라, 김향숙, 고정은 역, 『인도미술사』(서울:다할미디어, 2006), pp.116~117.

기원전 1세기부터 이미 중국 한나라는 실크로드 고대 국가와의 전쟁 과정에서 화폐개혁을 단행했고 삼수전, 사수전, 오수전 등의 화폐를 유통시킨 것으로 추정한다. 시노-카로슈티가 적어도 기원후 1세기 이후에 사용된 화폐라면 그 이전부터 유통되었던 중국 화폐의 형식을 일부 도입하면서 무게는 통일시킨 것이다. 이는 중량 면에 있어서는 서방으로부터 들어오는 물품의 대가를 치루기 편리한 반면, 중국과의 무역에 있어 기존 중국 화폐의 기준을 적용시킨 흔적이라 할 수 있다.

즉, 실크로드에서는 이미 쿠샨의 화폐와 중국의 화폐가 통용되고 있었고, 로마 및 쿠샨의 화폐와 동일하되 중국의 도량형을 도입해 그 값어치를 산정한 것이다. 시노-카로슈티가 금 혹은 은으로 주조되었기에 중국의 동과 주석을 섞어 만든 화폐를 동일하게 취급할 수 없었기 때문이다. 예를 들면 반량半兩이 대략 19g이고 반량과 동일한 도량형이 사수四銖이다. 따라서 시노-카로슈티에 새겨진 '입사수'는 대략 120g이며 '육수'는 26g에 해당된다. 아마도 입사수의 경우 금화에, 육수의 경우는 은화에 새겨진 것으로 추정되는데, 당시 중국 내부에서 사용하는 화폐 단위에 입사수나 육수가 없는 것으로 보아 금화 시노-카로슈티는 오수전 5개에 해당되는 것으로 계산했을 것이다.

이와 같이 실크로드 권역에서 통용되던 화폐가 서방을 기준으로 하면서 중국 화폐단위까지 고려하였다면, 기원전후 실크로드는 명실상부 동서무역의 중심지였다고 할 수 있을 것이다. 또한 기원전후의 시기에 서북인도와 실크로드가 동일한 경제권 영역이었거나 또는 동일 선상의 무역로로 이해할 수 있겠다. 물론 쿠샨왕조 이전에 통용되던 크로이소스기원전 570~546년에서 발행한 금화 및 은화 등이 인도의 모헨조다로에서 발견되고 있기 때문에 서방에서 동방으로의 무역로가 이미 확보되어 있었음은 짐작할 수 있다.

실크로드-서역-의 중국 영역화

실크로드의 경제상에 관해 두 번째 제시했던 중국과의 연관성 문제를 논의해 보자. 지금까지의 연구에서는 '중국의 서역경영권'에 대하여 목적, 과정, 결과를 단순히 서쪽으로 진출하고자 하는 시대적 요청에 의해 이루어진 것으로 판단하는 경우가 대부분이었다. 그러나 여기서 그치지 않고 그 과정에서 일어난 여러 정황이 던져주는 시사점을 다시금 고찰할 필요가 있다. 사서에서 언급하고 있는 중국의 서역 진출 문제를 단순히 '목적과 결과'로, 중국이 서역 경영권을 쟁취함으로써 얻어지는 '이득의 문제'로 치부하는 경우가 많았다. 그리고 그 과정에서 이루어지는 물질 및 문화의 흡수를 교류의 산물이라고 단순하게 접근하는 경우가 대부분이었다.

그렇다면 교류의 산물이 탄생될 때까지 어떤 과정이 있었을까? 그 과정이 교류의 산물과 어떤 밀접한 연관관계가 있을까? 이러한 문제를 해결하기 위해 필자는 사서류에 기록되어 있는 다음의 두 가지 문제를 논해보고자 한다. 첫 번째는 중국의 화폐개혁 및 관제개혁의 시점과 원인이며, 두 번째는 중국 내륙민의 서북지역으로의 이민移民 현상이다.

진秦과 한漢 시대, 특히 한 시대에는 화폐개혁이 끊임없이 이루어진다.

서한시대 오수전을 만들던 절합節盒

화폐로 사용되던 것은 주로 금金, 전錢, 포布, 백帛이었는데,[13] 여기서 특히 전錢에 해당되는 것을 보면 오수전五銖錢이 주조될 때까지 대략 4~5차례 화폐개혁이 단행되었다.[14] 마지막에 등장하는 오수전의 경우는 상당히 광범위한 지역에서 유통되었다는 것이 다방면에서 확인되는데, 이러한 화폐개혁의 이면에는 바로 흉노와의 관계와 서역으로의 진출이 원인 혹은 결과로 작용하는 것을 볼 수 있다. 그 과정을 확인하면 다음과 같다.

진대秦代에 사용했던 화폐인 반량전半兩錢[15]을 협전莢錢[16]으로 전환한 것은 단순히 사용자의 편의 문제가 대두되었기 때문인 것으로 추정된다. 반량전의 경우 지름이 1寸2分약2.8cm, 무게가 12銖7.9g이기 때문에 느릅나무 열매와 비슷한 모양이고 무게를 3銖로 줄임으로써 『한서』에서 말하고 있는 '무게로 인해 사용이 어려운' 문제를 해결하고 있다. 주조에 있어서는

---

13 『漢書』권24下, 「食貨志」下. "凡貨, 金錢布帛之用".
14 秦~漢初에는 半兩錢, 漢初에는 진대에 사용하던 반량전이 무겁다는 이유로 漢興(楡莢錢 혹은 五分錢이라고도 함)으로 개혁·제작되었고, 효문제 5년(BC.175) 협전은 四銖錢(半兩이라고도 하나 한초에 사용하던 반량전과는 다르다)과 皮幣(흰사슴 가죽으로 주조된 화폐, 실제 사용되지는 않고 황실에서 보관용으로 이용했던 것으로 보여진다)로 교체되었다. 이후 원수 5년(BC.118) 三銖錢에서 오수전으로 화폐개혁을 했다는 『漢書』권6 「武帝紀」의 내용으로 미루어 사수전에서 삼수전으로 한차례 바뀌었음을 짐작해 볼 수 있다. BC.118년 오수전과 白金을 함께 사용했다는 『한서』의 기록 등, 100년이 안 되는 짧은 시기 동안 사서 기록에 나타나는 것만 무려 5차례에 걸쳐 화폐개혁이 이루어졌다.
15 『漢書』권24下, 「食貨志」下에서는 "秦兼天下, 幣爲二等, 黃金以溢爲名, 上幣, 銅錢質如周錢, 文曰半兩, 重如其文"이라 하였는데, 원형에 반량이라는 글자가 표면에 새겨져 있다.
16 위의 책, "漢興, 以爲秦錢重難用, 更令民鑄莢錢".

은과 주석을 섞거나 혹은 동銅으로 만드는 방식을 채택하고 있다. 이에 많은 관리와 백성이 동전을 몰래 만드는 도주盜鑄를 행하거나,[17] 혹은 삼수전三銖錢을 갈아 그렇게 얻어진 재료로 새롭게 주조[18]하는 등 그 폐해가 심각했다. 그런데 이러한 폐해가 일어나게 된 배경에는 한대漢代 흉노 혹은 서역정벌을 위해 출정을 하는 것과 연관성이 있는 것으로 해석할 수 있는 부분들이 보인다.

『한서漢書』「식화지食貨志」의 내용을 살펴보자.

그 이듬해원수 4년, BC.119 한나라는 대장군 위청衛靑과 표기장군 곽거병이 많은 군대를 이끌고 나가 흉노를 공격하였다. 50만 금을 상으로 내렸으나 한의 죽은 군마가 10여 만 필이었고, 전조와 거갑의 비용은 여기에 포함되지 않았다. 이때 재용이 부족해 전사들은 자주 봉록을 받지 못했다. 담당 관원이 삼수전은 가벼워 간사姦詐한 짓을 쉽게 하게 된다고 말했고, 이듬해 여러 군국이 오수전을 주조하되, 동전의 뒷면에도 주곽을 만들어 간사한 무리들이 갈아 부스러기를 얻지 못하게 하자고 다시 청하였다.[19]

---

17 『史記』권30, 「平準書」제8. "盜鑄者金錢罪皆死, 而吏民之盜鑄白金者不可勝數".
18 『漢書』권24下, 「食貨志」제4下. "有司言三銖錢輕, 輕錢易作姦詐, 乃更請郡國鑄五銖錢, 周郭其質"과 "肉好皆有周郭"의 내용으로 다음과 같은 사실을 짐작할 수 있다. 둥근 동전에 그 안을 네모 구멍으로 주조하여 둥근 면을 현대의 동전과 같이 도톰하게 만든 것을 '주곽'이라 하고, 네모 구멍을 '孔' 혹은 '好'라 하고 삼수전의 둥근면과 안의 네모 구멍 모두 테두리를 도톰하게 만들어 당시에 동전을 갈아 은이나 동, 주석 성분을 얻는 행위를 원천적으로 봉쇄하기 위해 노력했음을 알 수 있다.
19 위의 책. "其明年, 大將軍, 票騎大出擊胡, 賞賜五十萬金, 軍馬死者十餘萬匹, 轉曹車甲之費不與

위의 내용에서 '간사한 짓'이란 동전을 동과 주석으로 주전해야 하는데 납과 철을 혼합시키는 행위를 하거나 또는 동전을 깎아내어 부스러기로 새롭게 동전을 주조한다는 의미를 갖고 있다.[20] 이와 같이 '간사한 짓'이 행해지는 이면에는 당시 유통되고 있던 화폐가 부족한 현상이 있었고, 여기서 더 거슬러 올라가 보면 한나라의 정복 전쟁이 그 원인으로 작용하고 있음을 확인할 수 있다. 즉, 정복 전쟁의 결과로 50만 금의 상금이 내려지기는 하나 전조轉漕와 거갑車甲의 비용이 포함되지 않았기 때문에 조정 측에서 이에 대한 충당금을 마련해야 했거나 또는 비용을 받아야 하는 측에서 '간사한 짓'을 벌임으로써 충당했을 가능성이 있다. 어느 쪽이 '간사한 짓'을 벌였는지 알 수 없으나, 여기서 주목할 부분은 전쟁으로 인한 화폐의 활발한 유통이 결국 화폐개혁의 바람을 불어넣은 점이다.

북방 혹은 서북 방면에서 활동하던 흉노와의 전쟁은 비단 화폐개혁으로 끝난 것이 아니다. 필자가 앞서 두 번째로 제시한 문제인데, 바로 관제개편과 이민정책을 통해 관민과 평민 모두를 서북 방면으로 이주시키는 모습을 확인할 수 있다. 한나라 때 전쟁으로 인한 관제 개편을 정리하면 다음과 같다.

① 한나라 효문제孝文帝 시기, 흉노가 북방 지역을 침입해 노략질했기

焉, 是時財匱, 戰士頗不得祿矣. 有司言三銖錢輕, 輕錢易作姦詐, 乃更請郡國鑄五銖錢, 周郭其質, 令不可得摩取".

20 위의 책, "法使天下公得顧租鑄銅錫爲錢, 敢雜以鉛鐵爲它巧者, 其罪黥. 然鑄錢之情, 非殽雜爲巧, 則不可得贏, 而殽之甚微, 爲利甚厚…㬥禁鑄錢, 死罪積下, 今公鑄錢, 黥罪積下".

때문에 이 지역에 주둔하는 군사의 숫자가 늘고, 변경에서 생산되는 곡식은 병사가 먹기에도 부족했다. 따라서 곡식을 헌납할 수 있거나 변방까지 곡식을 운송해 납부할 수 있는 백성을 모집해 대서장大庶長의 작위까지 이를 수 있도록 하였다.[21]

② 기원전 124년 흉노의 우현왕右賢王을 공격한 출정 결과, 한의 병사는 20여 만근에 해당하는 황금을, 포로로 잡힌 흉노인 수만 명에게도 모두 후한 상을 내림으로써 점차 공을 세운 전사에게 내릴 상이 없었다. 이에 물질적 상을 대신하여 작위를 수여했는데 군공이 큰 자는 후侯, 경卿, 대부大夫를 봉하고, 군공이 적은 자는 낭郎, 리吏가 되어 관리 제도가 복잡다단해지고 관직 체계가 문란해졌다.[22]

앞서 화폐개혁의 문제에서 드러나는 것과 같이 전란 이후 보상해야 할 상금화폐의 부족 문제는 관직 개편으로 이어지고 있다. 즉, 상금이 부여되지 못하는 경제 상황으로 인해 발생할 수 있는 군사들의 불만을 관직을 부여함으로써 정치적으로 일어날 수 있는 불안감을 해소시키고자 했던 것이다. 이뿐만이 아니라 전란 혹은 중국 내부의 자연재해로 인해 발생한 피해자들을 '이민'이라는 정책을 통해 불안요소를 줄이는 동시에 서역 경영권 확보 준비를 서서히 진행하였다. 자연재해로 인한 대표적인 예는

---

21 『史記』권30, 「平準書」제8. "匈奴數侵盜北邊, 屯戍者多, 邊粟不足給食當食者. 於是募民能輸及轉粟於邊者拜爵, 爵得至大庶長". 이때 '대서장'은 『한서』권19上 「百官公卿表」에 따르면 한나라 시대의 총20등급의 배위 가운데 제18번째 급에 해당되는 지위이다.
22 『史記』권30, 「平準書」제8. "其後四年, 而漢遣大將將六將軍, 軍十餘萬, 擊右賢王, 獲首虜萬五千級. 明年, 大將軍將六將軍仍再出擊胡, 得首虜萬九千級. 捕斬首虜之士受賜黃金二十餘萬斤…… 軍功多用越等, 大者封侯, 卿大夫, 小者郞吏. 吏道雜而多端, 則官職耗廢".

산동山東 지역에 수재가 발생하자 빈민을 삭방朔方 이남의 신진중新秦中 지역으로 이주시킨 기록을 들 수 있다.[23] 산동 주민을 이민시키는 작업을 시작하였으나, 그 이듬해BC112 남월南越이 반기를, 서강西羌이 변경을 침범해 만행을 부리자 이에 대한 대응책으로 이민을 본격화시켰다. 그 결과가 바로 장액張掖과 주천군酒泉郡이 설치된 것이다. 장액과 주천 설치 외에도 삭방朔方, 서하西河, 하서河西 등지에 둔전屯田을 경작하도록 했다.[24] 한나라 시대의 이러한 행보는 결과적으로 침략을 통해 얻은 정복지에 군사를 주둔시키고, 늘어난 관료를 해당 지역에 배치하고, 관내의 주민들을 이민시키는 등 다양한 정책을 활용해 중국식의 정치·경제·문화를 실크로드 지역에 정착시킬 수 있었다고 볼 수 있다.

 기원전의 상황을 두 가지 문제로 풀어본 것은 불교가 전파될 무렵, 이미 중국이 서역에 대한 경영권을 확보했다는 것을 밝히고자 한 것이다. 물론 서역에서 통용된 화폐의 경우 혼용된 사례가 있을 뿐만 아니라, 앞서 살펴본 바와 같이 중국 화폐 통용 시기에도 인도 화폐의 공존 기간이 상당히 길다. 그러나 여기에서 살펴보고자 하는 것은 기원전후의 시기에 불교가 중국에 전파되었다는 가정 하에, 어떤 경제 구조 속에서 불교가 전파되었는가 하는 배경의 문제이다. 다시 말해서 대소승의 구분이 생기기 이전에 불교가 전파되었고 점차 대승을 추구하는 중국 사회가 인도 및 서역에 경제적인 영향력을 발휘하고, 이에 따라 불교 역시 중국인이 '원하는' 방향으로 전환되었을 가능성을 조심스럽게 추정할 수 있을 것이다.

---

23 「漢書」권24下, 「食貨志」제4下. "山東被水災, 民多飢乏, 於是天子遣使虛郡國倉廩以振貧. 猶不足, 又募豪富人相假貸. 尚不能相救, 乃徙貧民於關以西, 及充朔方以南新秦中".
24 「漢書」권6, 「紀」제6. "置五屬國以處之. 以其地爲武威, 酒泉郡".

동쪽으로 이동하기 위해 넘어야 하는 험준한 산맥

Ⅲ. 불교 전파 초기 승려의 활동

여기서 경제문제에 초점을 맞추어 논지를 풀어 나가는 이유는 인도에서 불교가 발생했을 당시의 사회를 염두에 두었기 때문이다. 당시 인도 사회 역시 농업사회보다는 교류가 활발했던 상업사회 또는 무역사회였다. 초기 불교와 부파불교가 성행하던 시기는 상업사회의 구조와 맞물려 있고, 오히려 농업사회로 전환되는 시기에는 인도 내부에서 불교보다는 힌두교가 득세하는 상황을 확인할 수 있다.

때문에 불교가 발전하는 과정 및 양상의 전개에 비추어보면 불교 전파 역시 초기 혹은 부파불교 시대와 동일 조건에서 이루어졌을 가능성을 배제할 수 없다. 또한 중국에 불교가 전파된 초기 시점에 활동했던 승려들 대다수가 서북인도에 치중되어 있다는 점을 감안해 본다면, 당시의 경제상과 불교발전상과의 연관성을 통해 실크로드를 이용해 교류하는 불교의 성격이 변용될 수 있는 가능성을 고려하지 않을 수 없다.

초기 입중入中 승려의 활동

중국의 초기 불교는 중국에서 불교경전의 번역이 시작되고 승려의 활동이 시작되는 시기의 불교를 의미한다. 물론 중국불교사에 있어서 그 이전 시대에 이미 중국인이 불교를 알고 있었을 것이라는 근거는 수없이 제시되어 왔다.[25] 그러나 중국에서 불교를 개개인으로 인지하는 것과 정식으로 중국 초기 불교라 지칭하는 것은 그 의미가 다를 것이다. 특히 불교사상이 담겨있는 경전이 전해지고 번역되기 시작했다는 것은 중국 측의 요청이 있었든, 혹은 전법승傳法僧에 의한 일방적 활동에 의한 것이든 중국 내에서 불교 활동이 시작되었던 것으로 풀이할 수 있다. 경전의 소개와 소개하는 주체인 전법승 관련 사항은 대단히 중요한 문제이므로 중국 초기에 활동했던 전법승들에 관해서는 여러 저술과 논문에서 수차례 다루어졌다. 여기서도 역시 이 문제를 언급하지 않을 수가 없는데, 주로 대승경전의 유포와 관련된 사항들과 전법승들의 출신국을 위주로 다루

---

25 원전을 제외하고 湯用彤, 『漢魏兩晉南北朝佛敎史』(上海, 1938), 鎌田茂雄, 장휘옥 역, 『中國佛敎史』(서울;장승, 1992)., 에릭 쥐르허, 최연식 역, 『불교의 중국정복』(서울;씨아이알, 2010) 등에서 중국 초기불교 및 전래시점에 관해 상세히 논하고 있다.

고자 한다.

여느 연구에서 언급하듯이 안세고安世高와 지루가참支婁迦讖을 시작으로 살펴보도록 한다. 안식국安息國, 파르티아 출신의 안세고는 안현安玄, 엄불조嚴佛調와 함께 낙양洛陽에서 활동하였다. 안세고가 중국에 들어오기 전, 안식국과 중국의 관계는 이미 기원 87년부터 한나라와 사신 교환 및 조공을 바치는 관계가 형성되어 있었다. 『후한서後漢書』「서역전」에서는 장화章和 원년87년 사신을 보내 사자와 부발을 헌납했다는 내용, 화제和帝 영원永元 9년97년에는 도호 반초가 감영을 대진에 사신으로 보냈는데 안식국에 속한 조지국條支國에 이르게 되었다는 내용, 그리고 영원 13년101년 안식왕 만굴滿屈이 다시 사자와 조지국의 대조大鳥를 헌납해 왔다는 내용을 기록하고 있다.[26] 이러한 기록에 의거해서 볼 때, 왕자 출신이었고 동시에 조국에서 피신했어야 하는 안세고는 불교를 등에 업고 중국으로 향하는 것이 그 당시 정황상 당연한 일이었을지도 모른다.

안세고가 낙양에서 여산廬山·예장豫章을 거쳐 광주廣州에 도달하기 이전까지[27] 중국 내에서 번역한 경전은 『안반수의경安般守意經』, 『음지입경陰持入經』, 『십이문경十二門經』, 『백육십품경百六十品經』 등으로 기록되어 있다.[28] 이들 문헌은 수식관數息觀을 비롯한 소승불교 계열의 경전들이다.

---

26 『後漢書』「西域傳」제78 "章帝章和元年, 遣使獻師子, 符拔……和帝永元九年, 都護班超遣 甘英使大秦, 抵條支……十三年, 安息王滿屈復獻師子及條支大鳥".
27 이 부분에 관해 에릭 쥐르허는 聖人傳說의 영역에 속하는 것으로 보아야 한다고 주장하고 있다.(위의 책, p.59) 또한 湯用彤 역시 『선험기』에서 그 내용을 마구잡이로 취한 것이라 보고 있다.(위의 책, p.83)
28 慧皎, 『高僧傳』권1(T50, p.3).

이와 관련해 도안道安은 오로지 선관에만 힘썼다[29]고 기록하고 있으며, 이러한 안세고를 계승한 이가 훗날 강거康居출신의 선조를 두고 있는 강승회康僧會이다. 강승회가 안세고를 스승으로 삼고 있는 모습을 「안반수의경서安般守意經序」에서 확인할 수 있는데[30], 이에 대해 탕용동은 안세고에서 강승회에 이르기까지 '양생성신養生成神'의 도교적 관념에 접합된 불교의 계승이라 보고 있다.[31] 이에 반해 후에 기술할 지루가참과 지겸支謙 계통의 대승불교 교학과 중국의 현학적 관념과의 관계성을 '신여도합神與道合'이라 규명하고 있다.[32]

이에 의거해 본다면 소승불교 계통이라 할 수 있는 안세고와 대승불교 계통의 지루가참이 한나라 시대, 중국에서 역경譯經을 하였고 이들은 각기 다른 성격의 불교사상의 시발자始發者가 되는 셈이다. 안세고가 소승불교를 전한 인물이라는 사실은 당시 안식국에 대승불교의 유행이 이루어지지 않았을 것이라 추정할 수 있는 근거 중의 하나로 활용할 수 있다. 그리고 안세고와 함께 활동했던 안현은 중국 내부에서 불교에 귀의한 엄불조와 함께 보살의 행적에 대한 요약집이라 할 수 있는 『법경경法鏡經』을 번역했다. 경전의 내용으로 보면 순수하게 대승에 속한다 할 수 있다. 이는 탕용동이 주장하는 '소승불교 계열을 전했던 안세고'라는 점에서 더 나아가 당시 안식국에서는 대소승이 공존하고 있으나 대승의 의미 혹은 대승이라는 자각이 전혀 이루어지지 않았음을 미루어 짐작해 볼 수 있는 부분이다.

---

29 道安, 『出三藏記集』권6(T55,p.44c) "其所敷宣務禪觀".
30 道安, 『出三藏記集』권6 「안반수의경서」 제2(T55,p.43b~c).
31 湯用彤, 위의 책, pp.139~144.
32 湯用彤, 위의 책, pp.144~150.

안세고와 동시대에 중국에서 역경 활동을 펼친 지루가참에 대해 간략하게 살펴보자. 월지국月支國 출신의 지루가참은 안세고보다 20여 년 늦은 168~188년 사이에 중국에 들어와 활동한 승려이다. 지루가참이 중국에 들어온 시점인 후한 말에 월지국과 직접적인 교류가 있었던 것은 아닌 것 같다. 그 이유는『후한서』에 안식국이 3차례 사신과 조공을 보내온 기록이 있는 것에 비해 월지국에 대해서는 간략한 정보만 기재되어 있다. 이는 직접적인 교류보다는 간접적인 교류 즉, 서역에서의 조우遭遇를 뜻하는 것이다. 이러한 배경 속에서 지루가참이 중국에서 번역한 경전은 주로 대승불교 경전으로 분류되는『도행반야경道行般若經』,『수능엄삼매경首楞嚴三昧經』등이다.

지루가참이 번역한 경전은 안세고와는 달리 확연히 드러나는 대승계 경전들이다. 뿐만 아니라『도행반야경』은 대승 및 소승에 대한 용어를 사용하고 있지는 않지만, '마하연'과 '보살'이라는 용어를 사용하고 있다는 점도 눈여겨 보아야 할 대목일 것이다. 이는 곧 지루가참이 월지국에서 불교사상을 학습할 당시 대승에 대한 인지가 있었고, 이를 번역 용어에 담아내고 있는 것으로 풀이할 수 있다. 이를 통해 당시 월지국에서는 소수의 집단을 이루고 있을지라도 대승불교의 움직임이 존재했음을 알 수 있는 것이다.

안세고와 지루가참의 활동으로 미루어 짐작할 수 있는 것은, 2세기 무렵 월지국 내에서는 이미 대승불교 경전이 유포되어 사상적 기반이 싹 트고 있었고, 반면 월지국보다 서쪽에 위치했던 안식국은 소승불교 일색이었거나 또는 대승에 대한 기반이 거의 없었다는 점이다. 이는 대승불교의 흥기 발원지를 찾아나아가는 데 있어 인도 이서以西 지역은 일단 배제시킬 수 있는 하나의 근거로 삼을 수 있을 것이다. 특히 간다라 지역에서 발견되고 있는 그리스 혹은 페르시아의 문화가 불교문화 속에 융합되어 있는 것에 대해 일부에서는 대승불교 사상 속에 서방의 종교문화가 융합되었을 가능성을 제시하기도 한다. 그러나 앞의 분석을 고려할 때 적어도 월지국 혹은 인도내륙 지역에서 대승불교가 발원하고, 그 이후 안식국을 비롯한 서방의 종교문화가 영향을 준 것으로 보여진다.

따라서 필자는 안식국이 불교에 대한 영향을 미친 것은 기원전 1세기부터 기원후 3세기까지 로마, 페르시아, 월지, 소그드, 중국에 이르는 경제 주역의 역할을 하고 있었던 사실을 감안하여, 월지에서 기원한 대승불교의 영향을 역逆으로 받는 동시에 월지로의 문화적 재결합을 이루어 냈던 것으로 추정해 본다.

중국불교의 본격화와 승려들의 활동

앞서 안세고와 지루가참의 활동으로 인해 중국 내부에서도 소승과 대승으로 나뉘는 일군의 흐름이 형성되었을 것이라는 점을 미루어 짐작해 보았다. 이 가운데서도 지루가참의 대승불교사상은 특히 현학적 분위기를 형성시키면서 불교에 대한 사상적 이해를 본격적으로 모색하는 현상으로 이어진다. 이후 대승불교에 대한 심오한 이해를 도모하는 시도가 여러 방면에서 나타난다. 중국 승려의 구법행求法行을 비롯해 동일 경전에 대해 재번역을 시도하기도 하는 등, 다각도로 대승불교에 대한 이해를

서북인도를 둘러싸고 있는 설산의 모습

도모하는 시도가 지속적으로 나타난다. 이 가운데서도 여기서 주목하는 것은 전법승 혹은 중국 내 승려들이 중국에서 활동한 이후 본국으로 귀국한 이후 어떤 활동을 하고, 어떤 경전을 입수하여 본인 혹은 제자들에게 전하고자 했는가에 관해서이다.

경전을 입수하기 위해 구법행을 결정한 중국 최초의 승려는 주사행朱士行이다. 그는 우전국于闐國으로 향했는데, 『고승전』을 비롯한 많은 기록에서 『반야경般若經』을 바로 우전국에서 입수한 것으로 기록되어 있다. 이때 우전국에서는 소승불교도들에 의해 반발이 일어났고, 이에 주사행은 불속에 경전을 던져 손상되지 않음을 보이며 대승불교의 위상을 보여주는 대목이 함께 기록되어 있다.

이와 관련해 당시 우전국의 불교 성향이 소승불교에 치중되어 있다고 평가하고 있다는 의견과[33] 중국불교 성인전설에서 자주 보이고 있는 패턴의 하나로 볼 수 있다는 의견[34]이 있다. 에릭 쥐르허의 의견에도 타당성이 있어 보이기는 하나 그가 언급하는 성인전설聖人傳說의 또 다른 예-주로 불 속에서 안전하게 보존된 대승불교 경전-들은 스스로 밝히고 있듯이[35] 『법원주림法苑珠林』에 기재되어 있는 내용들이다. 그러나 당대唐代의 작품인 『법원주림』의 예를 초기 불교 전적과 비교하는 것은 큰 의미가 없어 보인다. 중국 당나라 시기는 이미 사상적으로 안정세를 취하고 있는 시기이면서 동시에 소승불교가 완전히 배제된 상태에서 대승불교에 기초한 종파가 형성되어 있던 때이다. 때문에 이 시기의 기록으로 중국 초기 불교의 단면을 추정하는 것은 이치에 맞지 않다. 따라서 주사행이 구법을 했을 당시, 즉 3세기에 해당되는 시기의 우전국은 소승불교 속에 대승불교가 싹트고 있었을 가능성을 제시하고 있다고 볼 수 있겠다.

우전국의 불교 성향에 관해 주사행을 통해 엿볼 수 있었다면, 3세기에서 4세기에 이르는 시기 서역을 비롯해 서북인도의 불교를 엿볼 수 있는 것은 축법호竺法護를 통해서 가능하다 할 것이다. 축법호가 수많은 대승경전을 장안에서 번역했다는 점은 많은 사료를 비롯해 중국불교와 관련된 여러 서적 및 논문에서 소개되었기 때문에 이와 관련된 것을 굳이 따로 말할 필요는 없다.

---

33 羽溪了諦, 『西域之佛敎』(上海, 1933), p.212., 한지연, 『서역불교교류사』(서울;해조음, 2011), pp.136~137에서 관련내용을 소개하고 있다.
34 에릭 쥐르허, 위의 책, pp.102~103.
35 에릭 쥐르허, 위의 책, p.102와 미주 195~197번 참조.

그런데 대승경전을 번역할 때, 축법호의 역장譯場에는 구자국, 월지국, 우전국, 소그드 출신의 인물들이 주로 포진되어 있다는 점[36]이 흥미롭다. 앞서 안세고를 언급할 때 필자는 월지와 대승불교의 밀접한 관련성을 밝히면서 동시에 안식국에 대승불교가 존재했을 가능성의 희박함을 언급하였다. 축법호의 활동 시기인 3세기 후반에도 역시 그러한 조류가 있었음을 감지할 수 있다. 물론 중국과의 거리상 안식국이 월지국보다 더 서쪽에 위치하여 전법승의 숫자가 적었다는 점도 무시할 수 없다. 그러나 초기 전법승부터 고역古譯이 이루어지는 시기까지 대승불교 경전이 모두 월지국 이동以東 지역과 관련되어 있다는 것은 필자의 앞선 주장에 하나의 근거가 될 수는 있을 것이다.

이 외에도 전법승의 신분으로 중국 내에서 활동하다가 다시 본국으로 돌아가 특정 경전을 구해 상인 혹은 다른 전법승에게 전하는 행위의 예도 찾아볼 수 있다. 계빈국罽賓國 출신인 불타야사佛陀耶舍는 '붉은 코밑수염의 비바사毘婆沙'[37]라고 칭할 정도로 비바사에 능통했던 인물이다. 이러한 불타야사는 구마라집鳩摩羅什과 동시대에 중국에서 활동하였다. 그는 홍시弘始 12년410을 기점으로 활동하다가 다시 계빈국으로 돌아가 대승경전에 속하는 『허공장경虛空藏經』을 구해 상인 편에 자신이 활동하던 양주涼州 지역의 승려들에게 전하였다.[38]

---

36 『高僧傳』, 『出三藏記集』, 『大唐內典錄』 등에서 확인할 수 있으며, 에릭 쥐르허의 위의 책에서도 밝히고 있으며 특히 제2장 각주 241번에서 인도인은 竺力, 쿠차인은 帛元信, 帛法巨, 월지인은 支法寶, 우전인은 기타미트라(祇多羅), 소그드인은 康殊라고 밝히고 있다.(위의 책, p.151).
37 慧皎, 『高僧傳』권2(T50, p.334b) "時人號曰赤髭毘婆沙".
38 慧皎, 『高僧傳』권2(T50, p.334b) "至罽賓得虛空藏經一卷.寄賈客傳與涼州諸僧".

대비바사로도 칭송되던 불타야사가 본국으로 돌아가 구한 경전이 대승경전이라는 점은 중국 내에서 활동하던 약 3년 여의 기간 동안 구마라집과의 교류를 감안하더라도 대승불교의 필요성을 인지했을 것이라는 추정이 가능하다. 다시 말해서 중국 내부에서 대승경전의 번역이 활발하게 이루어지는 모습과 더불어 중국에서 요구하는 것의 중심에 바로 대승불교가 있다는 점을 인식했다는 것이다. 실크로드의 각 국을 돌며 고승의 반열에 들었던 불타야사가 계빈국에 중국내 대승불교에 대한 선호를 알리고, 이것이 사회·경제적 측면에서 중국의 영향을 받고 있던 계빈국 내에서 대승불교의 발전을 촉진시키는 역할로 작용하였을 것이라 추정된다.

이와 같이 지루가참으로부터 시작해 주사행, 축법호의 활동은 중국 내부에 대승불교에 대한 반향을 불러왔다. 소승불교에 대한 소개가 있었음에도 불구하고 뒤늦게 소개된 대승불교에 대한 중국 내 열망은 곧바로 승려들의 활동으로 이어졌다. 구법승을 비롯해 전법승의 신분에서 다시 귀국한 승려들의 경전입수 목록들에서 확인할 수 있듯이 주로 대승불교 경전에 치우쳐 있다. 특히 본국으로 돌아간 승려들이 중국에서 선호하는 불교, 즉 대승불교에 대한 열의를 소개함으로써 월지를 비롯한 실크로드 각 국의 불교 성향이 대승불교로 전환되는 계기를 마련해주었을 가능성이 크다.

IV. 고대 경제의 흐름 속에 변화하는 불교

케네스 첸은 그의 책에서 "기원후 1세기 초 불교가 도입되었을 때 이미 높은 수준의 문명을 지니고 있었던 중국인들은 이 새로운 종교에 완전히 빠져들지는 않았다."고 주장하고 있다.[39] 그럼에도 안세고에 의해 소개된 소승불교는 도교 개념의 '수행'적 의미로써 잠시 받아들여질 뿐 학파로써 존재할 수 없었고, 4세기까지 소승불교의 논서가 소개된 적이 없었다. 따라서 케네스 첸이 언급한 '새로운 종교'란 대승불교에 한정지을 수 있을 것이다.

대승불교 속에 잠재되어 있는 변화의 가능성은 중국 사회에 맞추어 갈 수 있는 '변용變容'으로 이어지게 되었다. 그리고 이러한 새로운 종교에 대한 사상적 확대 열망은 중국에 불교를 전해준 전법승과 그들의 사상전환, 더 나아가 귀국 후의 활동이 실크로드 각 국가 및 서북인도 각 국의 불교에 전환점을 마련해주는 계기로 작용했다고 볼 수 있을 것이다. 대승불교는 분명 서북인도 혹은 인도 내부에서 흥기했을 것이며 그러한 요소들이 곳곳에 존재하고 있다. 그러나 흥기한 대승불교가 소승교단 우세

---

39 K.S.케네스 첸 저, 장은화 역, 『중국인의 삶과 불교의 변용(Chinese Transformation of Buddhism)』(서울;씨아이알, 2011) p.4 재인용.

지역에서 주체적이고 확고한 입지를 다지기 어려웠기 때문에 소승교단 내부에서 함께 공존하며 스스로가 '대승'이라는 뚜렷한 의식이 있었는지에 대해서는 미지수이다. 이러한 대승불교가 발전하여 동아시아 전역에 지속적으로 영향을 줄 수 있었던 원동력으로 작용한 것이 바로 '중국'이라는 요소가 아닐까 한다.

주지하다시피 중국 내부에서는 여러 요인들로 인해 대승불교에 대한 열망이 일어났다. 그리고 이러한 분위기는 동일 경제권에 속해있던 서북인도에서 실크로드의 각 국에 이르기까지 그 영향권 내에서 동일하게 변화되었을 가능성을 배제시킬 수 없을 것이다. 현대에도 세계 경제 및 무역의 흐름에서 주도권을 쥔 국가는 자연스럽게 문화적 영향도 더불어 끼치는 모습을 확인할 수 있다. 이 같은 현상은 불교가 동아시아로 전파될 당시에도 존재했을 것이고, 실크로드 상의 정치·경제권에서 큰 흐름을 주도하고 있던 중국의 불교에 대한 인식 혹은 선호 현상이 전파 주체국에도 인지되었을 것이다.

대승불교의 흥기에도 많은 의문이 존재하는 상황에서 발전의 문제를 다루는 일은 쉽지 않다. 때문에 역으로 사회·경제적 측면에서부터 시작하여 사상·문화적 측면의 변화까지 다루는 새로운 접근을 시도하였다. 아직 보완해서 다루어야 하는 부분들이 남아 있지만, 불교의 중심부 곧 내부가 아니라 주변부의 조건들이 불교 중심부의 변화에 어떠한 영향을 미쳤는지에 대해 검토하려는 노력이 가일층 요구된다는 점을 언급해 둔다.

・참고문헌

- 『史記』
- 『漢書』
- 『後漢書』
- 慧皎, 『高僧傳』
- 道安, 『出三藏記集』

- 금강대학교 불교문화연구소편, 『종교와 역사의 교차점, 실크로드』, 서울; 민족사, 2014
- 금강대학교 불교문화연구소편, 『동아시아불교에서 대립과 논쟁』, 서울; 여래, 2015
- K.S.케네스 첸 저, 장은화 역, 『중국인의 삶과 불교의 변용Chinese Transformation of Buddhism』, 서울; 씨아이알, 2011

- 정수일, 『씰크로드학』, 서울;창작과 비평사, 2001
- 에릭 쥐르허, 최연식 역, 『불교의 중국정복』, 서울; CIR, 2010
- 湯用彤, 『漢魏兩晉南北朝佛敎史』, 上海, 1938
- 鎌田茂雄, 장휘옥 역, 『中國佛敎史』, 서울; 장승, 1992
- 羽溪了諦, 『西域之佛敎』, 上海, 1933
- 윌 듀런트, 왕수민·한상석 옮김, 『문명이야기-동양문명』, 서울; 민음사, 2011
- 김채수, 『알타이문명론』, 서울; 박이정, 2013
- 제임스A.밀워드 지음, 김찬영·이광태 옮김, 『신장의 역사-유라시아의 교차로』, 서울; 사계절, 2013

- 이주형 지음, 『아프가니스탄, 잃어버린 문명』, 서울;사회평론, 2004

- 長澤和俊, 『樓蘭王國史の硏究』, 東京:雄山閣出版株式會社, 平成 8년
- 오다니 나카오 지음, 민혜홍 옮김, 『大月支』, 서울; 아이필드, 2008
- 미야지 아키라, 김향숙, 고정은 역, 『인도미술사』, 서울; 다할미디어, 2006
- 한지연, 『서역불교교류사』, 서울; 해조음, 2011

2장

대승불교
발전의 숨은 주역들

- ●　아쇼카왕, 그는 대승불교의 토대를 만든 사람인가
- ●　서역 경영권 쟁탈전과 대승불교의 발전
- ●　지리와 자연환경 그리고 대승불교의 발전

아쇼카왕, 그는 대승불교의 토대를 만든 사람인가

Ⅰ. 아쇼카왕, 그는 누구인가?

Ⅱ. 인도불교 교단; 아쇼카 시대 교단에 대한 중앙통제의 의미
　　아쇼카왕의 불교 교단에 대한 보시와 사유재산 인정의 의미
　　아쇼카왕의 불교 교단에 대한 통제 방식과 의미

Ⅲ. 실크로드 불교 교단과 정치권력
　　인도식 중앙통제의 교단상, 우전국
　　국가불교식 중앙통제의 교단상, 구자와 누란 그리고 북위北魏

Ⅳ. 국가불교의 신호탄을 쏘아 올린 아쇼카왕

Ⅰ. 아쇼카왕, 그는 누구인가?

　인도와 동아시아에서의 불교 교단에 대한 위정자爲政者의 개입 양상은 전혀 다른 모습을 갖고 있다. 지역·시대·문화적 배경 등 다양한 측면이 작동하고 있음에도 불구하고 이에 대한 이해 방식은 상당히 단순했던 것이 사실이다. 정교분리政敎分離의 유무有無, 계급사회에서 출가자出家者와 위정자爲政者의 각각의 위치, 위정자의 불교에 대한 인식 및 태도 등에 국한하여 이 문제를 이해하는 경향이 크다. 때문에 동아시아, 특히 중국불교의 특징 중 '국가불교'를 인도와 중국불교의 가장 큰 차이점으로 인지하기도 한다. 그리고 이러한 인식으로 인해 동아시아 내에서의 정치와 불교라는 관계성을 대단히 부정적으로 보는 시각도 분명히 존재한다.

　그런데 과연 국가불교의 의미를 어떤 기준점을 적용시켜 이해할 수 있을까? 다시 말해서 국가 권력자에 의한 일방적인 통치와 통제 권한 −부정적인 인식이 좀 더 많은− 에 초점을 둘 것인가, 아니면 위정자가 교단의 여러 부분에 직간접적으로 개입하지만, 사회와 교단과의 연결고리를 찾기 위한 하나의 방편으로 이해할 수 있을 것인가의 기준점을 고려해 보아야 할 것이다. 아마도 후자로 이해하는 방식은 좀 더 폭넓은 의미에서 국가불교의 내용을 확대하는 것으로 오인할 수 있을 것 같다.

그러나 설령 그러한 오해를 하더라도 국가불교의 기준점이 모호하기 때문에 중국 '북위北魏 불교'라는 특정 전개상만을 두고 부정적 관점으로서의 국가불교를 이야기한다면, 이는 중국불교 더 나아가 동아시아 불교에 대한 고민을 소홀히 하는 것으로 보여진다. 때문에 여기서는 현재 확인할 수 있는 기록이 존재하는 인도 아쇼카왕 시대의 교단에 대한 국가 및 왕의 개입 여부, 그리고 불교가 전파되는 과정에 있는 실크로드, 마지막으로 중국 북위의 예를 고찰하고 서로 비교하고자 한다.

이를 통해 국가 혹은 위정자의 불교 교단에 대한 개입을 어떻게 이해할 것인가, 과연 기존의 부정적인 입장만으로 이해할 수 있는 것인가에 대해 재고할 수 있을 것이다. 더 나아가 교단에 대한 정치권력의 개입에 대한 의미를 재고함으로써 넓은 의미에서의 사회와 불교라는 측면을 재인식할 수 있을 것이다. 이는 지금까지 몇 가지 의미 부여를 통한 단순 해석과 부정적 시각에 대한 반성의 의미이기도 하지만, 불교 교단에 대한 국가의 중앙통제가 동아시아 불교 발전의 특징적인 양상만은 아니라는 점을 명확히 하고자 하는 것이기도 하다. 이를 밝히기 위해 여기에서 중국의 양상을 언급하지 않을 수는 없다.

그러나 중국불교에 대한 중앙통제를 연구하는 것을 목적으로 하는 것이 아니라 비교분석을 위해 일반론적 견해를 이용하는 것일 뿐, 궁극적인 논지는 인도 아쇼카왕 시대에서 비롯된 중앙통제의 기능과 동아시아 세계에 도달하기까지의 과정에 초점이 맞추어져 있다는 점을 미리 밝혀 두는 바이다.

II. 인도불교 교단; 아쇼카 시대 교단에 대한 중앙통제의 의미

아쇼카왕의 불교 교단에 대한 보시와 사유재산 인정의 의미

마우리아 왕조를 대표하는 아쇼카왕 시대는 그야말로 인도불교의 중흥기이자 적극적인 전법정신을 발휘한 시기이다. 때문에 인도불교의 정황을 가장 단적으로 표명해 주는 시기로 인식하기도 한다. 물론 아쇼카왕은 일반적인 위정자의 위치를 벗어나 불교에 귀의한 흔적이 존재하기 때문에,[1] 전륜성왕轉輪聖王의 기준으로 보면 여기서 밝히고자 하는 바와 다르게 접근해야 한다고 할 지도 모른다. 그러나 전륜성왕의 기준이라 하더라도 다음과 같은 대단히 흥미로운 비문의 내용을 발견할 수 있다. 츠카모토 게이쇼가 번역한 〈14장마애법칙〉 가운데 8장의 내용을 살펴보자.

---

1 츠카모토 게이쇼 지음, 호진·정수 옮김, 『아쇼까왕 비문』, 서울:불교시대사, 2008, p.65., 에띠엔 라모뜨 지음, 호진 옮김, 『인도불교사』, 서울:시공사, 2006, p.493에서는 칼링가 전쟁 후에 아쇼카왕이 우바새가 되었다는 내용을 공통적으로 소개하고 있다.

과거 오랫동안, 왕들은 오락을 위한 여행을 떠났다. 이 여행 동안, 그들은 사냥했고, 다른 유사한 오락을 즐겼다. 그러나 천애희견왕은 관정 10년에 삼보리Sambodhi를 방문했다. 그때부터 법의 순례가 시작되었다. 이 순례 동안, 다음과 같은 일들이 이루어진다. 사문·바라문들을 방문하고 그들에게 보시한다. 장로들을 방문하고 그들에게 금전을 보시한다. 그는 지방의 백성들을 접견하고 그들에게 법을 가르치고 법에 대해 질문을 한다. 이것은 천애희견왕에게 최상의 기쁨이다. 그의 다른 모든 기쁨은 이것보다 못하다.[2]

위의 마애법칙의 내용을 보면, 아쇼카왕에 이르러서는 그동안 위정자가 행했던 순행巡行의 내용과 의미를 탈바꿈시켰다는 것을 알 수 있다. 그동안의 순행이 단순한 오락이 중심이었다면, 아쇼카왕은 법의 순례라는 의의를 둔 것이다. 그리고 그 순례에서 행한 것의 중심은 첫 번째가 종교 교단에 대한 보시 활동이고, 두 번째가 백성들을 향한 법의 전파이다. 종교 교단에 대한 보시에 있어서도 사문·바라문에게 직접적으로 행하고 있다. 아쇼카왕의 이러한 보시 활동에서 면밀하게 볼 문제는 사문·바라문에게 보시하며 장로들을 방문해 금전을 보시한다는 내용일 것이다.

이 같은 넓은 의미의 금전적 보시에 해당되는 것을 아쇼카왕 때 처음 시작했다고 보기는 힘들다. 죽림정사竹林精舍를 희사한 빔비사라왕, 기원정사 앞에 라자카라마Rājakārāma를 세운 코살라국의 파세나디왕 등의 경

---

2 츠카모토 게이쇼 지음, 호진·정수 옮김, 위의 책, p.110 〈14장마애법칙〉 중 제8장 재인용.

우도 보시를 한 경우라고 볼 수 있다. 그런데 이들의 경우처럼 수행 공간을 확보해 준 경우와는 달리 아쇼카왕이 '사문과 장로에게 보시했다.'는 경우는 직접적인 금전적 보시를 시행했다는 점과 더불어 당시 출가자 각 개인에게 사유재산이 존재하고 있었음을 암시하고 있다. 그리고 사유재산이 존재했음을 알려주는 내용은 다음의 경우에서도 확인할 수가 있다.

> 아쇼카는 상가에 의약품을 풍부하게 공급하기 위한 조치를 취했다. 상가의 매일 수입은 50만 금金이 넘었다. 그 가운데 10만 금은 니그로다 비구에게 주었고, 10만 금은 불단에 향과 꽃을 공양하는 데 바쳤고, 10만 금은 설법사들에게 지불되었고, 10만 금은 상가에 분배되었고, 나머지 10만 금은 의약품을 사서 대중이 사용할 수 있게 도시의 사대문에 비치하도록 했다.[3]

위 인용문에서는 비구의 이름이 명시되어 있어 출가자 개인 소유의 재산이 존재했음을 더욱 분명하게 해준다. 또한 전체 수입의 1/5이 설법사들에게 지불되었다는 점은 고승高僧에 해당하거나 혹은 그에 상응하는 위치의 출가자의 경우 왕이 인정하는 사유재산을 소유할 수 있었던 당시 상황을 짐작할 수 있다. 이와 같이 출가자의 사유재산이 인정되는 것을 기본으로 하면서 더 나아가 승단 및 출가자 재산권에 대한 일종의 국가 규제가 존재했음을 짐작해 볼 수 있다.

위 내용을 좀 더 분석해 보면 첫째, 사유재산의 인정과 둘째, 보시의

---
[3] 에띠엔 라모뜨 지음, 호진 옮김, 위의 책, p.489 재인용.

생활화와 셋째, 의약품으로 대변되는 사회복지제도의 활성화를 말할 수 있다. 특히 세 번째의 문제는 '의약품을 사서 대중이 사용할 수 있도록 사대문에 비치했다.'는 것은 여러 가지를 시사한다. 우선 보시를 통해 불교 교단에 귀속시킨 재산을 다시금 사회에 환원시키는 규제를 하고 있다. 이는 국가에서 할 수 있는 일임에도 불구하고 굳이 교단에 재산을 보시한 후, 교단이 의약품을 구입하는 복잡한 구조를 선택하고 있는 것이다. 다시 말하자면 왕 혹은 국가가 직접 사회 환원 및 사회복지에 뛰어들 수 있었음에도 불구하고 교단을 매개체로 삼는 구조를 갖고 있다.

이와 관련된 구조적 문제에 대해서는 지금까지 이렇다 할 만한 연구 성과는 없었다. 그러나 이 문제는 아쇼카왕 시대를 기점으로 불교가 세계적인 종교로 발돋움할 만한 중요한 사안이라고 생각된다. 왜냐하면 불교를 종교의 틀에 가두는 형태를 벗어나 사회와 연결시킴으로써 불교가 대사회적 역할을 분명하게 해주는 사건이었던 것으로 해석할 수 있기 때문이다. 그리고 그 연결고리를 왕 혹은 국가가 개입하는 순간, 중국불교에서 언급하는 '국가불교'와는 그 의미가 다르지만 그와 유사한 국가불교가 시작되었다고 정의내릴 수 있을 것이다.

아쇼카왕의 불교 교단에 대한 통제 방식과 의미

앞서 아쇼카왕 시대에 불교 교단 내에 사유재산이 존재했음과 교단의 재산 사용처를 국가가 지정해 주는 형식에 관해 살펴보았다. 그리고 보시가 선행되었다고 하더라도 이러한 규제가 갖는 의미에 대해서도 간략히 살펴보았다. 그런데 필자가 언급했던 '국가불교'라는 것이 성립되는 조건에는 제도적 규제뿐 아니라 관료적 의미도 포함되어 있기 때문에 이 부분에 대한 논의도 필요할 것이다.

앞서 논한 문제에서는 보시가 전제로 된 제도적 규제의 문제가 주를 이루었다. 그렇다면 관료적 차원에서의 규제가 존재했을까? 이 문제는 '아쇼카담마'라는 내용을 통해 논의를 진행할 수 있을 것이다. 아쇼카 칙령이 새겨진 내용을 토대로 '담마Dhamma'는 바른 행동, 도덕적 가르침, 현상, 정의, 진리, 사회제도 및 사회제도 등 다양한 뜻[4]으로 쉽게 말하면 인도의 윤리규범이라고 정의내릴 수 있다. 그러나 아쇼카왕의 치세 기간 동안 이루어진 행보에 주목하여 담마에 대해 모든 종교를 포괄한 의미라는 의견도 있으며,[5] 불교와 관련된 의미라는 의견[6]도 있다.

양측의 의견 가운데 어느 한쪽을 우선시하는 입장은 아니나, 분명한 것은 아쇼카담마는 윤리규범을 실천하기 위한 아쇼카왕의 적극적 제도이자 정책이었던 것이다. 그리고 양측의 의견을 통해 보면, 담마가 당시 종교교단에 기반을 둔 것으로 추정해 볼 수 있을 뿐만 아니라 일아스님이 '그들도 수긍할 수 있는 가장 보편적이고, 삶에 필수적인 기본적 윤리의 담마가르침를 부처님 가르침 중에서 선택하여 그의 담마의 지침으로 삼았다.'[7]라고

---

4 한국민족대백과사전, https://100.daum.net/encyclopedia/view/14XXE0022609
5 Radhakumud Mookerji, *"Asoka"*, London;Macmillan and co., Limited, 1928, pp.68~69., 에띠엔 라모뜨 지음, 호진 옮김, 위의 책, pp.456~457.
6 이와 관련된 내용은 일아스님이 일목요연하게 정리한 내용을 볼 수 있다. 『아쇼까 −각문과 역사적 연구−』, 서울:민족사, 2009, pp.298~301 참조.
7 일아스님, 위의 책, p.303 재인용.

지적한 바와 같은 해석이 합리적일 것이다.[8]

그리고 이러한 담마는 비단 윤리적 의미를 담은 법의 내용일 뿐만 아니라 실제 담마를 위한, 그리고 그를 수행할 수 있는 직종이 존재했다. 왕국의 관리인 동시에 전법사의 역할을 동시에 했다는 내용은 이미 주장된 바 있다.[9] 담마 직종에 해당하는 이들은 외국에 파견되는 사신 또는 사절단으로의 의무가 있거나, 관할 구역을 순방하면서 승가 분열자에게 흰 옷을 입혀 추방하는 임무, 재판과 처벌에 관한 독자적인 권한[10]이 있었다. 즉, 담마 행정관이란 불교에서의 이상적 국가를 지향하기 위해 여러 방면에서의 활동을 맡고 있었고, 그 여러 방면이란 것은 국가법에 의거한 법무관으로서, 외교 문제를 담당하는 외교사로서, 교단의 분열을 막는 외호자外護者로서의 역할을 말한다.

성속聖俗의 구분을 넘어서는 이들의 활동을 주로 전륜성왕에 초점을 맞추어 아쇼카왕이 갖는 상징적이고도 이상적인 국가 건립과 관련된 주장이 주를 이루고 있다.[11] 그러나 여기서는 이를 동아시아의 '국가불교' 의미와 연결시켜 보는데 초점이 있다. 다시 말해서 이상적인 불교국가 건립과 동아시아의 국가불교와 어떤 차이점이 있는가라는 것이다. 지금까

---

8 김재영의 경우도 '담마는 5계이다.'라고 정의를 내리고 있을 정도로 불교와의 밀접한 연관성을 지적한 바 있다. (김재영, 「초기불교의 사회적 실천에 관한 연구:대중적·교리적 기초와 전개과정을 중심으로」, 동방대학원대학 박사학위논문, 2010, p.202)
9 일아스님, 위의 책, pp.216~217.
10 일아스님, 위의 책, pp.214~216의 도표 참조.
11 정순일은 그의 책(『인도불교사상사』, 서울:운주사, 2005)에서 이와 같은 내용을 서술하고 있으며, 서병진(『아쇼까(Asoka, 阿育)王의 복지사상 연구—금석문을 중심으로—』, 동국대학교 박사학위논문, 2005)은 논문을 통해 이와 관련하여 특히 아쇼카왕의 복지사상 측면으로 접근한 내용을 소개하고 있는데, 대부분의 관점이 전륜성왕으로서 혹은 불교에 기반한 복지사상가로 접근하는 시각이 많다.

지 아쇼카왕의 행보와 관련해 동아시아, 대표적으로 중국의 국가불교와 연관시킨 사례는 없다. 하지만 앞 절에서 살펴본 바와 같이, 교단에 대한 보시, 보시를 받은 교단 내부에서의 분배 및 사유재산 인정, 보시의 일부는 사회 환원이라는 구조를 아쇼카왕이 제안했다는 점과 윤리적 의미에서의 담마를 강조함과 동시에 제도적으로 담마 행정관을 파견했다는 점은 큰 프레임의 '국가불교'로 이해할 수 있는 유의미한 내용일 것이다.

물론 아쇼카왕은 중국의 그것과는 달리 서병진의 견해처럼 '다르마의 수호자·실현자로서의 자각과 긍지'[12]의 측면이 더 강하다. 때문에 아쇼카왕의 담마 정책을 굳이 중국의 국가불교와 비교하는 것은 무리가 있다고 보여질 수도 있다. 그러나 아쇼카왕의 정책은 불교를 기반에 두고 국가의 여러 정책에 적용하면서 불교 교단과 국가가 동시에 성장[13]할 수 있는 '이념적 통제'의 개념으로 본다면, 중국불교의 그것과 개념적으로 크게 다르지 않다고 볼 수 있다. 그리고 이러한 이념적 통제는 결과적으로 불교를 전파할 수 있는 배경으로 작용할 수 있었기 때문에 제도적 또는 관료적 통제의 성격이 약화된 국가불교의 원형이라 볼 수 있을 것이다.

지금까지는 아쇼카왕의 여러 정책과 불교 교단에 보시된 금전의 분배에 직접적으로 관여한 바를 사회복지에 대한 측면으로 주로 접근해 왔다. 이에 대해 필자 역시 충분히 수긍하며 찬성하는 입장이지만, 아쇼카왕 시대에 전법사를 이용한 적극적인 전파의 결과가 있었기 때문에 이와 연동시켜 불교사의 측면에서 바라보았다. 그 결과 아쇼카왕 때의 금전

---

12 서병진, 위의 글, p.42.
13 신성현, 「초기불교 교단과 국가와의 관계-율장을 중심으로-」, 『불교학보』34, 1997, pp.315~318.

분배에 대한 직접적인 관여의 문제가 단순히 사회복지를 향하는 발걸음으로 보는 것 이상의 의미가 있다고 판단된다. 첫째는 불교 교단의 대사회적對社會的 역할을 직접 부여함으로써 인도 내의 많은 종교 가운데 국가적·사회적 문제를 적극 해소할 수 있는 종교로 발돋움할 수 있는 계기를 마련해준다는 점, 둘째는 교단에 대한 직접적 관여를 통해 다시금 불교의 이념을 국가에 실현함으로써 국가와 종교 간에 이상적인 통치체제를 마련하고 있다는 점, 셋째는 이러한 아쇼카 당시의 불교 교단에 대한 관여는 적어도 동아시아 국가불교의 원형으로 작용할 수 있는 계기가 마련되었다는 점 등의 의미를 찾을 수 있다.

그리고 이러한 관점을 좀 더 확장시켜 실크로드 상에서의 고대 국가에서 관련 제도가 어떻게 실현되고 있는가를 살펴볼 필요가 있다. 왜냐하면 아쇼카 시대부터 이미 실크로드 각 국가와의 연관성은 이미 알려져 있는 사실이며, 아쇼카 시대의 불교가 민족의 이동과 함께 거의 그대로 이식되었을 가능성이 있기 때문에 이러한 면모가 어떤 방식으로 전개되는가 살펴볼 필요가 있다. 따라서 다음 장에서는 국가불교의 원형이라 할 수 있는 아쇼카 시대의 불교 교단과 국가와의 관계성과 비교, 분석하면서 동일한 문제를 다루어보도록 한다.

III. 실크로드 불교 교단과 정치권력

인도식 중앙통제의 교단상, 우전국

앞 장에서 살펴본 바와 같이 인도에서는 이념적 통치, 다시 말해서 국가와 불교 교단의 이념적 합치를 위해 교단에 대한 지원 및 통제를 하였다. 이러한 면모를 가장 잘 이어갔던 것은 우전국于闐國이었던 것 같다. 물론 그러한 공통된 발전 양상의 이면에는 아쇼카 시대, 탁실라Taxila 원주민의 이주[14]가 이루어지고, 그들이 우전국의 지배계층을 이루었기 때문일 것이다. 그렇다면 앞서 살펴본 인도와는 어떤 공통점 및 차이점이 있을까?

이 문제를 다루기 위해 우선 법현法顯의 기록을 살펴볼 필요가 있다. 법현은 우전국에 도착한 이후의 상황을 '국주國主는 법현 등에게 승가람僧伽藍을 잘 정돈해서 공급해 주었다. 승가람은 구마제라고 불리며, 대승의 사찰이다.'[15]라고 기록하고 있다. 이 기록에서 눈여겨 살펴볼 첫 번째 내용은

---

14 B. N. Puri, *"Buddhism in Central Asia"*, Delhi:Motilal Banarsidass, 1987, pp.52~55에서는 우전국 왕 이름의 접두사 vijaya 혹은 인도식 이름과 관련해 우전국 지배계층의 출신국을 추정하였고, pp.62~64에서는 탁실라 지역의 불교조각 혹은 유적지의 유사성을 근거로 탁실라와 우전국과의 관계를 밝히고 있다. 임영애 역시 Puri와 동일하게 불교조각 등에 근거한 탁실라와 우전국과의 긴밀한 연관성을 추정한 바 있다.(『서역불교조각사』, 서울:일지사, 1996).

15 고려대학교 한국사연구소 엮음, 『高僧法顯傳』, 서울:아연출판부, 2013, pp.73~74 재인용.『高僧法顯傳』卷1(T51, p.857b) "及餘所須國主安頓供給法顯等於僧伽藍 僧伽藍名瞿摩帝 是大乘寺".

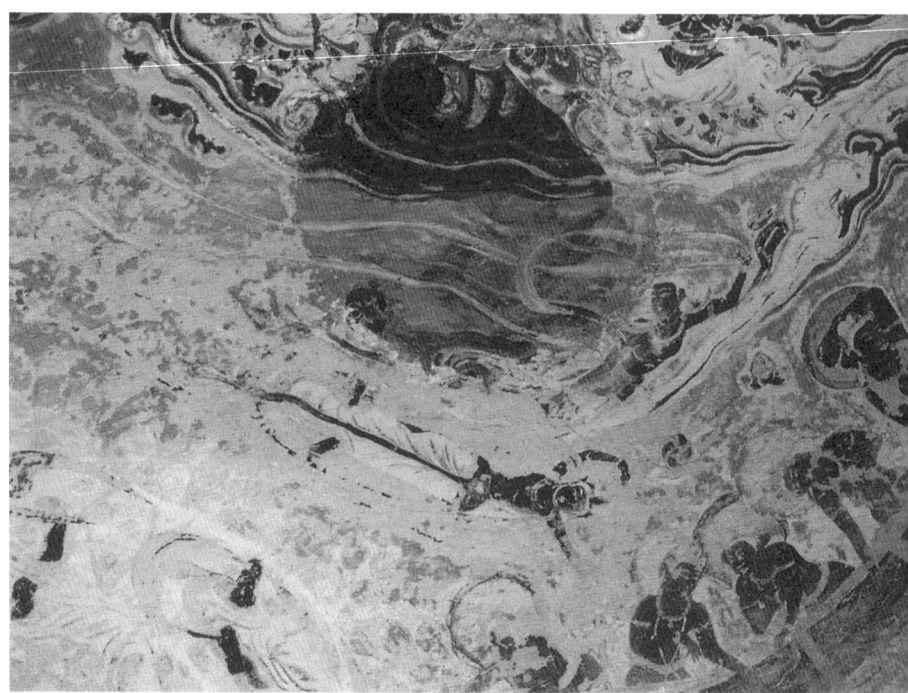
돈황 막고굴의 정토경변상도. 행상의 끝에 성안으로 모셔오는 부처님 상을 위해 성벽 위에서 왕녀들이 꽃을 흩날린다는 기록의 내용이 연상되는 장면이다.

국주가 승가람을 잘 정돈해서 공급해 주었다는 것이다. 법현의 구법행求法行은 외교사절단의 의미가 내포되어 있지는 않았다. 즉, 순수하게 구법을 위한 것이었기 때문에 우전국에서 보았을 때, 법현은 단순히 출가자일 뿐 그 이상도 이하도 아닌 것이다. 그럼에도 국주가 직접 승가람을 공급했다는 것은 당시 외부 출가자에 대한 예우를 갖추는 것에 왕이 관여를 했다는 점을 추정해 볼 수 있다.

두 번째는 『고승법현전』에 등장하는 '구마제瞿摩帝'라는 사찰의 성격 및 왕실과의 연관성 문제이다. 이미 국주가 구마제로 법현 일행을 모셨다는 점은 왕과 이 사찰과의 연관성이 존재했음은 분명하다. 그런데 법현은 다음과 같은 기록을 함께 남기고 있어 그 연관성을 좀 더 깊이 있게 추정해 볼 수 있을 듯하다.

> 그 나라에는 4개의 큰 승가람이 있었으며, 작은 것은 셀 수 없었다. 4월 1일이 되자 성 안에서는 곧 도로를 쓸고 물 뿌리며, 거리를 장엄하였다. 그 성문 위에는 큰 휘장이 쳐지고, 일일이 장식으로 꾸며졌으며, 왕과 부인·잘 차려입은 여인들이 모두 그 가운데 있었다. 구마제의 승려들은 대승을 배우는 이들로 왕에게 공경받아 소중히 여겨졌기에 가장 먼저 불상의 행렬을 시작했다.[16]

위 인용문에서 구마제는 가장 먼저 불상의 행렬을 시작한 사원이었다는 점을 볼 수 있다. 수많은 작은 사원들이 있고, 4개의 큰 사원이 있었음에도 구마제가 불상의 행렬을 가장 먼저 시작한 사원이라는 점은 왕실의 적극적인 후원을 받는 사찰이거나 또는 당시 왕실 사원이었다는 점을 추정해 볼 수 있다.

이러한 부분은 지극히 아쇼카왕이 교단에 보시했던 양상과 동일하다고 볼 수 있다. 그리고 아쇼카왕이 교단 경제의 세분화에 직접 관여했던 것과 같이 우전국의 왕 역시도 외국 승려에게 구마제 사원의 공간을 직접

---

16 고려대학교 한국사연구소 엮음, 위의 책, pp.75~76 재인용, 『高僧法顯傳』卷1(T51, p.857b) "其國中有四大僧伽藍不數小者 從四月一日城裏便掃灑道路莊嚴巷陌 其城門上張大幃幕 事事嚴飾 王及夫人婇女皆住其中 瞿摩帝僧是大乘學 王所敬重 最先行像".

마련하는 모습을 볼 수 있다. 다시 말하면, 이러한 우전국 왕의 행위는 비록 아쇼카왕의 경제 권한을 발휘하는 차원과 다르기는 하지만, 교단 내의 장소 활용에 직접적인 권한을 갖는 것이기 때문에 아쇼카왕과 크게 다르다고 볼 수는 없는 것이다.

4세기 말에서 5세기 초의 우전국 현황과 비교할 수 있는 문헌은 또 있다. 승우僧祐의 『출삼장기집出三藏記集』 가운데 「현우경기賢愚經記」에는 원가元嘉 22년445년의 다음과 같은 기록이 남아있다.

> 우전국의 대사大寺에서 반차우슬般遮于瑟 법회를 만났다. 반차우슬은 한나라 말로는 5년에 한 번씩 모든 대중이 모이는 것이라 하는데, 삼장의 모든 학자들이 각각 법보를 홍포하고 교의에 맞게 경과 율을 강설하였는데, 팔승八僧-우전국을 방문한 석담학 외 7인은 인연에 따라 나누어 강설을 들었다.[17]

이는 법현이 우전국을 방문했을 때보다 약 50여 년 늦은 시기인데, 비록 행상과 관련된 것은 아니지만 우전국 반차우슬Pañca-vārṣika 법회의 상황을 알려주는 기록이다. 이 기록에서도 역시 '대사大寺'라는 사원이 중심이 되어 반차우슬이 진행되고 있음을 알 수 있다. 물론 「현우경기」에서 말하는 '대사'가 『고승법현전』에 등장하는 '구마제'와 동일한 사원이라고 단정지을 만한 근거는 없다. 그런데 5년에 한 번 열리면서 대중들이

---

17 僧祐, 『出三藏集』(T55, p.67c) "於于闐大寺遇般遮于瑟之會 般遮于瑟者 漢言五年一切大眾集也 三藏諸學各弘法寶 說經講律依業而教 學等八僧隨緣分聽".

우전국의 현재 전경. 현재는 중국 신장위그르자치구 호탄시이며 곤륜산에서 녹아내리는 만년설이 백옥강 및 흑옥강을 이루어 풍요로움을 일궈내고 있다.

모두 모이는 반차우슬이 개최되는 데는 왕실의 적극적인 후원이 있거나, 그렇지 않다면 우전국의 불교 교단에서는 이를 개최할 만한 경제적 여유가 충분했다는 추정이 가능하다.

전자일 경우, 『고승법현전』의 기록까지 감안하여 앞 장에서 언급했던 국가와 불교 교단 사이에 보시를 통한 후원과 직간접적인 교단에 대한 통제가 존재했다는 것이다. 또 후자일 경우 역시 불교 교단 내에서 사유재산이 인정되고 있었고, 그것이 반차우슬을 개최할 만큼의 재산이었다는 것을 짐작해 볼 수 있다. 따라서 양자 모두 인도 아쇼카왕의 불교 교단에 대한 직접적 통제의 양상이 우전국에서도 동일하게 보이고 있다는

고대 구자국 왕성의 흔적

점을 알 수 있다.

  우전국이 탁실라와 밀접한 연관관계를 갖고 있다는 점과 위와 같은 교단의 활동상은 교단에 대한 국가 중앙통제의 인도적 원형이 나타나고 있다는 것을 의미한다. 이는 불교 전파 및 교류사交流史에 있어서 대단히 유의미한 내용이다. 즉, 앞장에서 서술한 바와 같이 중국의 국가불교 형태가 그 원형 혹은 모본母本 없이 그 사회와의 연동만을 통해 이루어진 것이 아니라는 것이다. 다만, 우전국의 경우 탁실라와의 연관성뿐만 아니라 불교가 발전·흥성할 수 있는 지리적 위치 및 정치적 안정이 실크로드의 다른 그 어떤 고대 국가보다 우월했기 때문에 제도적으로 인도의 원형적인 모습을 가장 잘 유지할 수 있었다는 배경은 간과할 수 없다.

아쇼카식 국가불교가 우전국에서도 그대로 그 원형을 유지하고 있었던 것은 인도와 유사한 민족 및 사회구조, 더 나아가 동일한 문화 체제가 그 배경으로 작용했기 때문에 가능했다. 이런 측면에서 본다면 중국의 국가불교 형태는 민족, 사회구조, 문화 체제 등 주변 환경의 배경이 달랐기 때문에 이념적 통제가 아닌 제도적 통제가 이루어진 것으로 이해할 수 있을 것이다. 이를 좀 더 살펴보기 위해 다음에서는 구자국과 누란국에서 보여지는 양상을 살펴보도록 한다.

국가불교식 중앙통제의 교단상, 구자와 누란 그리고 북위北魏

실크로드에 위치한 구자국龜玆國과 누란국樓蘭國은 사막을 중심으로 각각의 지정학적 위치는 다르다. 때문에 두 국가를 비교하는 것이 무의미하다고 볼 수도 있겠다. 그러나 이들 국가는 공통적인 특징을 갖고 있다. 그 첫 번째는 인도의 문화를 기반으로 하면서도 흉노와 중국 사이에서 정치적 망명권을 행사할 만큼 시대적 정세에 따른 위험부담을 안고 있는 것이다.[18] 양국 모두 그들의 지정학적 위치가 상당히 중요하기 때문에 주변 강대 민족으로부터 실크로드 국가에 대한 경영권 확보 전쟁에 희생양이 되었던 것이다.

---

18 한지연, 「중국과 흉노의 서역 경영권 쟁탈전과 불교」, 『동아시아불교문화』 37집, 동아시아불교문화학회, 2019, pp.37~42.

두 번째 공통점은 불교 교단에 대한 국가의 통제권이 앞서 살펴본 우전국과는 다른 양상을 띠고 있다는 점이다. 여기서는 바로 이 두 번째 공통점을 면밀하게 살펴볼 예정이다. 우선 누란국의 양상을 살펴보도록 한다. 누란국의 불교 교단에 대한 중앙통제의 면모를 보여주는 예는 다음의 카로슈티 문서 No. 489에서 볼 수 있다.

> 차도티cad'oti 승단의 규율이 어지러웠기 때문에 이후 대왕大王은 차도티의 승려들이 노승 silprebha와 pumnasena의 엄중한 감독 하에 둘 것을 명하여 단체 행동이나 근행勤行에 참가하지 않는 승려, 근행에 사복을 입고 참가하는 승려에게는 죄로써 비단 1권卷, 승려의 구타 사건에는 경중에 따라 비단 5~15권의 벌을 내리도록 명했다.[19]

위 인용문에서 보면 출가자의 실제 행위에 대한 상벌을 왕이 직접 관여하고 있었던 점을 미루어 짐작할 수 있다. 특히 단체 행동이나 근행에 참가하는가에 대한 문제는 불교 교단 내부의 갈마羯磨 혹은 율律에 해당했던 것이고 이를 국가에서 관여하는 예는 찾아보기 힘들다. 또한 교단사敎團史 측면에서 보았을 때도 역시 대승과 소승, 즉 교의敎義의 차이를 보일 때 발생하는 문제[20]이지 국가가 직접 관여하여 이에 대한 벌을 가하

---

19 長澤和俊, 『樓蘭王國史の研究』, 東京:雄山閣出版社, 平成8년, p.314 재번역.
20 이자랑(「인도불교 교단사에 관한 일본학계의 최근 연구동향」, 『불교학보』39, 2002, pp.320~321)은 '제 율의 규정에 의하면 주장이 다른 자들도 승려의 행사를 함께 하는 것에 동일한 계 안에 머무를 수 있는 것은 분명하나, 현실적으로는 과연 교의나 주장이 다른 자들이 포살이나 갈마와 같은 승가의 행사를 공동으로 하며 같은 계 안에 머무를 수 있었을까 하는 점이

고대 누란국 주변에 위치했던 롭노르Lop-Nor 호수. 지금은 물길이 이동하여 과거 호수의 밑바닥이 드러나 있다. 호수를 끼고 있던 누란국은 물길까지 겸비한 교통의 중심이었다.

는 경우는 찾아볼 수 없다. 다시 말하면 교의와 율에 관한 문제로 접근할 수 있는 문제에 왕의 칙명이 존재했음은 상당히 이례적인 사례이다.

그러나 위의 인용문에서 인도와의 공통점을 굳이 찾아본다면, 누란국의 승려들은 모두 사유재산을 소유하고 있었다는 점이다. 다만, 아쇼카왕이 금전을 분배함에 있어 고승 혹은 설법사에게 했던 것이기 때문에 일부에게 국한되었을 가능성이 높은 반면, 누란국에서는 모든 승려가 사유재산을 소유하고 있었던 것으로 보인다. 왜냐하면 '승려의 구타 사건'에

다. 다시 말하자면 교의의 차이도 정도의 문제이지, 도저히 타협점을 찾을 수 없을 경우 4명 이상이면 현전승가를 형성하는 것이 가능한데 굳이 동일한 계 안에서 무리하게 승단의 행사를 공동으로 할 수 있었겠는가 하는 것이다.'라고 밝히고 있다.

포함되는 승려들을 아쇼카 시대의 고승 또는 설법사라고 보기는 어렵기 때문이다.[21]

카로슈티 문서 No. 489의 내용에 따르면, 인도에서의 불교 교단에 대한 중앙통제 방식 및 사유재산 인정의 부분이 변용되었다는 것을 알 수 있다. 사유재산 인정의 범위도 폭넓어졌을 뿐만 아니라 통제 방식 역시 긍정적인 측면에서 교단의 부정적 측면까지 깊숙이 관여하고 있는 모습을 보여주고 있는 셈이다. 물론 아쇼카왕의 활동 시기와 누란국의 이와 같은 양상이 나타나는 시기가 동일하지 않기 때문에 시대의 측면에서 이를 비교하기에는 무리가 따른다. 그러나 앞서 살펴보았던 우전국의 경우 역시 4세기 후반의 내용을 기반으로 비교했기 때문에 누란국에서의 이와 같은 양상을 비교할 수 없는 것으로만 치부할 수는 없다.

그렇다면 위치는 다르지만 누란국과 동일한 국가적 특징을 갖고 있던 구자국의 현황은 어떠했을까? 우전국에 대한 기록을 남긴 법현의 활동 시기와는 50여 년 차이가 나기는 하지만, 승우僧祐는 『출삼장기집』「비구니계본소출본말서比丘尼戒本所出本末序」[22]에 여기에서 접근하고자 하는 문제가 언급된다. 그 내용을 보면 국가에서 지정한 교단의 최고 통치권자가 당시 비구니 사찰 3개소에 대해 통솔하는 모습을 볼 수 있다.

여기서 주의 깊게 살펴볼 사항은 우전국·구자국·누란국 모두 민족 구성원과 인도 문화를 기반으로 한다는 공통점이 있음에도 불구하고 이렇게 다른 양상을 보이는 것이다. 우전국과 구자·누란국은 이른 시기부

---

21 관련된 좀더 자세한 내용은 한지연, 「고대 누란의 역사를 통해 본 불교문화 전파의 상대성 고찰」, 『한국불교학』제93집, 한국불교학회, 2020, pp.235~254를 통해 밝힌 바 있다.
22 僧祐, 『出三藏記集』卷11 (T55, p.79c).

터 중국의 영향력이 미쳤는가의 차이가 있다. 즉, 구자·누란국은 흉노와 중국 사이에서 결국 5~6세기 무렵 중국의 영향권 안에 들어가면서 국가가 멸망했다는 것이다. 그리고 이 시기는 중국 북위北魏 왕조의 시작과 맞물려 있다.

북위 왕조는 한족漢族이 아닌 이민족 국가이다. 유목민으로 활동하던 이들이 국가통치를 시작하면서 중국에 대한 지배력을 좀 더 확고하게 하기 위한 방법을 여러 가지로 모색하게 된다. 동시에 불교 교단에 대한 통제권 역시 강력하게 발휘하는 것으로 볼 수 있다. 그리고 그 과정에서 벌어진 태무제太武帝 때의 법난法難이 국가 불교화를 가속화시켰다는 기존의 연구성과는 많이 있다.[23] 필자는 기존 연구성과에 반대하는 입장은 아니지만, 북위에 한정 짓지 않고 중국 역사와 이를 지탱했던 중국 사회구조의 입장에서 재고再考할 필요성이 있다고 생각한다.

인도의 경우는 정교분리政敎分離가 철저하게 이루어졌던 것에 비해, 중국은 정교일치政敎一致의 측면이 더 강하게 나타났음은 부정할 수 없다. 황제가 곧 하늘[天]이라는 인식은 고대로부터 이어져 왔던 사상이다. 그리고 불교를 받아들일 때도 기존의 종교와 크게 다르지 않은 상태로 수용했기 때문에 교단에 대한 직접 개입, 더 나아가 극단적 개입이 가능했다. 다만 북위에 처음 일어난 극단적인 사건, 즉 북위 태무제의 법난과 국가권력의 교단 개입이 맞물려 있었기 때문에 더욱 극명하게 부각되는

---

[23] 鎌田茂雄, 장휘옥 역, 『중국불교사』3, 서울:장승, 1996., 이영석, 「북위 태무제의 화북통일과 對佛政策」, 『대구사학』24, 대구사학회, 1983., 「북위의 불교정책에 관한 연구」, 단국대학교 박사학위논문, 1994., 문무왕, 「북위불교와 석굴조영 연구」, 동국대학교 박사학위논문, 2006., 김성희, 「廢佛 後期, 북위의 對佛敎 인식」, 『이화사학연구』제44집, 2012 등.

것이라 생각한다.

그리고 정교일치의 정서가 만연한 중국의 문화가 이미 구자국과 누란국에 영향을 미치고 있었던 배경 속에서 북위시대에 부각된 불교 교단에 대한 과감하고 공격적인 중앙통제의 중국적 단면이 역영향을 끼쳤을 가능성이 매우 높다고 보여진다. 이런 측면은 사회구조가 다른 사회에서의 불교가 변화하지만, 완전한 탈바꿈이 아닌 변용의 단면으로 이해해야 한다는 점과 더불어 불교 전파가 이른 시기부터 양방향으로 이루어졌다는 점을 보여주는 대목이기도 하다.

김상영은 '국가불교는 이 지역의 정치, 사회, 윤리 등 제반 요소와 밀접한 관계를 이루면서 정착된 것이지만 동북아시아 불교의 흥망성쇠가 지나치게 국가 권력의 향배에 의존하게 되었다는 점은 결코 긍정적으로 평가할 수 없는 부분이다.'[24]라고 밝혔다. 물론 큰 틀에서 김상영의 이해 방식에 동의하지만, 동북아시아 불교가 국가 권력의 향배에 의존함으로써 그 흥망성쇠가 결정되었다는 견해는 정치, 사회, 윤리 등의 제반 요소와의 관계성을 일반화된 시점에서 바라보았기 때문에 제시된 것이라 생각된다. 나카무라 하지메中村 元가 '원시불교에서는 국가권력에서 벗어나 자신들만으로 조용하게 이상적인 사회를 건설하려고 했으므로, 출가 수행자가 국왕을 가까이하지 못하게 했다. 수행승은 깊은 생각도 없이 국왕을 가까이 해서는 안된다.'[25]고 밝히고 있듯이 불교 자체에서 국가 및 위정자와의 관계성은 불가능하다.

---

24 김상영, 「한국불교 천년, 그 회고와 반성−종파불교, 국가불교, 결사운동의 역사를 중심으로−」, 『석림』제33집, 1999, p.61.
25 中村 元, 차차석 역, 『불교정치사회학』, 서울:불교시대사, 1993, pp.64~65.

오히려 이 문제를 아쇼카 시대부터 존재했던 위정자 측에서의 불교 교단에 대한 접근과 사회와 교단과의 연결고리 역할이 중국, 더 나아가 동아시아에서는 정치·사회의 요소와 맞물리면서 극단화된 양상으로 변용되었던 것으로 이해하고자 했다.

Ⅳ. 국가불교의 신호탄을 쏘아 올린 아쇼카왕

지금까지 '국가불교'라는 용어는 동아시아 불교의 한 단면 내지는 특징으로 인식되었다. 동아시아 가운데서도 특히 중국불교를 논함에 있어, '중국화' 된 불교의 양상이라는 측면에서 본다면 이러한 양상은 동아시아 불교의 하나의 특징이라 할 수 있을 것이다. 그러나 국가불교의 원형, 또는 그에 유사한 개념이 인도와 실크로드에서는 전혀 찾아볼 수 없었을까? 이러한 의문에서 시작해 국가불교, 국가통제라는 개념에 대단히 부정적인 시각으로 접근하며, 이것이 인도 불교 원형에서는 찾아볼 수 없는 부정적 변용으로 보는 견해에 대한 고찰을 시도해 보았다.

물론 중국에서의 폐불과 같은 극단적이고 부정적 측면이 없지는 않지만, 국가 및 중앙의 통제라는 점을 무조건 배척했어야 할 측면으로만 볼 수는 없다. 다시 말해서 극단적인 통제를 제외하면, 오히려 인도 아쇼카왕과 같이 포교의 측면에서는 대단히 효과적인 결과를 가져왔다는 점도 인정해야 할 것이다. 그리고 이러한 긍정적 측면을 배제하지 못하기 때문에 전파 과정에 놓여있던 실크로드 각 고대 국가에서는 이러한 양상을 그대로 수용, 발전했다는 가정을 논외論外로 둘 수 없기도 하다. 이러한 측면에서 단편적인 내용을 다루기는 했지만, 다음의 몇 가지 결론을 얻을 수 있었다.

첫째, 그동안 아쇼카왕의 불교 교단에 대한 지원을 사회복지 차원으로만 접근하면서 통제에 대한 부분은 간과한 경향이 있다. 사회복지의 차원을 부정하는 입장은 아니지만, 사회와 불교 교단의 연결고리 역할을 하는 과정에서 드러나는 국가의 교단 통제 부분 역시 눈여겨 보아야 하는 부분임을 살펴보았다.

둘째, 인도 불교 교단에서부터 이미 사유재산이 인정되고, 이러한 경향성은 실크로드까지 확대되어 유지되었다. 그리고 이를 바탕으로 긍정적 발전의 부분이 있는가 하면, 반대로 출가자의 사유재산이 국가의 교단에 대한 직접적 영향력이 발휘되면서 벌금의 형태인 부정적 변용의 모습도 함께 나타나고 있다.

셋째, 동아시아에서 급속도로 발전한 중앙통제 방식의 원형은 인도에서부터 찾을 수 있다. 다만 동아시아, 특히 중국에서의 국가불교 형태는 정치·사회와 더불어 지역사상이 함께 작용하면서 극단적인 방향에서 기인한 결과라고 볼 수 있다.

위의 세 가지 결론을 통해 국가불교 혹은 불교 교단에 대한 국가 중앙통제의 원형이 인도 아쇼카왕으로부터 비롯되었음을 밝혀보았다. 그럼에도 국가불교 내지는 중앙통제의 면모가 중국적 특징 혹은 동아시아 불교에 대한 특징으로 한정하는 것, 그리고 그 특징을 극단적 예를 통해 부정적으로만 인식하는 것은 중앙통제의 시작점에 대한 오해가 존재했기 때문으로 풀이된다. 게다가 인도에 비해 동아시아 지역에서는 제도적·반관료적 통제의 방식이 두드러져 보이기 때문일 것이다.

그러나 이미 인도에서부터 사회와 불교 교단 사이의 이념적 융합이 이루어졌고, 그 과정에 존재했던 통제의 방식을 국가불교의 원형으로 삼지 않기 때문에 부정적인 인식만 만연되었던 것 같다. 물론 긍정적으로만 평가할 수 없는 국가불교이지만, 그 시작점에 있어서는 오히려 불교 사상의 이념적 활용의 정신이 있었기 때문에 불교를 세계적인 종교로 발돋움할 수 있는 계기가 마련된 것으로 이해해야 할 것이다. 즉, 부정적 의미보다는 좀 더 폭넓은 시각으로 불교 교단에 대한 중앙통제를 이해하는 것도 필요할 것이다.

또한 동아시아 불교의 특징이라고 오해해 왔던 국가불교 혹은 불교 교단에 대한 국가 중앙통제의 면모가 불교 발전의 첫 단계부터 존재했음을 재인식함으로써, 오늘날 사회와 교단 사이의 간극을 좁혀나갈 수 있는 발상 전환의 매개체로 삼아야 할 것이다.

• 참고문헌

- 法顯, 『高僧法顯傳』 T51
- 僧祐, 『出三藏記集』 T55

- 고려대학교 한국사연구소 엮음, 『高僧法顯傳』, 서울: 아연출판부, 2013
- 정순일, 『인도불교사상사』, 서울: 운주사, 2005
- 일아 지음, 『아소까 -각문과 역사적 연구-』, 서울: 민족사, 2009
- 임영애, 『서역불교조각사』, 서울: 일지사, 1996
- 鎌田茂雄, 장휘옥 역, 『중국불교사』3, 서울: 장승, 1996
- 中村 元, 차차석 역, 『불교정치사회학』, 서울: 불교시대사, 1993
- 長澤和俊, 『樓蘭王國史の硏究』, 東京:雄山閣出版社, 平成8년
- 츠카모토 게이쇼 지음, 호진·정수 옮김, 『아쇼까왕 비문』, 서울: 불교시대사, 2008
- B.N.Puri, Buddhism in Central Asia, Delhi;Motilal Banarsidass, 1987
- Radhakumud Mookerji, Asoka, London;Macmillan and co., Limited, 1928
- 에띠엔 라모뜨 지음, 호진 옮김, 『인도불교사』, 서울: 시공사, 2006

- 김상영, 「한국불교 천년, 그 회고와 반성—종파불교, 국가불교, 결사운동의 역사를 중심으로—」, 『석림』제33집, 1999
- 김성희, 「廢佛 後期, 북위의 對佛敎 인식」, 『이화사학연구』제44집, 2012
- 김재영, 「초기불교의 사회적 실천에 관한 연구:대중적·교리적 기초와 전개과정을 중심으로」, 동방대학원대학 박사학위논문, 2010
- 문무왕, 「북위불교와 석굴조영 연구」, 동국대학교 박사학위논문, 2006
- 서병진, 「아쇼까Asoka, 阿育王의 복지사상 연구—금석문을 중심으로—」, 동국대학교 박사학위논문, 2005
- 신성현, 「초기불교 교단과 국가와의 관계—율장을 중심으로—」, 『불교학보』34, 1997
- 이자랑, 「인도불교 교단사에 관한 일본학계의 최근 연구동향」, 『불교학보』39, 2002
- 이영석, 「북위 태무제의 화북통일과 對佛政策」, 『대구사학』24, 1983
  「북위의 불교정책에 관한 연구」, 단국대학교 박사학위논문, 1994
- 한지연, 「중국과 흉노의 서역 경영권 쟁탈전과 불교」, 『동아시아불교문화』37집, 동아시아불교문화학회, 2019
  「고대 누란의 역사를 통해 본 불교문화 전파의 상대성 고찰」, 『한국불교학』제93집, 한국불교학회, 2020

서역 경영권 쟁탈전과
대승불교의 발전

Ⅰ. 민족간 전쟁 속에서의 불교 전파

Ⅱ. 천산남로, 사막남도에서의 흉노와 중국
　　천산남로 경영권 침탈
　　사막남도에서의 경영권 전쟁

Ⅲ. 소승에서 대승으로의 변화
　　실크로드 불교 시작점, 소승불교
　　흉노와 중국 간 전쟁으로 인한 불교 변화

Ⅳ. 전쟁, 전법승 활약의 무대가 되다

Ⅰ. 민족간 전쟁 속에서의 불교 전파

오늘날 중국 신장 위구르 자치구는 고대 동서문화 및 문물 교류의 중심지였다고 해도 과언이 아니다. 그리고 이 지역에 대해 과거 중국에서는 '서역西域'이라 불렀으며 20세기에는 독일의 리히트호펜F.von Richthofen이 '자이덴슈트라센Seidenstrassen'이라 칭하면서 실크로드라는 교통로의 명칭이 붙게 되었다. 물론 중국 사료에서 말하는 서역의 개념에도, 현대 실크로드의 개념에도 비단 신장 위구르 자치구에 국한된 것이 아니라 상당히 광범위한 지역에 걸친 개념을 도입하고 있다.

개념의 범주에 있어서 광범위한 지역을 포괄하는 것은 지역에 한정된 의미 부여뿐만 아니라 '교류'의 세부적 사항 속에 내포된 여러 상황의 하나하나에 의미를 부여했기 때문에 지역의 범위가 넓어질 수밖에 없다고 보인다. 때문에 고대 중국에서 부르던 서역의 개념에도, 현대의 실크로드의 개념에도 유라시아 대륙 전반에 걸친 지역을 총괄하고 있다.

광범위의 실크로드 개념 가운데서도 특히 타클라마칸 사막을 중심으로 존립했던 고대 오아시스 국가들에 대한 중국과 흉노匈奴와의 경영권 다툼이 있던 시기에 집중해 보면, 지역뿐만 아니라 민족·문물·문화를 망라하는 모든 것을 선점하기 위한 전쟁이 끊이지 않았음을 확인할 수 있다. 『한서』에서는 당시의 정세를 다음과 같이 기술하고 있다.

오손의 서쪽에서 안식에 이르기까지는 흉노와 가깝고, 흉노는 일찍이 월지를 괴롭힌 적이 있어서 흉노의 사신이 선우의 신표 하나를 들고 가면 그 나라는 음식을 보내주고 감히 붙잡아두고 괴롭히지 못한다. 그런데 한나라 사신이 도착할 경우 폐물을 내놓지 않으면 음식을 얻을 수 없고 가축을 사지 않으면 탈 것을 구할 수 없다. 그리된 까닭은 한나라가 멀리 떨어져 있지만 재물이 많아서 원하는 것이 있으면 필시 구매를 해서 얻기 때문이다. 호한야 선우가 한나라에 입조한 뒤로 모두 한나라를 존중하기 시작했다.[1]

위의 기록에서 볼 수 있듯이 한나라는 당시 흉노를 상당히 인식했다는 점, 서역 각국은 흉노의 지배권 하에 있다가 중국 측의 영향을 받을 수밖에 없었던 당시의 상황을 알 수 있다. 그리고 동일한 시기, 불교는 동아시아로의 전파에 가속도를 내고 있는 상황이었다. 불교 전파 시기, 동아시아

---

[1] 『漢書』 列傳 96상 「西域傳」 66상 "自烏孫以西至安息, 近匈奴, 匈奴嘗困月氏, 故匈奴使持單于一信到國, 國傳送食, 不敢留苦. 及至漢使, 非出幣物不得食, 不市畜不得騎, 所以然者, 以遠漢, 而漢多財物, 故必市乃得所欲. 及呼韓邪單于朝漢, 後咸尊漢矣."

세계에서의 이와 같은 사회적 혼란, 더 나아가 국가 대 국가 간, 민족 대 민족 간 혼란 속에서 불교의 전파가 어떤 의미를 갖는지에 대해 고찰할 필요가 있다.

혼란 속에서 대응하는 불교의 역할이 갖는 의미는 역사적 의미에 그치는 것이 아니라 그 이상을 기대해 볼 수 있기 때문이다. 따라서 실크로드 지역에서 일어났던 국가 대 국가, 서로 다른 민족 간의 경영권 쟁탈전 속에서 불교의 전파 및 그 역할, 그리고 그 의의에 대해 고찰해 보고자 한다. 실크로드 전역에 대한 고찰은 지양하고 대신 교역의 중심에 자리잡은 천산남로와 사막남도에서의 대표적 사건들을 중심으로 살펴보도록 한다.

이 지역의 주요 고대 국가는 불교를 국교로 하는 공통 분모를 지니고 있다. 또한 각각의 국가는 불교 전파 루트에서도 역시 중요한 위치를 차지하고 있기 때문에 교역로 쟁탈전이 벌어지는 장소라는 점과 불교 전파로라는 교차점을 지니고 있어 이 지역에서 전쟁과 불교의 역할 또는 불교의 변화를 극명하게 드러내고 있다고 해도 과언이 아니다.

이같이 각각의 교역로에 자리 잡은 국가들이 중국과 흉노 사이에서 겪었던 전쟁의 참상을 살펴보고, 전파에 가속도를 붙이고 있던 불교가 그 속에서 어떤 역할을 했는가 알아보도록 한다.

II. 천산남로, 사막남도에서의 흉노와 중국

천산남로 경영권 침탈

불교의 중국 전파 시점을 기준으로 그 이후 구자국이 멸망할 때까지, 구자국에 대한 기초적인 정보는 경전 내용의 일부와 중국 사서史書 내에 기재된 「서역전西域傳」, 그리고 승려들의 구법 여행기의 기록 정도에서 얻을 수 있다. 그리고 이러한 자료를 통해 첫 번째, 구자국의 민족은 여기서 다루고 있는 흉노와 중국, 그 어떤 민족과도 관계가 없다는 점과 두 번째, 국가 기반이 되는 정치 및 사상의 근거를 인도 근방에서 찾던 구자국이었지만 정치·외교 등의 현실적인 문제에 있어서는 흉노와 중국 사이에서 외줄타기를 해야만 했던 국가였다는 점을 알 수 있다. 그 첫 번째 문제로 구자국의 민족은 중국 혹은 흉노가 아닌 인도와 밀접한 연관관계가 있음을 보여주는 내용이 있다. 『아육왕식괴목인연경阿育王息壞目因緣經』에는 다음과 같은 내용을 찾아볼 수 있다.

> 이제 마땅히 나라를 나누어 염부제 땅 가운데 절반은 내가 취하고 절반은 아들에게 주리라. 나의 아들 법익으로 하여금 오랫동안 장수하면서 지금과 다름없이 백성들을 다스리도록 할

아쇼카왕의 아들 법익쿠나라태자 눈을 모셔놓은 탑. 현재 파키스탄 시르캅 유적지에 위치해 있다.

것이다. 신두하의 바깥쪽 사가국에서부터 건타월성과 오특의 여러 마을, 검부와 안식과 강거와 오손과 구자, 우전과 진토에 이르기까지 이 염부제의 절반을 법익에게 주어서 백성들을 잘 다스리고 그 이름을 후세까지 드날리도록 할 것이다.[2]

위에서 언급한 『아육왕식괴목인연경』은 전진前秦 건원建元 연간에 담마난제曇摩難提가 번역한 경전으로 마우리아 왕조의 아소카왕과 그에 의해 두 눈을 잃은 아들 법익法益, 쿠나라태자에 관한 이야기를 담고 있다.

---

2 『阿育王息壞目因緣經』(T50, p.175a) "一分賜子, 使我法益, 長生壽考, 治化人民, 如今無異. 新頭河表, 至婆伽國, 乾陀越城, 烏特村聚, 劍浮安息, 康居烏孫, 龜茲于闐, 至于秦土".

이러한 내용 가운데서도 특히 인도 서북지역에서 타클라마칸 사막 주변부의 도시국가에 해당하는 지역을 모두 태자가 다스릴 지역으로 기록되고 있어 이 지역 민족의 근원지가 인도에서 비롯되었음을 알 수 있다. 다시 말해서 기원전부터 이들 지역에는 인도에서 이민한 이들이 원시국가 형태를 이루고 있었던 것으로 판단할 수 있다. 그리고 더 나아가 이들 지역에서는 정치·사상·문화의 원형을 인도에서 찾았고, 언어·풍습 역시 인도의 것을 따랐다. 이러한 현상은 당나라 시대까지 이어졌는데[3], 이는 곧 구자국 성립의 민족·문화적 연원이 인도에 있었음을 알려주는 대목이다.

국가의 연원이 인도에 있었기 때문에 문화적 기반 역시 인도의 문화 및 습속을 따랐지만, 현실의 문제는 별개였다. 구자국의 위치는 타클라마칸 사막의 북쪽에 위치하면서 동시에 천산산맥 남쪽 자락에 위치해 있다. 동서교통로의 측면에서 봤을 때, 중요한 중간지점 역할을 할 수 있는 곳이다. 이와 같은 구자국의 지리적 요건은 거시적 차원에서는 동서문화의 교류라는 결과를 낳았지만, 반대로 구자국만을 놓고 봤을 때 대단히 위험한 위치였다고 할 수 있다.

중국이 실크로드로 눈을 돌린 것은 대략 기원전 1세기 무렵, 한漢나라 무제武帝 때이다.[4] 그리고 그 계기는 흉노匈奴에 있었다. 흉노족은 돈황과 기련산맥祁連山脈 사이에 있는 월지족月支族을 서쪽으로 내몰 만큼 남하하였고[5], 중국과의 분쟁 속에서도 서역 각 지역에 존립하던 국가를 침략

---

3 『大唐西域記』卷1(T51, p.970a) "經教律義取則印度, 其習讀者即本文矣. 尚拘漸教, 食雜三淨潔清".
4 『漢書』「列傳」권96상, 「西域傳」66상 "西域以孝武時始通".
5 『史記』「列傳」권123, 「大宛列傳」63 "大月氏在大宛西可二三千里, 居嬀水北.其南則大夏, 西則安息, 北則康居.行國也, 隨畜移徙, 與匈奴同俗.控弦者可一二十萬.故時彊, 輕匈奴, 及冒頓立, 攻破月氏, 至匈奴老上單于, 殺月氏王, 以其頭為飲器.始月氏居敦煌, 祁連間, 及為匈奴所敗, 乃

하였다. 이 가운데서도 구자국은 그 피해가 컸다. 흉노의 직접적인 경영뿐만 아니라 주변국이 흉노의 세력권에 들면서 반흉노 국가 혹은 지리적 요충지를 공격하기 일쑤였다.

그러한 예를 『후한서後漢書』에서 찾을 수 있다. 후한 시대에 사차국莎車國, Yarkant 주변국이 모두 흉노에 종속되었고, 그중에서도 강력했던 사차국만이 흉노에 항거하였다. 사차왕 연延은 아들들에게 한나라와 등을 져서는 안 된다고 하였으나, 왕위를 물려받은 현賢은 흉노의 왕을 가리키는 '선우單于'라는 호칭을 사용하면서 구자, 선선 등을 공격하였다. 그리고 그 결과, 구자왕 홍弘을 살해하고 구자를 겸병하기에 이른다.[6] 이러한 상황 속에서 구자국을 비롯한 실크로드 상의 여러 국가가 중국, 즉 한나라 측에 도움을 요청했으나 내부 혼란으로 인해 일관된 서역 경영정책을 펼칠 수 없었던 중국은 다음과 같은 모호한 태도를 취한다. "지금은 사신과 대군을 파견할 수 없으니, 만일 여러 나라들의 힘이 만족스럽지 못하다면, 동서남북 어디로건 처신토록 하라."[7]라는 답변만 내놓았다. 때문에 실크로드의 각 국가들은 곧바로 흉노에 복속하는 동시에 흉노의 보호를 받는 형국으로 일단락되는 듯했다.

그러나 곧 화제和帝 영원永元 3년91, 반초가 당시 친흉노적 성향이 짙었던 구자국 왕 우리다尤利多를 폐위시키고 백패白覇를 왕으로 추대한 후,

---

遠去, 過宛, 西擊大夏而臣之, 逐都嬀水北, 為王庭. 其餘小眾不能去者, 保南山羌, 號小月氏".

6 『後漢書』「列傳」88,「西域傳」78 "莎車國……唯莎車王延最强, 不肯附屬… 常勑諸子, 當世奉漢家, 不可負也.…… 賢大怒, 發兵攻鄯善, 安迎戰. 兵敗, 亡入山中, 賢殺略千餘人而去. 其冬, 賢復攻殺龜茲王".

7 위의 책, "天子報曰 :「今使者大兵未能得出, 如諸國力不從心, 東西南北自在也. 於是鄯善, 車師復附匈奴, 而賢益橫".

고대 구자국이었던 쿠차현 키질Kizil석굴 입구에 세워진 구마라집 스님의 동상

구자국에 도호부都護府를 설치하기에 이른다.[8] 이때 설치되는 도호부의 개념을 생각해 본다면 군사적 요충지라는 점을 짐작해 볼 수 있으며, 더 나아가 구자국에 대한 실질적 내정간섭이 본격화된 것으로 풀이할 수 있다. 이후 5호 16국 시대를 거치면서 구마라집鳩摩羅什의 예에서도 볼 수 있듯이 양주의 여러 국가에서 구자국에 대한 공격을 이어갔다. 『출삼장기집出三藏記集』에서 당시의 상황을 알려주는 대목을 확인할 수 있다. "여광은 구자를 공격하는데 성공하고 구자왕 순을 살해한 뒤에 라집을 얻었다."[9] 내용이다.

그리고 『북사北史』에서는 당시 구자국 왕의 성을 '백白'으로 소개하면서 후량의 여광이 세운 백진白震의 후손이라 밝히고 있기도 하다.[10] 뿐만 아니라 위魏 태무제가 등극한 후, 구자국의 주변국에 대한 침략이 빈번해지자 다음과 같은 조치를 취한다.

---

8 『後漢書』권47, 「班超傳」37 "超與光共脅龜茲廢其王尤利多而立白霸 使光將尤利多還詣京師 超居龜茲它乾城 徐幹屯疏勒 西域唯焉耆 危須 尉犁以前沒都護".
9 『出三藏記集』14(T55, p.100c) "光遂破龜茲殺純獲什".
10 『北史』「列傳」77 "其王姓白, 即後涼呂光所立白震之後".

태무제는 만도귀에게 조칙을 내려 기병 1,000명을 이끌고 그를 공격토록 했고, 구자는 오갈목제 등에게 군사 3,000명을 주어 파견하여 맞서 싸우도록 하였다. 만도귀가 그를 쳐서 공격하니 200여 급 이상을 참수하고 낙타와 말을 많이 노획하여 돌아왔다.[11]

이와 같이 구자국은 흉노의 편에 섰을 때는 중국으로부터, 중국 측에 섰을 때는 흉노로부터 공격받기를 반복한 것과 동시에 그때마다 왕위 계승자까지 바뀌어야만 하는 불운의 국가였다.

사막남도에서의 경영권 전쟁

사막남도는 타클라마칸 사막 남쪽의 길을 총칭하기 때문에 흉노의 활동 범위와의 절대적 거리, 사막으로 가로막힌 지형적 원인으로 인해 천산남로에 비해 침략의 횟수는 적었다. 그러나 사막남도의 동쪽 끝자락에 위치한 누란국樓欄國의 경우는 달랐다.

누란국은 중국으로 들어오는 남쪽 관문이나 다름없는 국가였기 때문에 중국이나 흉노의 입장에서는 서역으로 진출하는데 있어 반드시 필요한 요충지였다. 한나라 당시에는 이미 중간 요충지로서의 누란국에 관해 '사신들이 길에서 서로 마주칠 정도였으니 한 해에 많게는 10여 개의 무리가

---

11 위의 책 "太武詔萬度歸率騎一千以擊之,龜茲遣烏羯目提等領兵三千距戰, 度歸擊走之, 斬二百餘級, 大獲駝馬而還".

지금은 누란고성이라는 표지석만 남아있고 황폐해진 고대의 누란국 흔적

파견되었다."¹²고 기술하고 있다. 때문에 일찍부터 흉노와 중국에서는 누란국 점령이 곧 실크로드 전 지역에 대한 경영권 제패라는 인식이 강했던 것 같다.

한나라 무제武帝 때에는 왕회王恢, 조파노趙破奴 등을 수만 군사와 함께 파견하여 누란 왕을 포로로 잡고 누란의 항복을 받아 공물을 헌납받는데 성공한다.¹³ 그러나 곧바로 흉노가 다시 누란을 공격한다. 이에 누란 측에서는 왕의 아들 한 명을 흉노에 인질로 보내고, 다른 한 아들을 한나라의 인질로 보내기에 이른다. 이와 같이 누란은 질자質子를 파견하는 형식을 통해 중국과 흉노 사이에서 살아남고자 노력하면서, 어느 한쪽의 힘이

12 「漢書」「列傳」권96상, 「西域傳」66상 "一歲中多至十餘輩".
13 위의 책, "於是武帝遣從票侯趙破奴將屬國騎及郡兵數萬擊姑師, 王恢數為樓蘭所苦, 上令恢佐破奴將兵, 破奴與輕騎七百人先至, 虜樓蘭王".

강해질 때는 속국의 형태로써 군사를 움직이기도 하였다. 정치적 속국을 넘어 한나라 또는 흉노가 누란 왕실에 대한 직접적인 관여를 하였는데, 대표적인 예가 질자제도를 적극적으로 활용하는 것과 누란 왕국의 국명을 바꾼 일이었다.

첫 번째 언급한 질자제도와 관련된 예는 다음과 같은 기록을 통해 알 수 있다.

> 누란 왕이 사망하자, 나라 사람들이 와서 한나라에 있던 질자를 청했는데, 그를 왕으로 세우기 위함이었다. 그러나 그 질자는 한나라 법을 항상 어겨서 잠실로 내려보내져 궁형에 처해졌으므로 그를 보내주지 않고 '시중드는 아들은 천자께서 총애하시어 보내줄 수 없으니, 그다음으로 마땅히 옹립되어야 할 사람을 바꿔서 세우도록 하라.'고 답하였다. 누란은 왕을 바꿔 세웠고, 한나라는 그들에게 다시 질자를 요구했으며 누란은 또 다른 아들을 흉노에 인질로 보내게 되었다. 후일 왕이 또 사망하자 흉노가 먼저 이 소식을 듣고 질자를 돌려보내 왕으로 추대될 수 있게 하였다.[14]

위의 기록과 같이 중국와 흉노는 각각 누란의 왕자를 본국으로 데려가 자국의 문화친화력을 향상시켜 왕실의 계보를 잇도록 하는 조치를

---

14 위의 책, "樓蘭王死, 國人來請質子在漢者, 欲立之質子常坐漢法, 下蠶室宮刑, 故不遣報曰: 「侍子, 天子愛之, 不能遣其更立其次當立者」樓蘭更立王, 漢復責其質子, 亦遣一子質匈奴後王又死, 匈奴先聞之, 遣質子歸, 得立為王".

끊임없이 취하였다. 이를 통해 친한 혹은 친흉노적 인물이 왕위를 이어받음으로써 누란의 외교정책은 일괄적이고 통일되지 못한 성향을 가질 수밖에 없었다. 또한 현재의 지명인 선선鄯善은 누란국의 국명을 한나라에서 개명하였다. 이와 관련된 사건은 다음의 기록과 같다.

> 대장군 곽광은 황제께 아뢴 뒤 평락감 부개자를 보내어 그 왕을 암살하라 하였다. 부개자는 가볍고 용맹한 병사들을 데리고 갔다. 황금과 비단을 갖고 외국에 하사품을 줌으로써 명성을 얻기 위해서라 공언했다. 그가 누란에 도착해 그 왕에게 하사품을 주겠다고 속이니 왕이 기뻐 부개자와 함께 마시고 취했는데, 왕과 은밀한 말을 하는 사이 장사 2명이 뒤에서 그를 찔러 죽였다. 좌우의 귀족들이 모두 흩어져 도망갔다. 부개자는 '왕이 한나라에 죄를 지어 천자께서 나를 보내 왕을 주살하였다. 마땅히 왕의 동생으로 한나라에 있는 위도기를 다시 왕으로 세울 것이다.'…… 이에 위도기를 왕으로 세우고 그 나라의 이름을 선선이라 바꾸었으며, 그를 위해 인장을 새겨주고 궁녀를 하사하여 부인으로 삼게 했다.[15]

이처럼 한나라 시대부터 누란국의 왕실 계보와 국명까지 서슴지 않고

---

15 위의 책, "大將軍霍光白遣平樂監傅介子往刺其王。介子輕將勇敢士, 齎金幣, 揚言以賜外國為名。既至樓蘭, 詐其王欲賜之, 王喜, 與介子飲, 醉, 將其王屏語, 壯士二人從後刺殺之, 貴人左右皆散走。介子告諭以'王負漢罪, 天子遣我誅王, 當更立王弟尉屠耆在漢者。'……乃立尉屠耆為王, 更名其國為鄯善, 為刻印章, 賜宮女為夫人".

바꿀 정도의 세력을 키워나갔다. 그리고 원래의 도성이었던 누란성의 위치가 롭노르Lop-Nor 호수를 낀 서역 지배의 실질적 관문이었기 때문에 흉노와 중국 측에서는 누란성 공격을 지속하였다. 이에 누란에서는 기존의 누란성을 버리고 우니성迂泥城 즉, 지금의 미란Miran으로 도성을 옮기기에 이른다.

흉노와 중국 측에 양측이 실크로드 경영권 확보를 위해 필요로 했던 주요 군사기지 격인 누란성을 내주었음에도 불구하고 속국의 형편은 결코 해소되지 못한다. 뿐만 아니라 5세기 무렵에 들어서면, 흉노의 세력이 무력화되었음에도 불구하고 중국 측에서는 선선을 다음과 같은 이유로 공격하게 된다.

> 선선인들은 그들을 자주 약탈하여 소통하지 못하게 하였다. 태무제가 조칙을 내려 산기상시 성주공인 만도귀로 하여금 명령을 받들어 양주를 출발해 그곳을 정벌하도록 하였다.[16]

이 시기 흉노는 이미 그 세력이 남북으로 갈라져 세력이 약화되었다. 남흉노는 중국에 투항하여 중국의 변방을 지키는 용병으로 전락하고, 북흉노는 몽골지역으로 내몰려 선비족鮮卑族 등의 잇따른 공격으로 세력이 무력화되어 있었다. 그럼에도 선선인들이 자국의 영토를 지키는 행위를 '자주 약탈하여 소통하지 못하게 하였다.'는 중국 측의 서역 경영권 입장을 내세워 공격한 것은 지속적으로 실크로드 상에 있던 오아시스 국가들에 대한 침탈과 내정간섭을 일삼았다는 반증이다.

---

16 「北史」「列傳」권97 "鄯善人頗剽劫之, 令不得通, 太武詔散騎常侍成周公萬度歸乘傳發涼州兵討之".

이에 따라 문화 역시 대변화가 일어난다. 누란을 비롯한 사막남도의 여러 국가들에서 발견되는 공문서, 화폐 등에는 쿠샨 왕조에서 사용하던 언어, 화폐의 질량, 화폐에 사용된 표기법 등이 동일하기 때문에 그 문화가 천산남로와 다르지 않음을 확인할 수 있다.

그럼에도 정세가 흉노와 중국의 적극적인 실크로드 장악의 활동이 있던 시기부터는 중국에서 사용하던 오수전이 발견되기도 하고 동시에 공문서에 한자가 등장하는 등 서서히 중국의 문화가 이식되었던 것이다. 그리고 그 가운데 중국 측에서는 왕실 계보를 비롯해 행정 제도, 문화 이식 등의 실질적 지배권을 행사함으로써 사막남도의 동쪽 초입부에 위치한 국가부터 차례로 문화적 지각변동이 일어날 수밖에 없었음을 알 수 있다.

따라서 실크로드의 문화가 점차 중국화되어 가는 양상을 볼 수 있는데, 이러한 과정 속에서 불교는 어떤 역할을 하였고 또 어떤 양상으로 변해가는지 다음 장에서 살펴보도록 한다.

III. 소승에서 대승으로의 변화

실크로드 불교의 시작점, 소승불교

구자국에 불교가 언제 전해졌는가에 대해 명확하게 밝혀진 바는 없다. 다만 기원전 3세기[17], 기원전 2세기[18] 등의 주장이 있고, 필자는 기원전 109년으로 주장한 바 있다.[19] 그리고 어느 시대에 전래되었든 그 불교의 성격에 관해서는 부파불교였을 것으로 추정하는 것이 일반적이다. 대승불교의 흥기가 기원전후라는 점과 구자국에 불교가 전해진 시점과의 연관관계를 볼 때, 구자국에 전래된 불교가 부파불교였다는 점은 의심할 여지가 없다. 또한 구자국과 당시 부파불교 국가였던 소륵국疏勒國과의 밀접한 연관관계를 감안해 본다면, 이러한 견해는 문제가 없어 보인다.

그러나 앞서 살펴본 바와 같이 구자국은 흉노와 중국 사이에서 정치·경제·외교 등 모든 방면에서 문제를 안고 있었다. 이러한 시점에 맞물려 불교 발전에 있어서도 변화가 일어난다. 후한 시기에는 오로지 흉노의 지배하에 있었기 때문에 중국과의 교류가 단절되었을 뿐만 아니라 이 시기에는 전법승傳法僧의 활동이 극히 적었기 때문에 대략 280년 이전까지, 구자국에 어떠한 불교가 성행했는지에 대해서는 알 길이 없다. 다만, 구자국 출신 승려들의 주요 활동 사항들을 살펴보면 대략적인 그림을 그려볼 수 있다.

구마라집鳩摩羅什은 구자국을 대표하는 고승이었다고 해도 과언이 아니다. 구마라집은 구자국 내에서만 수학한 것이 아니라 어린 나이에 계빈국罽賓國, 소륵국 등에서 불교를 수학했다. 『고승전高僧傳』의 기록에 의하면 『중아함경中阿含經』, 『장아함경長阿含經』을 계빈국에서, 소륵에서는

---

17 李裕群[2003].
18 趙莉[2003].
19 한지연[2011a], pp.52~53.

주로 아비담阿毘曇을 수학하였다.[20] 그는 계빈국에서 구자국으로, 다시 소륵국에서 구자국으로 수학처를 옮겨 다녔는데, 『고승전』의 기록과 같이 유학의 길에서 주로 소승불교를 수학하고 다시 귀국해 이를 구자국 내에 전한 것으로 풀이할 수 있다. 이러한 내용은 곧 적어도 401년 구마라집의 장안행 이전까지 구자국에서는 소승불교가 주류를 이루고 있었음을 짐작하게 한다.

또한 구마라집의 행로 및 수학 내용뿐만 아니라 비슷한 시기에 활동했던 담무참曇無讖이 '구자국은 대부분이 소승학을 배우고 있고 열반을 믿지 않는다.'[21]라고 한 기록을 통해서도 4세기 말에서 5세기 초반까지 소승불교가 주류를 이루고 있었다는 것을 알 수 있다. 그러나 당시 구자국의 주류 불교에 대한 추정일 뿐, 이러한 내용이 대승불교가 전혀 없었다는 것을 의미하는 것은 아니다. 담무참의 기록과 같이 '대부분이 소승학을' 배우는 것일 뿐, 계율 등에 있어서는 대승불교적 성격을 지니고 있었다.[22] 어쨌든 4세기 말부터 변화하는 것은 차치해 두더라도 그 이전 시기, 구자국은 소승불교적 성향이 짙었다는 점을 알 수 있다.

천산남로를 대표하는 구자국이 소승불교적 성격이었던 것에 비해 사막남도의 불교는 어떠했을까? 사막남도를 대표하는 국가인 우전국于闐國의 시작점은 기원전 2~1세기 무렵으로 추정하고 있다. 우전국을 건국한 민족은 간다라Gandhara의 탁실라Taxila 이주민일 것으로 보는 견해가 우세하다. 따라서 간다라 지역에 성행하고 있던 불교가 그대로 우전국으로

20　慧皎, 『高僧傳』권1(T50, p.330b).
21　僧祐, 『出三藏記集』권14(T55, p.103a).
22　한지연[2011b], pp.89~91.

이식되었다고 보는 것이 타당할 것이다. 앞서 기술한 구자국과 동일한 시기에 불교가 전래되었고, 구자국의 불교는 소승불교가 주류를 이루었다는 점을 밝혔듯이 우전국 역시 처음 시작과 적어도 3세기 이전에는 소승불교였을 것으로 볼 수 있다.

그 첫 번째 근거는 적어도 현재까지 연구된 바에 의하면 대승불교의 흥기가 기원전후였기 때문에 우전국에 탁실라 이주민의 정착과 동시에 이식된 불교라면 소승불교일 수밖에 없다. 두 번째 근거는 『고승전』 주사행朱士行 편에서 찾을 수 있다. 3세기 후반, 주사행이 『도행경道行經』의 대본을 구하기 위해 우전국으로 구법행을 하였고, 이 과정에서 발생한 사항을 다음의 기록에서 확인할 수 있다.

> 위나라 감로 5년 옹주를 출발, 서쪽 유사를 지나 우전땅에 이르러 범서로 된 정본 90장을 얻었다. 이에 제자인 불여진을 파견하여 범본의 경과 함께 낙양으로 돌아가게 하였다. 제자가 아직 출발하지 아니하였을 즈음에 우전의 소승을 배우는 여러 무리가 마침 그곳 왕에게 아뢰었다. '한나라 땅의 사문이 바라문의 책으로 정전을 미혹해 어지럽히고 있습니다. 왕은 이 땅의 주인이신데 만약 이것을 금하지 아니하면 장차 대법이 끊어져 한나라는 귀머거리와 소경의 땅처럼 될 것이니 이렇게 되면 왕의 허물이 되고 말 것입니다.' 이에 왕은 경전을 갖고 가는 것을 허락하지 않았다.[23]

---

[23] 慧皎, 『高僧傳』4(T50, p.346c) "遂以魏甘露五年發迹雍州, 西渡流沙既至于闐, 果得梵書正本凡

위의 기록에 의하면 위나라 감로 5년260; 감로연간에서 景元연간으로 바뀐 해 우전국에 『도행경』의 범본이 존재하기 때문에 대승경전의 유입이 있었다는 사실을 확인할 수 있다. 그러나 소승의 무리가 왕에게 바라문의 책이라 고하는 장면은 아직 대승불교에 대한 인식이 확립되지 않았다는 점을 알 수 있다. 다시 말해서 3세기 후반까지 우전국의 불교 역시 소승불교가 주류를 이루었을 뿐만 아니라 대승불교경전을 그저 외도의 책으로 분류하는 이해 수준에 그치고 있었던 것이다.

앞서 언급했던 선선국은 우전국 문화에 많은 영향을 받았기 때문에 우전국과 동일하게 이해할 수 있다. 선선국의 위치상 천산남로의 국가들과 교류가 없었다고 볼 수는 없지만, 앞에서 살펴본 바와 같이 흉노의 세력으로 인해 천산남로를 통한 교류는 거의 불가능했다고 본다. 특히 불교가 전래되는 기점을 중심으로 보았을 때, 우전국의 불교 및 불교문화가 유입된다고 보는 것이 타당할 것이다.[24] 우전국의 소승불교가 그대로 유입되었을 가능성이 높다는 점은 『법현전法顯傳』을 통해서도 확인할 수 있다. 『법현전』에서 "이 나라의 왕은 불교를 믿었으며 승려는 4천여 명 정도였는데, 모두 소승을 배우고 있었다."[25]라는 기록을 찾아볼 수 있다. 따라서 선선국의 불교는 5세기 이전까지 소승불교가 주류를 이루고 있었다는 점 역시 확인할 수 있다.

이와 같이 3~5세기 무렵까지 실크로드에 위치해 있던 고대 국가들

九十章. 遣弟子不如檀. 此言法饒. 送經梵本還歸洛陽. 未發之頃于, 聞諸小乘學衆遂以白王云, 漢地沙門, 欲以婆羅門書, 惑亂正典. 王爲地主, 若不禁之, 將斷大法聾盲漢地, 王之咎也. 王卽不聽齋經".

24　黃文弼[1989].
25　法顯, 『法顯傳』(T51, p.857a) "其國王奉法, 可有四千餘僧, 悉小乘學".

은 공통적으로 불교를 국교로 하고 있다는 점, 소승불교가 주류를 이루고 있다는 점은 확연하게 드러나고 있다. 그러나 주사행의 기록에서 볼 수 있듯이, 또 구마라집이 소승을 학습하지만 장안에서의 활동은 지극히 대승불교에 치우쳐 있었다는 점에서 기원후, 실크로드의 불교국가에 대승불교 경전이 전해진 것만은 틀림없어 보인다. 즉 일찍부터 대승경전의 유입이 있었음에도 불구하고 오랜 기간 소승불교가 주류를 이루고 있었던 것이다. 그럼에도 중국에 유입된 불교가 대승불교에 치우쳐져 있었던 이유를 어디에서 찾아야 할까? 이 문제에 관해 다음 절에서 상세히 살펴보도록 한다.

흉노와 중국 간 전쟁으로 인한 불교변화

앞 절에서의 내용 전개와 같이 기원전 건국된 서역 각국에 전래된 불교는 소승불교였고, 이후 적어도 3세기까지 대승불교경전의 유입이 있었다고 하더라도 주류는 소승불교였다. 그런데 앞장에서 서술한 바와 같이 기원전후의 시기, 흉노와 중국은 실크로드에 대한 경영권을 두고 실크로드의 각국에 대한 정치·군사적 압박을 가했고 이로 인한 실크로드의 문화적 변화는 급격하게 이루어졌다. 이후 흉노의 세력권이 축소되면서 중국 측의 세력이 유입됨으로 인해 실크로드 각국에서는 중국으로 사신을 파견하거나 조공을 받치는 예가 급증한다.

그러나 남북조 시기가 들어서기 전, 5호 16국 시대를 맞이하면서 중국은 일대 혼란이 일어난다. 그리고 그 과정에서 지리·군사적 정보를 비교적 용이하게 얻을 수 있는 환경에 있던 승려들에 대해 관심을 돌리게 된다. 이는 인도를 비롯해 실크로드 각국 출신인 승려들의 활동을 살펴보면 쉽게 이해할 수 있다. 인도에서부터 실크로드 각국의 승려들은 여러 지역을 돌면서 수학했고, 각 국경을 넘을 때에 이들에게 특별한 의무조항이나 통과의례는 없었던 것 같다. 하나의 예로 법현이 "승소僧紹라는 승려가 호胡의 도인을 따라 계빈으로 갔다."[26]는 기록을 남긴 것을 보면, 중국인 승려라 할지라도 이 지역 출신 승려와 동행할 경우 국가를 넘나드는 일이 수월했음을 짐작하게 한다. 따라서 실크로드 각국에 대한 여러 정보를 자연스럽게 취할 수 있고, 더욱이 『고승전』「신이神異」조에 나오는 여러 고승들의 내용과 같이 신통력·치유 등의 능력을 겸비한 이들에 대한 관심이 고조될 수밖에 없다.

 이러한 과정 속에서 '이미 산동을 평정하고 병사와 말이 강성하게 되자 드디어 서역을 도모할 뜻이 있었다.'[27]는 기록과 같이 전진의 부견符堅이 여광呂光을 보내 구자국을 정벌하였고, 이때 구마라집을 양주涼州로 이송한다. 이 당시 구자국의 불교는 구마라집과 설미舌彌가 이끌어가는 형국이었는데, 『반야경』·『법화경』·『유마경』 등의 대승경전이 유입되었으나 아직은 대승을 취할지, 소승을 취할지 선택의 기로에 놓여 있었던 상황이다.[28] 이때 여광은 소승에 정통했던 불도설미를 이송하는 것보다

---

26 위의 책(T51, p.857c).
27 『晉書』권122 「載記」22 "堅既平山東, 士馬強盛, 遂有圖西域之志".
28 아함을 공부하던 설미가 '때로는 스승이, 때로는 제자가 되기도 한다.'는 언급을 했다는 점(『出三藏記集』권11 「比丘尼戒本所出本末序」)은 대승이 유입되어 대승 사상에서의 스승이 아함을 비롯한 소승 계통에서의 제자가 되기도 하는 형국을 그리는 것으로 볼 수 있다.(鎌田茂雄 [1993], p.253)

대승불교를 접해 보았으며, 더불어 어릴 적부터 각 국에서 유학을 경험했던 구마라집을 이송하는 것을 선택한다. 물론 구마라집이 왕실의 인물이었다는 점도 큰 이유로 작용했을 것이다.

불도설미의 경우 구자국 내의 비구·비구니 사찰 모두를 총괄하는 임무를 띠고 있던 인물로 중국 내의 불교 발전만을 고려했다면 불도설미를 이송했을 가능성이 높다. 그러나 앞서 언급한 바와 같이 전란이 계속되는 가운데 실크로드 경영까지 염두에 둔 상황에서 불교사상의 발전만을 고려한다는 것은 이치에 맞지 않는다. 그리고 이러한 추정을 가능하게 하는 기사가 있으니, 다음과 같다.

> 태안 2년 정월 고장에 큰바람이 불었다. 구마라집은 '상서롭지 못한 바람이므로 반드시 모반이 있을 것입니다. 그러나 애써 노력하지 않아도 저절로 평정될 것입니다'라 말하였다. 갑자기 양겸과 팽황이 잇따라 반란을 일으켰으나 얼마 지나지 않아 모두 멸하였다.[29]

위의 기사에서 보이듯이 구마라집은 양주에서 정치적 고문 혹은 군사적 고문 역할까지 하였다. 그리고 이러한 예는 구마라집뿐 아니라 신이승의 행적에서도 왕왕 볼 수 있는 장면이다. 즉, 흉노와의 전쟁을 통해 실크로드의 문화와 습속을 접한 중국에서는 이후 내전을 겪으면서 이러한

---

29 慧皎, 「高僧傳」권2(T50, p.331c) "太安元年正月, 姑臧大風. 什曰, 不祥之風. 當有姦叛. 然不勞自定也. 俄而梁謙彭晃相係而叛, 尋皆殄滅".

정보를 활용하였고, 그 과정에서 불교 · 고승의 유입을 급속도로 추진하게 된 것이다.

그리고 필자가 이미 여러 차례 발표한 바[30]와 같이 대승불교의 집단화 및 발전 과정을 겪게 된다. 정치 · 경제 · 문화 등의 여러 요인들이 복합적으로 작용[31]하여 대승불교가 집단화되기는 하지만, 가장 근본적인 원인은 흉노와의 전쟁과 중국 내부의 내전에서 필요로 하는 정보와 치유 방법을 제시할 수 있는 집단이 바로 불교였다는 점이었다는 것을 간과할 수 없다.

중국 내에서 대승불교에 대한 갈증을 해소하기 위해 구법승求法僧이 출현하기도 하고, 대승불교 교리에 대한 이해를 도모하고자 격의불교 시대도 겪게 된다. 그리고 이러한 중국 내에서의 변화 양상은 전법승들의 사상을 바꾸기도 하고, 대승경전을 구하기 위한 각고의 노력이 곧 실크로드 각국의 불교 발전 양상을 뒤흔들기도 한 것이다. 일례로 구자국 국왕의 아들이었던 백시리밀다라帛尸梨密多羅가 『공작왕경孔雀王經』을 한역하고307~313[32], 진 태화연간太和年間, 366에 『수능엄경首楞嚴經』을 번역한 사람이 구자왕의 세자였던 백연帛延이라는 것[33] 등을 통해 적어도 4세기 이전부터 구자국에서는 대승불교 경전이 유입, 사상적 발전이 있었음을 짐작해 볼 수 있다. 이러한 제문제는 구마라집과 불도설미의 관계를 설명하

---

30 한지연[2015a], pp.23~55; [2015b], pp.427~448;[2016a], pp.29~53;[2016], pp.235~256;[2016b], pp.551~572.
31 석길암[2018].
32 僧祐, 『出三藏記集』7, 「首楞嚴經後記」 (T55, p.49b) "咸和三年歲在癸酉 涼州刺史張天錫 在州出此首楞嚴經 于時有月支優婆塞支施崙 手執胡本 支博綜衆經……時譯者歸慈王世子帛延善晉胡音 延博解群籍內外兼綜".
33 慧皎, 『高僧傳』1 (T50, p.328a) "密譯出孔雀王經明諸神咒".

는 기록과 다른 양상으로 대승경전에 대한 취급이 중국 측 입장을 반영해 전개되었다는 점을 알 수 있다.

5호 16국 시대가 막을 내리면서 들어선 북위 시대에는 적극적인 실크로드 경영에 임했다. 북위 시대 사신단은 적어도 간다라 지역까지 왕래를 했는데, 그 흔적은 최근 발견된 '大魏使谷魏龍向迷密使去'라는 훈자의 암각문에서도 확인할 수 있다. 그리고 이러한 활동은 실크로드 각국의 불교 양상에 변화를 촉구하는 결과를 가져오게 된다.

북위시대 우전국에 대한 묘사에서 당시 중국 및 중국 사상, 불교와의 연관관계를 어떻게 가늠하고 있는지 추정할 수 있는 대목이 보인다. '우전의 서쪽 500리 되는 지점에는 비마사가 있는데, 이곳은 노자가 오랑캐들을 감화시키고 성불한 곳이라 한다.'[34] 북위 대통大統 8년542, 서역에 파견된 사신단을 통해 입수된 정보를 기록한 것에서 '노자화호설老子化胡說'과 매우 유사한 내용이 등장한 것이다. 즉 한나라 시대부터 실크로드 경영에 뛰어들었기 때문에 불교 전래 시점에 제기되었던 노자화호설을 원용하여 중국불교 우위론을 강조했던 것으로 볼 수 있다. 그리고 이러한 관념은 실크로드 각국의 대승불교 발전을 야기했던 것으로 추정할 수 있다.

---

34 『北史』「列傳」권97 "于闐西五百里有比摩寺, 云是老子化胡成佛之所".

Ⅳ. 전쟁, 전법승 활약의 무대가 되다

불교 교류라는 측면에서 본다면 인도에서 발생한 불교라 하여 반드시 동전東傳을 전제로 하지 않는다는 점을 감안해야 한다. 우리는 일반적으로 불교를 말할 때에 동전을 전제로 하는 경향성이 크다. 그러나 '교류'라는 점을 감안해 본다면 양방향 소통의 문제를 기본으로 하고 있고, 이를 염두에 두고 본다면 여러 요인이 불교 발전의 양상에 영향을 끼친다는 점을 간과해서는 안된다. 이에 동아시아, 특히 중국에서 대승불교가 급격하게 성행하게 된 점을 불교 전래 시점에 있었던 흉노와 중국과의 서역 경영 쟁탈전, 그리고 이후 전개된 중국 내전의 문제를 염두에 두고 살펴보았다. 그 결과 다음과 같은 몇 가지 결론에 도달할 수 있다.

첫째, 중국보다 먼저 실크로드 경영에 나선 흉노는 실크로드 제국에 대한 내정간섭으로 속국화시켰고, 기원전 1세기 무렵부터 이러한 흉노에 자극받은 중국 역시 실크로드 경영에 적극적으로 뛰어들게 된다.

둘째, 이와 같은 실크로드 경영으로 인해 실크로드 각국은 흉노와 중국에 각각 조공, 질자정책 등을 통해 속국을 자처하면서 흉노 또는 중국이 필요로 하는 부분을 채워주는 양상을 자연스럽게 지니게 되었다.

셋째, 흉노의 세력이 약화되고, 중국은 실크로드 경영에 돌입하지만 내전으로 인해 정치·군사적 고문 역할을 할 수 있는 고승의 유입을 숨가쁘게 진행하였다.

　넷째, 종교가 정치보다 우위에 있는 환경에서 탄생한 불교가 중국 내전과 이민족이 지배권을 가진 왕조를 거치면서 정치가 종교보다 우위에 있는 중국 측 상황에 맞추는 태도를 지니게 되었고, 대승불교를 갈망하던 중국의 입장을 수용하여 실크로드 각국에서는 대승경전의 빠른 유통을 일임하게 된다.

　흔히 종교는 전쟁의 종식 및 평화의 매개체로 인지하곤 한다. 물론 그러한 측면이 강하기는 하지만, 전쟁 속에서 각 종교마다 얻을 수 있는 이익을 포기하면서 평화를 주장하지는 않는다. 더욱이 전법을 우선시했던 고대 종교의 발전 양상에서는 이러한 경향성이 확연하게 드러나고 있다. 국가의 안녕과 위정자의 성향에 많은 영향을 끼치기 때문에 이러한 배경 속에서 종교의 역할은 매우 컸다. 때문에 그러한 역할을 일임하기도 하고, 때로는 전쟁과 혼란을 전법의 기회로 삼기도 했다. 그리고 이러한 양상은 복잡다단한 흉노와 중국, 실크로드와의 관계, 많은 민족의 난립 속에서 확연하게 드러나고 있으며, 결과적으로 동아시아만이 갖는 독특한 불교체제를 성립시킬 수 있었다고 보여진다.

　물론 이와 같은 결론의 원인으로 전쟁과 혼란만이 작동했다고 볼 수는 없다. 그러나 적어도 평화의 매개체로써의 종교로만 인식하기보다는 이를 적극적 전법활동의 기회로 삼았던 당시 전법승들의 다채로운 활동에도 주목할 필요가 있을 것이다.

• 참고문헌

- 원전류
- 漢書
- 史記
- 後漢書
- 北史
- 晉書

- 『阿育王息壞目因緣經』T50
- 『大唐西域記』T51
- 『出三藏記集』T55
- 『高僧傳』T50
- 『法顯傳』T51

• 단행본 & 논문

- 李裕群2003, 『古代石窟』, 文物出版社
- 趙莉2003, 『龜玆石窟』, 新疆美術攝影出版社
- 鎌田茂雄1993, 장휘옥 역, 『중국불교사2』, 서울: 장승
- 한지연2011, 『서역불교 교류사』, 서울: 해조음2015 「서역에서 소승교단과 대승교단은 대립했는가?」, 『동아시아 불교에서 대립과 논쟁』, 서울; 여래

- 黃文弼1989, 「佛敎轉入鄯善與西方文化的輸入問題」, 『黃文弼歷史考古論集』, 文物出版社

- 석길암2018, 「중국불교 대승화에 대한 이해의 한 측면」, 『동아시아불교문화』 35.
- 한지연2015, 「고대 실크로드 경제권의 변화와 대승불교의 발전」, 『원불교사상과 종교문화』 64.
- 2016, 「중국 효사상과 불교의 중국적 변용의 연관성」, 『불교학연구』 47.
- 2016, 「북위 중국화 과정 속에서의 불교발전과 의의에 대한 연구」, 『불교학연구』 48.
- 2016, 「중국 전통신화에 대한 불교적 재해석의 역사」, 『동아시아불교문화』 28.

지리와 자연환경 그리고 대승불교의 발전

Ⅰ. 누란은 수로水路를 어떻게 활용했을까?

Ⅱ. 누란역사 속에서 본 문화의 다양성
　　수로를 이용한 교류의 역사적 정황
　　동서문화 융합체로서의 누란

Ⅲ. 누란을 통해 본 실크로드 불교 특징의 한 단면
　　누란 불교 교단 발전의 양상
　　누란 불교의 성격과 문화의 상대성 연동

Ⅳ. 인문적 요소가 선사한 진정한 의미의 교류

Ⅰ. 누란은 수로水路를 어떻게 활용했을까?

누란樓欄, Loulan은 실크로드 상에 존재했던 고대 오아시스 국가이다. 실크로드 상의 모든 고대국가가 그러했듯이 누란 역시 고대 동서교류에 있어서 중요한 위치를 점하고 있었다. 사막남도沙漠南道의 동단東端에 위치해 있었기 때문에 중국령에 매우 근접해 있고, 티베트에서 중국에 근접하기 위한 또 하나의 교류 루트를 내포하고 있기도 하기 때문이다. 뿐만 아니라 고대 롭노르Lop-nor 호수를 끼고 있었기 때문에 실크로드에서는 유일하게 무역항이 존재했던 국가였다. 그리고 이 무역항의 존재로 자연스럽게 중국 청해성靑海省으로 연결되는 교역선을 확보하고 있었다. 이러한 자연환경과 교류에 있어서 중요한 위치를 점하고 있었기 때문에 오히려 국가의 역사는 매우 짧다.

5세기 말엽에 멸망한 누란은 존재할 당시까지, 중국과 흉노의 세력 사이에서 혼란스러운 정세가 지속될 만큼 불운한 국가였다고 할 수 있다.

그러나 다른 관점에서 보면 이 같은 역사를 지닌 점은 누란이 갖고 있던 자연환경, 군사·지리적 요충지역이라는 점으로 부각시켜 바라볼 수 있다. 더불어 과거 서역 경영西域 經營에 있어 가장 크게 부각되었던 동서 문물 교류라는 측면에서 주요한 위치를 점하고 있었다는 것으로도 풀이할 수 있다. 이러한 제반의 사항들이 원인으로 작용하여 그 존속기간이 짧음에도 불구하고 중국에서는 민족·지리·교류의 역사에 있어 상당히 중요하게 다루고 있다.

일반 역사적 관점에서도 중요하게 작용하고 있는 누란은 불교사, 특히 교류사적 측면에서 중요하게 다룰 필요가 있다. 고대 교류사를 비롯해 불교사에서 중요한 위치를 점하고 있는 까닭은 인도와 중국의 문화가 혼재되어 있는 가운데 불교가 발전하는 양상을 보여주고 있기 때문이다. 뿐만 아니라 사막남도의 동단에 위치하고 있음에도 불구하고 간다라로부터 전해진 불교문화의 전통을 이어받고 있다. 이는 지리적으로 중국에 근접해 있으면서도 문화적으로는 간다라–호탄–미란에 이르는 인도 문화의 영향권 내에 있었음을 보여주는 것이다. 그리고 일반적인 실크로드 지형과 달리 교역항을 이용할 수 있는 누란을 통해 중국으로의 불교 유입 경로를 다양하게 가질 수 있기 때문에 누란 불교에 대한 연구는 중국 초기 불교 발전을 이해하는 데에도 큰 도움이 될 것이다.

또한 누란에서 출토된 카로슈티 문서의 내용을 통해 당시 누란 불교 교단의 현황과 그 변화에 대해 인도불교와의 비교를 시도해 본다. 이는 인도에서의 전통적인 교단 운영 방식이 그대로 실크로드에 전해졌는가, 그렇지 않다면 변용의 원인과 어떤 결과를 초래하였는가에 대한 교류사적인 해석을 시도할 수 있다. 따라서 여기서는 누란의 역사·문화를 통해 불교 전파 및 교류에서의 상대성을 염두에 두고 누란불교를 살펴보도록 한다.

II. 누란역사 속에서 본 문화의 다양성

수로를 이용한 교류의 역사적 정황

누란이 역사서에 처음 등장하는 것은 『사기史記』이다. 흉노의 묵특선우 冒頓單于가 한漢에 보낸 서신에 "누란樓蘭, 오손烏孫 주변국 26국은 모두 흉노에게 넘어와 있다."라는 내용으로 등장한다. 이 기록의 배경이 되는 한나라 시대까지는 중국이 서역 경영에 직접 뛰어들지 못하였기 때문에 넓은 영역에서 활동하던 흉노의 지배하에 들어갔던 것으로 볼 수 있다.

그러나 이 같은 정국은 그리 오래 가지 못하였고, 그 결과 누란은 한나라와 흉노 사이에서 결코 평온을 유지할 수 없었다. 한 무제武帝 당시 누란은 한나라에 항복하고 공물을 헌납하면서 흉노의 공분을 사게 되어 결국 한나라와 흉노에 각각 왕의 아들을 인질로 보내게 된다.[2] 그렇지만 누란은 한나라와의 거리상의 문제와 중국의 실크로드 전역에 대한 경영이 지속적으로 이루어지지 못한 탓에 다시금 친흉노 정책을 펼치면서

---

1 『史記』「列傳」권110. "其明年, 單于遺漢書曰……定樓蘭, 烏孫呼揭及其旁二十六國, 皆以爲匈奴".
2 『漢書』권96상 「西域傳」66上. "樓蘭既降服貢獻, 匈奴聞, 發兵擊之. 於是樓蘭遣一子質匈奴, 一子質漢".

한나라의 공분을 사게 되어 한나라가 누란 왕을 직접 잡아들이는 사건이 발생한다. 여기서 『한서』에 기록되어 있는 내용을 통해 이 상황을 좀 더 살펴보자.

> 누란 왕을 데리고 궁으로 가 문서를 들어 왕을 질책하자 왕은 '소국이 대국 사이에 끼어 있으니, 양쪽에 복속하지 않으면 스스로 평안함을 누릴 수 없습니다. 원컨대 나라를 옮겨 한나라 땅에 들어와 살게 해주십시오'라는 청을 하였다. 이에 그의 말이 솔직하다 판단하여 나라로 돌려보내고, 흉노를 감시하도록 명을 내렸다. 이후로 흉노는 누란을 깊이 신뢰하지 않게 되었다.[3]

위 기록에 따르면 당시 누란은 흉노와 중국 사이에서 상당한 곤란을 느끼고 있었던 것을 알 수 있다. 누란의 입장에서는 차라리 어느 한쪽에 복속됨으로써 국가의 평화를 찾는 것이 더 빠르다 판단했던 것이다. 이에 한나라와의 관계를 유지하던 중, 누란 왕이 사망하자 무제 때 질자質子로 보냈던 왕자를 요구했으나 한나라는 여러 사정으로 인해 보내줄 수가 없었다.[4]

---

[3] 『漢書』권96상 「西域傳」66上. "將詣闕, 簿責王, 對曰:「小國在大國間, 不兩屬無以自安. 願徙國入居漢地」上直其言, 遣歸國, 亦因使候司匈奴, 匈奴自是不甚親信樓蘭".
[4] 『한서』에서는 당시 상황에 대해 한나라 법을 항상 어겨서 잠실로 내려 보내져 궁형에 처했기 때문에 보내줄 수가 없었고, 대신 천자가 총애하기 때문에 보내줄 수가 없다는 궁색한 변명을 내놓는 장면이 묘사되어 있다.(征和元年 樓蘭王死 國人來請質子在漢者 欲立之 質子常坐漢法 下蠶室宮刑 故不遣 報曰 侍子 天子愛之 不能遣 其更立其次當立者)

이처럼 사서史書의 기록에 의거해 보면, 누란은 흉노와 중국 사이에서 때로는 친중국적 성향을, 때로는 친흉노적 성향을 가지게 된다. 이에 가장 큰 원인은 앞서 언급했던 것과 같은 고대 문물교류에 있어 지리적, 군사적, 외교적으로 상당히 중요한 위치에 있었기 때문이다. 이 문제에 접근하기 위해서는 용성龍城, 雅丹地貌를 언급하지 않을 수 없을 것이다.

용성은 실크로드 공작하孔雀河 하류의 롭노르Lop-nor호 서안西岸에 위치한 한漢 대 교역항의 역할을 했던 고성으로 추정되고 있다. 현재 발굴 결과에 대한 보고서가 출간되지 않아 용성에서 출토된 여러 유물을 통해 추정할 수 있는 사항은 극히 한정적이기는 하다.

「산해경」에 그려진 용성과 누란의 위치

그러나 2012년 중국 섬서사범대학, 우루무치대학 관련학자들과 조사한 결과, 발굴 과정에서 추정된 한나라 시대의 교역항이라는 점에 있어서는 그 의견을 같이하였다.[5] '교역항'의 역할을 했다는 점에 있어서 당시 실크로드 상에서 누란의 중요성이 재조명되어야만 한다.

---

5 고려대학교 한국사연구소 엮음, 『사막남로 · 투르판 지역의 불교유적』(서울;아연출판부, 2013), pp.35~36 참조.

용성아단지모의 현재 모습 전경

한나라 시대에 도성이었던 누란성 자체도 홍수가 나서 제방을 만들었다는 기록이 보이는 만큼 실크로드상에서 수로水路까지 활용한 무역이 가능했던 유일한 고대 국가가 바로 누란이라 볼 수 있다. 누란이 수로를 활용할 수 있었던 데는 바로 인근에 롭노르 호수가 있었고, 수량이 풍부했던 롭노르 호수를 이용해 누란성 내부까지도 수로를 만들었던 것이다. 중국의 조사에 따르면 고대 누란성 북쪽은 고성의 북부를 흐르는 하천 부지에 접해 있으며, 그 방향은 성의 서북 각에서 대각선을 이루며 성내를 흘러 삼간방三間房[6]을 통해 동남향으로 흐른다고 보고 있다. 이에

---

[6] 스벤 헤딘의 경우 이를 관공서라 칭했고, 중국측에서는 3칸의 방이 잘 남아 있어 삼간방이라 명명하고 있다.

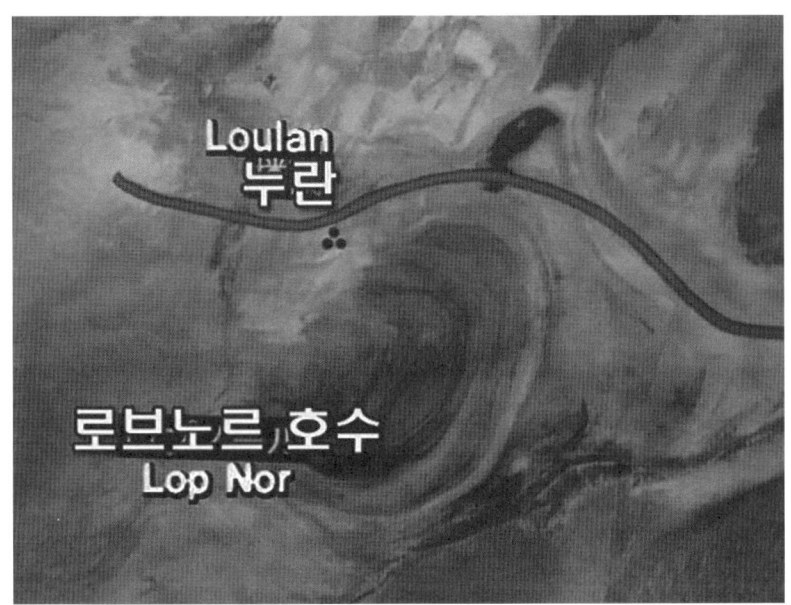

롭노르Lop-Nor 호수 물길의 변화 위성 사진

비해 일본의 나가자와 가즈도시長澤和俊는 성내에 물을 유입시켜 저수지를 건설하고 성내 각지에서 물을 사용하도록 한 것으로 보고 있다.[7]

각기 주장하는 구체적 묘사는 차이점이 있으나, 누란성 내부로 물이 유입되어 활용할 수 있었던 것만은 사실이다. 뿐만 아니라 위에서 언급한 용성은 누란의 영역으로 한나라 시대에 활발하게 이용했던 교역항이 남아 있을 정도의 수량이 풍부했던 곳이다. 교역항을 이용했다는 점은 고대 문물 교류에 있어 중요한 의미를 지니고 있다.

누란 주변으로의 육로는 앞서 살펴본 바와 같이 당시 흉노匈奴를 비롯한 여러 유목민의 공격이 상존常存했고, 이 과정에서 서쪽에서 중국으로

---

[7] 長澤和俊, 『樓蘭王國史の硏究』(東京;雄山閣出版社, 平成8년), pp.50~51.

들어가는 불교경전을 포함한 갖가지 물품들이 유실될 수 있다. 그러나 마지막 중국으로 유입되는 과정에서 수로를 이용했다면 흉노의 공격으로부터 최소한의 방어가 가능했다는 의미를 지니게 되는 것이다. 그리고 그 도착지가 롭노르호의 끝자락이었다면, 옥문관玉門關 내지는 양관陽關에 가까울 수밖에 없기 때문에 용성과 롭노르호의 수로를 활용한 교역의 의미는 중요하다고 할 수 있다.

동서문화 융합체로서의 누란

실크로드에 존재했던 고대 국가들의 문화교류는 기본적으로 육로를 이용한 방법을 통해 이루어지고 있었다. 이에 비해 누란은 육로와 수로를 모두 활용할 수 있었던 유일한 고대 국가였지만, 아이러니하게도 이런 다양한 교류 방식이 패망敗亡을 독촉하는 결과를 가져왔다. 이것은 정치·군사·외교의 차원에서의 단순한 가시적 결말일 뿐, 이러한 결말이 나오게 된 좀 더 근원적 원인과 포괄적 의미에서의 결과, 다시 말해서 인문학적 의미를 짚어보아야 할 것이다.

인문학적 의미의 결론부터 말하자면, 이른 시기부터 동서문화가 공존한 곳이 누란이라 할 수 있다. 그 첫 번째 이유는 누란의 민족 구성으로 보았을 때, 인도문화권이 형성될 수밖에 없는 조건임에도 불구하고 흉노와 중국 간의 쟁탈전과 수로를 활용한 교역의 결과 중국문화가 빠르게 유입되었던 곳으로 볼 수 있다. 그 근거로 들 수 있는 것은 '누란미녀'로 불리는 미라의 모습과 부장품副葬品의 내용물들이다.

누란미녀가 시그니처로 활용되고 있는 현재의 누란 박물관 전경

누란미녀 미라는 머리에 모자를 쓰고 그 모자는 새의 깃털을 꽂고 있다. 미라가 발견될 당시, 시신 주변에 밀알을 넣은 작은 주머니도 함께 발견되었으며, 팔·허리·목 등에는 구슬·진주 등의 장식품으로 치장되어 있었는데, 나가자와 가즈도시는 적어도 한나라 시대의 미라로 추정하고 있다.[8]

이 미라뿐 아니라 소하묘小河墓에서 발굴된 미라 역시 시신 주변에 밀알이 퍼져 있다. 소하묘 미라는 실크 소재의 코트를 입고 옷의 밑단은 흑갈색, 빨강, 녹색의 장식과 양쪽 소맷단에도 빨간 패턴의 실크로 장식된 옷을 입고 있으며, 중국산 비단 주머니에 싸인 동경銅鏡 등이 발견되었다. 적어도 한나라 시대의 것으로 추정되는 이들 미라에서 공통적으로 발견되는 것은 '밀알'이다. 미라의 민족은 일반적으로 실크로드에서 발견되는

---

8 長澤和俊 [1972], pp.504~505.

서북인도인과 동일한 것으로 보는데, 주변의 부장품들과 감싸고 있는 것은 중국 실크일 뿐만 아니라 주로 중국에서 농사짓고 있던 밀알이 발견되고 있다. 이는 생활필수품이 중국 측 영향을 많이 받고 있다는 것을 의미한다. 다시 말해서 인종의 기원과 그들의 생활상은 전혀 다른 문화권의 하모니가 이루어지고 있었다.

생활상에서의 차이는 언어에서도 보이고 있다. 누란에서 출토된 문서에는 다양한 언어가 표기되어 있는데, 간다리어Ghandhari, 누란지방어인 크로라이니Krorainic, 카로슈티어, 한자 등 상당히 많은 언어가 혼용되고 있다. 이 가운데 간다리어와 카로슈티어가 발견되는 데, 브라우 박사의 누란 시대구분[9]에 의거해 보면 쿠샨제국의 영향으로 인해 누란에 쿠샨 언어가 흡수, 사용된 것으로 이해할 수 있다. 그리고 이러한 언어, 인종의 예를 들어 쿠샨제국의 식민왕국이었다는 주장도 있다.[10]

그러나 충분한 설명이 이루어지지 않고 있어 기존의 학설을 그대로 따르기에는 무리가 있다. 오히려 중국 측 사료에 입각해 보면, 브라우 박사가 사용한 누란 시대구분 중 1기가 성립되기 이전부터 흉노와 중국에 의한 지배계층의 동요가 있었기 때문에 쿠샨제국의 식민왕국이었다는 것은 동의하기 어렵다. 따라서 민족·언어의 측면에서는 인도문화권, 정치·지배계층의 외교노선과 생활필수품[11] 등의 측면에서는 중국문화권이

---

9   1기는 2세기 후반부터 3세기 전반까지로 쿠샨제국 관할 하에 있던 시대로 간다리어와 카로슈티 문자가 도입한 시기로 그 특징을 규정하고 있고, 2기는 3세기 전반부터 쿠샨제국 멸망까지로 독립시기로 규정한다. 3기는 중국 서진의 서역진출에 의해 정복당하면서 중국의 종주국으로 인정되는 시기로 규정한다.(長澤和俊[1972], p.309., 임영애[1996], pp.44~45)
10 長澤和俊[1972], pp.94~95.
11 법현(法顯) 당시 '일반인의 의복이 거친 것은 한나라와 같았고 다만 모직물인 것이 달랐다'고 기

있을 가능성을 제기해 볼 수 있다. 또한 이에 따라 동서문화가 공존할 수 있는 내부적 요인이 갖추어져 있었다는 점을 확인할 수 있다.

이른 시기부터 동서문화가 공존한 곳이 누란이라 할 수 있는 두 번째 이유는 누란 고대 유적지에서 출토되고 있는 문서의 내용을 통해 확인할 수 있다. 스타인Aurel Stein과 스벤 헤딘Sven Anders Hedin은 호탄·누란·니야Niya 일대에서 카로슈티 문자로 작성된 문서를 발견하였다. 이들 문서는 왕의 명령이나 통지, 개인 간 서찰, 각종 계약서, 미징수 된 세금이나 장부, 인명표 등의 목록으로 나눌 수 있다. 이 문서들을 통해 생활의 전반적인 부분을 카로슈티 문자로 기록한 것을 알 수 있다. 그런데 누란고성의 삼간방에서는 한나라 시대의 것으로 추정되는 목간이 발견되는데, 이 목간에는 한자가 새겨져 있다.[12]

고대 누란에서는 앞서 언급했던 것과 같이 다양한 언어가 사용되고 있었는데, 특히 카로슈티와 한자를 활용한 문서작성은 브라우 박사가 제안한 누란 시대 구분 1기의 특징—쿠샨제국의 식민왕국—에 동의하기 힘든 부분으로 볼 수 있다. 뿐만 아니라 동일 시기에 쿠샨제국과 중국 양측의 문화를 동시에 흡수, 활용한 곳이 바로 누란이라는 점을 인지할 수 있다. 이는 표면적으로 흉노와 중국 사이에서의 정치적 망명권을 발휘했던 것과는 달리 문화적으로는 동서문화 모두를 흡수한 것으로, 인종·언어·생활의 다방면에서 확인할 수 있다. 그리고 이러한 누란의 역사적

록하고 있어 생활필수품 측면에서는 중국문화권이었을 가능성이 높다는 필자의 주장에 타당성을 더욱 부여하고 있다고 할 수 있다.(『高僧法顯』卷1, T51, p.857a, '俗人衣服粗與漢地同,但以氈褐為異'.)
12　新疆維吾爾自治區文物局 編, 『絲路瑰寶』(우루무치:新疆人民出版社, 2011), p.181.

배경은 불교 전파에 중대한 가교 역할을 했던 실크로드에 대한 다양한 이해를 도모할 수 있다. 더 나아가 중국과 최근 접지였던 실질적인 실크로드의 동단東端 누란에 대한 이해를 통해 동전東傳의 불교 상황을 다른 시각에서 볼 수 있을 것이다. 따라서 이를 바탕으로 다음 장에서는 누란 불교에 대해 논하도록 한다.

Ⅲ. 누란을 통해 본 실크로드 불교 특징의 한 단면

누란 불교 교단 발전의 양상

앞서 살펴본 바와 같이 누란은 사막의 동쪽 끝자락에 위치해 있으면서 동서문화, 즉 쿠샨제국과 중국의 다양한 문화를 민족 및 언어의 측면에서 적극 수용했다는 점을 알 수 있다. 물론 엄밀한 의미에서 '수용'인가에 대해서는 좀 더 고려해 보아야 하겠지만, 수동적인 의미가 내포되어 있다 하더라도 양측 문화가 공존했던 고대 국가임은 틀림없다.

그렇다면 이러한 배경이 작동한 누란에서 불교 교단의 발전은 어떤 양상을 띠고 있었는가에 대해 알아볼 필요가 있다. 그러나 불교사상의 발전을 논하기에는 5세기 무렵 누란 왕국이 중국에 귀속되면서 국가로써의 면모는 찾아볼 수 없기 때문에 특징적 사상에 접근하기 전에 외적인 요소부터 짚어가는 것이 순서일 것이다.

스타인과 헤딘이 발견한 카로슈티 문서 가운데에는 당시 불교 교단의 일면을 엿볼 수 있는 내용도 보이고 있다. 카로슈티 문서 No.418에는 승려의 숫자는 알 수 없지만, 그 숫자가 다수에 이르고 그들 가운데는 관직에 붙는 사람도 있고 토지·노예를 가지고 풍요로운 생활을 하고 있다는 내용을 볼 수 있다. 또한 각 오아시스 교단은 각각 중앙의 상가에 통제되어 있는데, 나가자와 가즈도시는 이러한 교단의 관계를 마치 일본 나라시대의 도다이지東大寺와 각지의 교단과의 관계와 유사하다고 보기도 하였다.[13]

여기서 말하는 중앙의 의미는 누란 내에서 주변 각 지역에 있는 사원을 총괄하는 중앙 사원을 의미하는 것이다. 그리고 이런 의미를 가진 중앙 사원의 역할과 주변 사원과의 관계에 대해 나가자와 가즈도시는 누란의 불교 교단이 일본의 것과 유사하다고 했지만, 중앙에서 전체 교단을 총괄하는 모양새는 사실 천산남로에 위치한 구자국龜玆國에서도 동일하게 나타나고 있다. 비록 누란의 카로슈티 문서 작성 시기보다 훨씬 후대이기는 하지만, 승우僧祐의 『출삼장기집出三藏記集』 「비구니계본소출본말서比丘尼戒本所出本末序」에는 당시 구자국에 각 사원을 총괄하는 주도적 역할을 수행하던 사원이 존재했음을 보여주는 대목이 있다. 그 내용은 다음과 같다.

> 아려람阿麗藍, 180명의 비구니 거주, 수야간람輸若干藍, 50명의 비구니 거주, 아려발람阿麗跋藍, 30명의 비구니 거주이 있었는데, 세 사찰은 비구니가 통솔하고 설미舌彌에게 의지해 법계를 받았다. 외국 율법에

---

13 長澤和俊[1972], p.314.

비구니는 독립해 생활할 수가 없었다. 이 세 사찰의 비구니들 중에는 총령 동쪽 왕후의 부인이나 여식이었던 자들이 많았는데, 도를 닦기 위해 먼 곳에서 와 이 사찰에 모여서는 법도에 따라 스스로를 가지런히 하고 엄격하게 단속하며 억제하였다. 이들 또한 3개월에 한 번씩 방사나 혹은 사찰을 바꾸어 거주하였다. 사찰 밖으로 나갈 때에는 대비구니 3인 이상이 아니면 나갈 수가 없었다. 오백 계를 수지한 자들이 많았으며, 역시 스승 없이 단 하룻밤이라도 밖에서 머무르는 자는 바로 규탄하였다.[14]

위의 기록과 같이 누란의 중앙사원에서 각 사원들을 관리하는 것과 같이 구자국 역시 중앙의 통솔자에게 수계受戒·율律의 적용을 받고 있었다. 인도에서는 찾아보기 힘든 이와 같은 중앙 통솔의 개념을 엿볼 수 있는 것은 비단 구자국 뿐 아니라 우전국于闐國과 관련된 기록에서도 유사한 내용을 찾아볼 수 있다. 『법현전法顯傳』에서는 다음과 같은 내용을 확인할 수 있다.

사방승방을 짓고서 객승과 다른 이들이 필요로 하는 것을 공급했다. 국주國主는 법현 등에게 승가람을 잘 정돈해서 공급해 주었다. 승가람은 구마제라 불리며 대승의 사찰이다. 3천 명의 승

---

14 僧祐, 『出三藏記集』卷11 (T55, p.79c). "阿麗藍(百八十比丘尼)輪若干藍(五十比丘尼)阿麗跋藍(三十尼道)右三寺比丘尼統, 依舌彌受法戒, 比丘尼, 外國法不得獨立也. 此三寺尼, 多是蔥嶺以東王侯婦女, 爲道遠集斯寺 用法自整大有檢制. 亦三月一易房或易寺出行. 非大尼三人不行. 多持五百戒, 亦無無師一宿者輒彈之."

려들은 함께 건추犍搥에 따라 식사하였다.[15]

『법현전』에 의하면 우전국에 있던 구마제瞿摩帝[16]는 대승 사찰이며, 3천 명의 승려가 거주하는 거대 사원이었다. 또한 국왕이 법현의 무리를 이곳으로 안내했다는 점에 있어서 당시 구마제가 누란의 중앙 사원 개념과 유사한 역할을 했다고 짐작해 볼 수 있다. 구마제에 대한 당시 역할의 단서가 될 만한 부분은 『법현전』에서 '행상行像'을 설명하는 대목에서도 찾아볼 수 있다. "구마제의 승려들은 대승을 배우는 이들로 왕에게 공경받아 소중히 여겨졌기에 가장 먼저 행상을 시작했다."[17]

우전국에서 행상을 시작한다는 의미는 글자 그대로 왕에게 공경을 받았기 때문만은 아닐 것이다. 법현이 우전국 승려의 숫자를 수만 명이라 소개했는데, 그중에 3천 명의 승려가 하나의 사원에 거주한다는 점은 규모 면에 있어 누란의 '중앙사원'과 동일한 의미를 지닌 사원이었음을 짐작할 수 있게 한다.

이와 같이 실크로드 주변국의 불교 교단 상황과 비교했을 때, 인도의 풍습을 따르기는 하지만 교단 운영에 있어서는 변화된 양상을 그대로 수용해 운영하고 있었던 것이다. 인도불교 고유의 교단 운영에서 비껴나

---

15 『高僧法顯傳』卷1(T51, p.857b) "作四方僧房, 供給客僧, 及餘所須. 國主安頓供給法顯等, 於僧伽藍. 僧伽藍名瞿摩帝, 是大乘寺. 三千僧共犍搥食".
16 구마제에 대해 산스크리트어 Gomati로 추정한다는 A. Remusat의 주장을 소개한 『고승법현전』 역주의 내용을 비롯해 여러 학자들이 어원을 추정하고 있지만, 법현이 기록한 구마제가 사원의 명칭임에는 이견이 없다.(고려대학교 한국사연구소 엮음, 『고승법현전』, 서울:아연출판부, 2013, p.74)
17 『高僧法顯傳』卷1(T51, p.857b) "瞿摩帝僧是大乘學, 王所敬重, 最先行像".

있는 양상이기는 하지만, 실크로드상에서 새로운 형식의 교단 운영을 채택하였고 더 나아가 이러한 운영방식은 후에 중국 내부로까지 영향을 끼친다.

물론 불교의 동전이라는 견해에서 본다면 교단 운영 방식이 중국으로 전해진 것에 큰 의미를 둘 필요가 없다고 생각할 수도 있다. 그러나 정교政敎 분리의 중국에서 불교 교단을 수용한 데에는 불교사상에 대한 호기심 내지는 사상 발전을 위한 노력이라는 차원과 더불어 좀 더 현실적으로 불교 교단의 운영 방식에 있어서도 거부감 없이 받아들일 수 있는 기본 틀이 누란을 비롯한 실크로드 고대 국가에서 형성되었던 것이다.

그리고 이 같은 연결고리는 역사적으로 동서문화가 공존할 수 있는 지역에서 가능한 것이기 때문에, 앞서 살펴본 누란의 교단 운영 방식이 직접적인 원인이 되어 이후 중국 내 불교 교단 운영에 새로운 모델을 제시한 것이라 할 수 있겠다. 그렇다면 이러한 불교 교단 운영 속에서 찾아볼 수 있는 누란의 불교 성격은 어떠했을까. 다음 절에서 이에 대한 접근을 시도해 본다.

누란 불교의 성격과 문화의 상대성 연동

앞서 누란 불교 교단의 운영 방식에 대해 살펴보았다. 그렇다면 멸망하기 이전까지 누란에서는 어떤 성격의 불교가 주류를 이루었을까? 누란국 불교 성격에 대해 가장 먼저 언급된 기록은 『법현전』이다. 법현法顯이 '이 나라의 왕은 법을 받들었으며, 4천여 명의 승려가 있었는데 모두 소승을 배우는 이들이었다. 모든 나라의 일반인과 사문은 모두 천축의 법을 행했는데, 다만 정밀함과 거침의 차이가 있었다."[18]고 기록함으로써 소승일 가능성이 매우 높게 보여진다. 그러나 원전 기록에 대한 의심은 임영애[19]와 필자[20]가 제기한 바 있다. 임영애는 특히 미란의 소불상에 대한 해명을 대승과 소승, 그리고 불상의 교학적 측면에 대한 견해를 피력하면서 관련된 주장을 하고 있다.[21] 실크로드에서는 불상의 도상학적 측면이 교학적 의미 부여보다 우선적으로 이루어졌다는 주장에는 무리가 있지만, 어쨌든 법현의 기록에 의문을 제시하고 있다.

법현의 기록처럼 누란을 소승불교로 이해하기에는 무리가 따를 수밖에 없는 부분이 여기저기서 발견된다. 그 첫 번째로 거론할 수 있는 문제는 누란 교단에서 행했던 나름의 승단 규율과 관련된 내용이다. 카로슈티 문서 No.489에는 다음과 같은 내용이 있다.

---

18 『高僧法顯傳』卷1(T51, p.857a) "其國王奉法, 可有四千餘僧悉小乘學. 諸國俗人及沙門, 盡行天竺法, 但有精麤".
19 임영애[1992] pp.140~141, [1996] pp.53~55.
20 한지연[2011] pp.152~155 참조.
21 임영애[1992] pp.140~141에서 '미란의 소불상들은 다불·대불로 조성되었다. 주지하다시피 대불·다불의 사상은 대승불교 특유의 우주관에 입각한 것이다. 물론 이곳 서역지방은 불상에 교학적인 면보다는 시각적 표현을 먼저 받아들이는 경향, 다시 말하면 교리에 따른 도상적 변화보다는 도상에 따른 교리의 변화 가능성이 다른 지역에 비하여 다소 높다는 점과, 대승불교가 이미 전불교 교단의 반이상을 지해하였을 때의 소승교단은 대승교단에서 행하던 신앙형태를 그대로 채용하는 경우가 많았기 때문에 외형상 대승, 소승의 신앙형태를 명확히 구분하기는 어렵다는 점 등을 고려한다면 미란 소불상이 다불, 대불로 조성되었다고 꼭 대승불교라는 명백한 사상적 기반 아래 제작되었다고 보기는 힘들 것이다. 하지만 호탄의 라왁유적지를 제외하고 서역 남북로의 유적지를 통하여 미란만큼 거대한 불상을 다불로 병렬시켜 놓은 예를 찾을 수 없는 이런 상황에서 과연 미란의 불교가 법현의 말대로 소승일색이었다고 단정지을 수 있을까'라는 주장을 제시하고 있다.

차도티cad'oti 승단의 규율이 어지러웠기 때문에 이후 대왕大王은 차도티의 승려들이 노승 silprebha와 pumnasena의 엄중한 감독 하에 둘 것을 명하여 단체 행동이나 근행勤行에 참가하지 않는 승려, 근행에 사복을 입고 참가하는 승려에게는 죄로써 비단 1권卷, 승려의 구타사건에는 경중에 따라 비단 5~15권의 벌을 내리도록 명했다.[22]

카로슈티 문서 No.489 문서의 내용에서는 짚어보아야 할 중요한 몇 가지 문제가 있다. 첫째는 대왕이 위와 같은 조칙을 내렸다는 점이다. 이 문서의 작성 시기는 명확하게 밝혀진 바가 없다. 그러나 '대왕'이 조칙을 내렸다는 점과 카로슈티로 작성되었다는 점, 또한 누란에서 불교가 수용되는 시점 내지는 국교國敎화되는 시대 등을 앞서 언급한 누란 시대구분론에 비추어 전반적으로 고려해 본다면 3세기 전반 이전에 작성되었다는 것은 확실해 보인다.

그러나 필자는 기존의 누란 시대구분론에 대해 반박했던 바와 같이 3세기 이전까지의 누란은 쿠샨제국만의 영향을 받은 것이 아닌, 흉노와 중국의 사이에서 그들의 문화를 받아들일 수밖에 없다는 점을 지적하였다. 그리고 필자의 이러한 주장을 배경으로 한다면, '대왕에 의한 조칙'이라는 것은 쿠샨제국의 불교 교단 운영 내지는 교단의 성격을 반영하기보다는 오히려 정교분리를 기본으로 하면서 황제의 권한이 종교의 영역까지 발휘되던 중국 측의 영향이 더욱 크게 반영된 내용이라는 점을 추정해 볼 수 있다.

---

22 長澤和俊[1972], p.314 재번역.

쿠샨제국을 비롯한 인도의 왕권이 교단에 미치는 영향력은 지극히 한정적이었다고 추정된다. 아쇼카Asoka의 경우 위의 내용과 유사한 행보를 갖기는 하지만, 아쇼카 가족이 출가하고 본인 스스로도 승가에 귀의하면서 '부富의 증여자Paccayadāyaka'에서 '종교의 후원자Sāsanadāyāda'의 자격을 가진 것[23]이라는 엄격한 기준이 있다. 때문에 나가자와 가즈도시가 위의 문서를 소개하면서 이를 통해 초기불교 교단의 생활상을 유추해 볼 수 있다고 지적하는 것은 오히려 아쇼카부터 명백하게 보여주고 있는 왕권과 교단과의 관계성을 간과한 것이라 할 수 있겠다. 따라서 이러한 내용이 중국불교의 성격이 반영되었다고 주장하는 것은 아니나, 적어도 인도보다는 중국의 황제가 갖고 있는 통치권 영역이 좀 더 넓었고 이러한 경향성이 누란에 적용되었을 가능성도 염두에 두어야 한다는 것이다.

둘째는 벌을 내리는 방법이 비단을 헌납하는 것이라는 것이다. 승려 개인이 사유재산을 소유하고 있었다는 점을 유추해 볼 수 있다. 물론 아쇼카 당시에도 상가의 수입이 있었다. 라모뜨는 '아쇼카는 상가에 의약품을 풍부하게 공급하기 위한 조치를 취했다. 상가의 매일 수입은 50만 금金이 넘었다. 그 가운데 10만 금은 니그로다 비구에게 주었고, 10만 금은 불단에 향과 꽃을 공양하는 데 바쳤고, 10만 금은 설법사들에게 지불되었고, 10만 금은 상가에 분배되었고, 나머지 10만 금은 의약품을 사서 대중이 사용할 수 있게 도시의 4대문에 비치하도록 했다.'[24]는 기록들 소개한 바 있다. 아쇼카와 관련된 이와 같은 기록을 통해 당시 승단에도 사유

---

23 에띠엔 라모뜨 지음, 호진 옮김, 『인도불교사』1(서울:시공사, 2006), pp.486~489.
24 에띠엔 라모뜨 지음, 호진 옮김[2006], p.489 재인용.

재산의 개념이 존재했음을 알 수 있다. 그러나 그 재산의 대부분이 장로長老 격인 승려에게, 그리고 설법사들에게 지불되었기 때문에 카로슈티 문서 No.489에 등장하는 근행 불참자, 구타와 같은 사건을 벌일 만한 승려에게 사유재산이 귀속되었다고 보기는 어렵다. 다시 말해서 인도 교단에서와 누란 교단에서 사유재산의 의미는 상당히 거리가 있다는 점을 알 수 있다.

따라서 법현의 기록처럼 '소승' 일색이라고 하더라도 교단의 운영이나 승려들의 생활 방식에 있어서는 인도 불교 교단의 원형을 그대로 수용해 발전시켰다고 보기는 어렵다. 그리고 이러한 현상은 단순하게 중국의 영향으로 인한 결과라고 보는 것도 편협적인 시각일 것이다. 오히려 앞 장에서 서술한 바와 같이 동서문화가 공존하는 공간으로서의 실크로드, 그리고 누란이라는 점을 감안해 본다면 실크로드 불교 특유의 발전 방식이 있었다고 볼 수 있을 것이다. 이러한 관점에서 보면, 중국 북위北魏 시대에 기틀이 잡힌 '국가불교國家佛敎'의 형식이 단순히 중국에서 비롯된 것이 아니라 그러한 제도의 원형을 실크로드에서―범위를 더 좁힌다면 누란에서 명맥하게 행해지고 있는― 찾을 수 있을 것이다.

불교를 비롯한 문화의 전파는 단순히 한 방향을 향하는 시점은 아주 일시적일 뿐이다. 전파 과정에서의 변용, 재전파의 과정을 거치면서 원형이 재구성되는 등 다양한 변모를 보인다. 그리고 그러한 단적인 예가 본 논문에서 본 누란의 역사·문화 속에서 다양함이 융합되고, 그 속에서 불교 교단 및 발전사가 원형을 탈피한 새로운 모습을 보여주는 것이라 생각된다.

Ⅳ. 인문적 요소가 선사한 진정한 의미의 교류

우리는 불교와 불교 전파를 논함에 있어 무의식적으로 인도가 중심이고, 동아시아 혹은 동남아시아는 주변부라고 치부하는 경향이 많다. 물론 원형과 변형의 측면에 있어서, 원형의 중요성은 상징성 측면에서나 변형된 것에 미치는 영향력 등을 고려해 본다면 굳이 말할 필요가 없다. 하지만 주변부라고 치부하는 지역문화, 민족 등의 다양한 요소들이 정치·경제·외교라는 제도화된 카테고리와 만났을 때 하나의 문화를 변화시키고 정착시키는 데에는 원형에 변화를 줄 수 있는 파급력을 지니게 된다. 그럼에도 불구하고 불교 교류 혹은 전파를 논함에 있어 동아시아 또는 동남아시아로의 일방향一方向적인 관점을 적용한다.

인도 중심 태도의 일변도가 계속되는 한, 불교의 다양성, 지역성과 그에 따른 변용의 양상을 절대 이해할 수 없을 것이며 더 나아가 불교사상의 발전을 이해하는데 한계가 있을 수밖에 없을 것이다. 이러한 한계를 극복하고자 실크로드의 고대 국가인 누란의 역사 및 문화에 대한 고찰과 여기서 드러나는 동서문화 공존·융합의 장으로써 누란을 이해해 보았다. 그리고 이를 바탕으로 누란 불교 교단 운영 및 당시 교단의 모습을 살펴보았다. 그 결과 다음과 같은 결론을 내릴 수 있다.

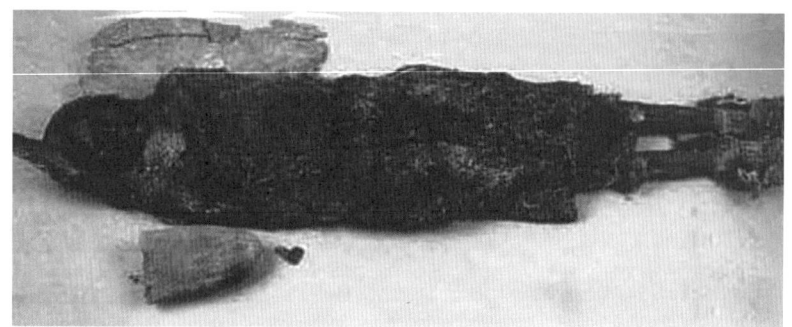
누란미녀의 미라 모습.『絲綢之路 · 新疆古代文化』 2008 사진 활용

첫째, 동서문화가 공존하고 융합하는 것과 같이 누란 불교의 성격도 인도, 주변 서역 제국과의 교류 속에서 굳어져 간다는 점

둘째, 인도 불교 교단의 기본 틀은 수용하지만 정교분리의 틀은 깨지고 오히려 동아시아적 개념이 더욱 강하게 드러나고 있다는 점

셋째, 누란 불교 교단 내에서는 승려 전반에 걸쳐 사유재산이 공식적으로 인정되고 있었으며, 교단 내에서의 문제점 해결보다는 사회적 제도로 안착시키고 있다는 점

넷째, 동아시아 불교의 특징 중 하나라 할 수 있는 국가불교의 개념이 이른 시기부터 실크로드 내에서 이루어졌기 때문에 오히려 실크로드 불교의 특징으로 삼을 수 있다는 점

위와 같은 몇 가지 결론은 부족하나마 지금까지 인지하고 있던 원전에 의한 오해, 불교 교류에 대한 잘못된 인식을 바로잡는데 하나의 단서로 작용할 수 있을 것이다.

•참고문헌

- 『史記』
- 『漢書』
- 法顯, 『高僧法顯』 T51
- 僧祐, 『出三藏記集』 T55

- 고려대학교 한국사연구소 엮음, 『사막남로·투르판 지역의 불교유적』, 서울; 아연출판부, 2013
- 고려대학교 한국사연구소 엮음, 『고승법현전』, 서울;아연출판부, 2013
- 長澤和俊, 『樓蘭王國史の硏究』, 東京;雄山閣出版社, 平成8년
- 임영애, 『서역불교조각사』, 서울;일지사, 1996
- 에띠엔 라모뜨 지음, 호진 옮김, 『인도불교사』1, 서울;시공사, 2006
- 新疆維吾尔自治區文物局 編, 『絲路瑰寶』, 우루무치;新疆人民出版社, 2011
- 한지연, 『서역불교 교류사』, 서울; 해조음, 2011

- 長澤和俊, 「樓蘭王國史硏究序說」上, 『東洋學術硏究』10-4, 1972
- 임영애, 「西域南路 미란米蘭, MIRAN 塑佛像의 硏究」, 『불교미술』No.11, 1992

3장

교류와 융합으로
탄생한 대승불교

- 대승불교의 집단화와 동아시아인의 붓다관
- 전륜성왕 개념의 전이·확장과 대승불교의 발전
- 대승경전이 주목한 본생담

대승불교의 집단화와
동아시아인의 붓다관

Ⅰ. 간다라의 붓다 스토리

Ⅱ. 중국인들이 주목한 전생고사와 간다라의 전승 양상

Ⅲ. 간다라 지역에 대한 붓다와의 직접적 연결고리 만들기

Ⅳ. 붓다 전생고사를 통한 중국에서의 붓다에 대한 이해
   : 전륜성왕=보살 개념을 도입한 불교 확장

Ⅴ. 전파와 수용, 변용의 결과로 나타난 붓다관

Ⅰ. 간다라의 붓다 스토리

붓다의 전생담은 무수히 많다. 그 가운데서도 동아시아인들에게 익숙한 몇 가지의 대표적인 전생고사가 존재한다. 그 익숙함은 자주 회자되기 때문인데, 기록에 자주 등장하거나 불교문화 속에 자연스럽게 녹아들어 직접 접할 수 있었던 것 등을 그 원인으로 들 수 있다. 무려 547여 편에 달하는 전생고사 가운데 시비왕 전생고사, 일월명왕 전생고사, 월광왕두시 전생고사, 마하살타 왕자 전생고사, 수대나 태자 전생고사 등이 대표적인 예라 할 수 있으며 기록과 벽화에서 종종 접할 수 있다.

그런데 이들 붓다 전생고사는 간다라 지역을 무대로 한다는 공통의 특이점을 지니고 있다. 인도 전역에 붓다의 전생고사가 존재했음에도 불구하고 유독 간다라 지역을 무대로 한 전생고사에 집중했던 이유는 무엇일까? 그 이유로 다음의 두 가지 정도의 배경이 작동한 것으로 유추해 볼 수 있을 것이다.

첫 번째는 동아시아로의 불교 전파 경로에 있어 간다라 문화 지역은 사실상 불교 전파의 시발점이기 때문이다. 이 경우 해로海路에 비해 불교 전파 경로가 거의 일정하기 때문에 불교가 전파된 내용·문화 부분 역시 간다라 문화의 영향 속에서 이루어진 것이 대부분을 차지한다. 때문에 동아시아에서 불교를 수용하는데 있어 간다라 불교문화의 영향력이 상당했던 것으로 추정해 볼 수 있다.

두 번째는 간다라 문화 지역이 동서교역로의 중심지이기 때문에 불교 전파의 의도를 가진 출가자 집단뿐만 아니라 교역을 담당했던 상인들에 의한 전달 방식이라는 부분을 생각해 볼 수 있다. 곧 자신들의 생활 터전에 대한 정보 전달 방식에 있어 일반적인 기록물에서 언급하고 있는 특산물, 민족, 거리, 특이점 등에 국한된 것이 아닌 이미 동아시아 세계에 전파된 불교 일반의 보편화된 정보 역시 전달하였을 가능성이 높아 보인다.

다시 말해서 불교 전파 경로와 전파 양상에 있어 간다라 불교문화의 동아시아 유입은 곧 특정한 붓다 전생고사의 유행으로 이어졌을 것이다. 여기서는 이러한 배경이 작동되고 있었다는 가정 하에 구법승들의 유행록遊行錄을 통해 이해한 간다라 지역의 붓다 전생고사에 대한 동아시아인들의 시대별 이해의 방식과 층위를 살펴본다. 그리고 그들이 이해한 표현 방식, 더 나아가 동아시아 내에서 전생고사를 어떤 관점에서 수용하여 특정 양상으로 발전시켜 나아갔는가에 관해 살펴보도록 한다.

간다라 문화권에 소개되고 있는 붓다 고사는 크게 전생고사와 현세의 인연으로 나뉜다. 전생고사가 더 큰 비중을 차지하고 있기는 하나 현세의 인연이 소개되는 양상이 역사적 사실에 근거한 것은 아니기 때문에 이에 대한 이해 방식을 어떻게 해야 할지에 대한 논의도 진행한다. 이와 더불어 전생고사와 현세 인연의 내용을 통해 중국에서 이해하는 붓다관의 전개 양상을 살펴보도록 한다.

여기에는 대승불교로의 전환 과정에서 전생 및 현세의 붓다관이 변화를 겪는 것과 더불어 인도와는 다른 사상체계 및 전래 혹은 수용의 입장에서 찾게 되는 '정통성'을 염두에 둔 당시의 시대 상황이 복잡하게 얽혀 있다. 히라오카 사토시가 "'역사가 만든 붓다'로서의 불전은 진지한 불교도가 '역사를 만든 붓다'에게서 느낀 진실미의 총체인 것이다."라고 밝힌 부분과 맥락이 유사할 것이다. 즉, 불교 전통의 사회에서 변화된 붓다관과 지역 전통의 사회에서 불교를 받아들이는 과정에서 변화된 붓다관의 총체적 변용은 불교의 종교성을 더욱 심화시켰을 것이다.

따라서 이 글에서는 전생·현세의 붓다 관련 스토리가 어떤 방식으로 수용되며, 불교 발전에 따라 어떻게 이해되는지, 불교 발전기의 중국에서는 붓다관이 사회에 어떤 영향을 끼쳤는지에 관해 고찰한다. 다만 불교 사상적 맥락에서 접근하는 것보다는 구법승의 유행록에 근거하여 접근하는 방식을 채택한다. 당시 구법승들의 이해 방식이 시대상 전체를 반영하는 것은 아니겠지만, 적어도 기록상에 보이는 특이점들을 통해 동아시아인들의 보편적인 이해 양상을 짚어보는 것에 목적을 두고자 한다.

---

1 히라오카 사토시[2011], p.109.

II. 중국인들이 주목한 전생고사와 간다라의 전승 양상

간다라의 범주는 지역적·역사적·환경적 측면에서 정의내린 Plates의 견해를 따르면, 아케메네스 왕조 이후 알렉산더의 침략과 쿠샨왕조의 통치를 겪으면서 '간다라'는 환경적 측면에서 카불강Kabul River과 인더스강Indus River을 포함하며 동시에 페샤와르 계곡Peshawar Valley을 끼고 있는 페샤와르 분지와 탁실라 일대를 포함한다.[2] 이러한 범주는 중국의 기록에 의거해 보더라도 크게 차이가 나지 않는다.[3] 즉, 간다라의 지역적 범주는 곧 간다라 문화권으로 동일하게 이해해도 무방할 것 같다. 이와 같은 개념에 근거하여 간다라 문화권에 집중적으로 나타나는 붓다 전생고사의 내용을 살펴보도록 한다. 글의 전개의 편의를 위해 본 장에서는 각 기록에서 볼 수 있는 간다라 지역의 전생고사 내용을 소개한다. 또한 기록에서 표기되는 지역명이 시대적으로 어떻게 변화하며 간다라 권역이 변화하는가를 함께 살펴보도록 한다.

우선 내용 전개의 편의를 위해 각 기록에서 보이고 있는 간다라 지역의

---

[2] Plates[1971], pp.13~16.
[3] 현장의 『大唐西域記』에서는 건타라국과 탁샤실라국으로 나누어 기록하고 있다.(T51, p.884b) 당시의 건타라국은 현재 파키스탄 북서쪽에 위치한 페샤와르(Peshawar)이며, 탁샤실라국은 현재의 탁실라(Taxila) 지역을 말한다. 따라서 협의적 차원에서의 간다라는 현장이 방문했을 당시의 두 개 국가를 둘러싸고 있는 지역의 범주로 정의내릴 수 있을 것이다.

전생고사 내용을 소개하면 다음과 같다.

[간다라 붓다 전생고사 역사 지도 : 현 지명으로 스와트옆은 회색 표시에서 탁실라진한 회색 표시에 이르는 지역에 전생고사가 집중되어 있으며, 스와트에는 a, 탁실라에 b,c,d가 집중되어 있다. 이 지역은 동서 문화교류의 중심에 있는 곳으로 중국불교 초기에 활동했던 전법승들의 대다수가 이 지역 출신이다.]

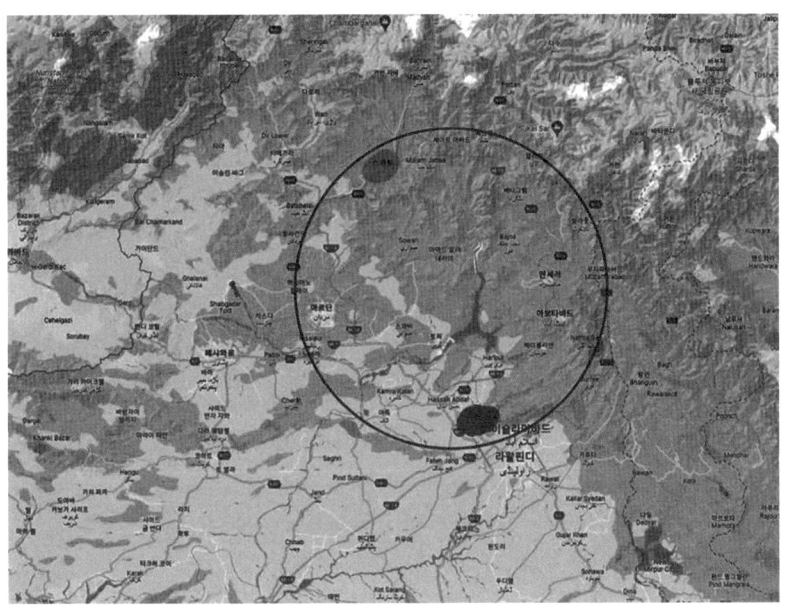

a. 시비왕 전생고사: 현재 부네르 Buner 및 스와트 Swat 지역
                [고승법현전] 숙가다국
                [왕오천축국전] 건타라국
                [대당서역기] 오장나국조 몽게리성
b. 일월명왕 전생고사: 현재 탁실라 지역 [고승법현전] 건타위국

c. 월광왕두시 전생고사: 현재 탁실라 지역 [고승법현전] 축찰시라국
　　　　　　　　　[낙양가람기] 인더스 강 동쪽으로 3일 거리 '여래사두시
　　　　　　　　　인처 如來捨頭施人處
　　　　　　　　　[대당서역기] 달차시라국[4]
d. 마하살타 왕자 전생고사: 현재 탁실라 지역 [고승법현전] 축찰시라국
e. 마갈대어
f. 수대나 須大拏 태자 전생고사: [낙양가람기] 불사복성 간다라 서쪽 11일거리

　a. 시비왕 전생고사의 내용은 붓다 전생에 시비왕으로 태어났을 때의 이야기이다. 비둘기 한 마리가 매에 쫓겨 피해 다니는 모습을 본 시비왕은 그의 겨드랑이 아래 비둘기를 숨겨주었다. 쫓아 온 매는 비둘기를 먹지 않으면 자신도 굶어 죽을 것이라면서 비둘기를 내어주길 청한다. 왕은 비둘기 대신 자신의 살점을 주겠다고 제안하자, 매는 비둘기와 같은 무게의 양을 요구하였다. 이에 시비왕은 자신의 허벅지 살을 잘라주었다. 그러나 그 양이 모자라자 팔의 살, 겨드랑이 살을 떼어주었는데 그래도 모자라 결국 온몸을 주어 비둘기와 매의 생명을 구한다는 이야기이다.[5]

　b. 일월명왕 전생고사의 경우 붓다 전생에 일월명왕이었을 때에 왕의 눈만이 효력이 있다는 맹인을 만나자 곧바로 두 눈을 모두 맹인에게 주었다는 내용이 전개된다. 그리고 이러한 전생고사는 아쇼카왕의 태자인 쿠날라Kunala의 통치 지역이었던 건타위국건타라국, 건타월국 등으로 명기되기도 한다을 배경으로 삼고 있다. 쿠날라 태자 역시 계모의 모략으로 인해 두

---

[4] 현장이 기록한 달차시라는 파키스탄의 라왈핀디 혹은 칼라카세라이(Kalaka Serai)로 보고 있으며 후자의 경우가 가능성이 높다고 보고 있다.(정수일, 『혜초의 왕오천축국전』, 2004, 서울:학고재, p.300 참조)
[5] 시비왕 전생고사는 『육도집경』권1, 『대지도론』권4, 『대장엄론경』, 『찬집백연경』 등에서 볼 수 있다.

돈황 막고굴 275굴의 시비왕 본생담 벽화

눈을 잃게 된 장본인으로, 일월명왕 전생고사의 소재와 동일하다는 특이점이 보인다.

그러나 일월명왕의 경우 '보시布施'의 개념으로 전생고사가 이루어지지만, 쿠날라 태자의 경우는 '업보業報'의 개념으로 이루어져 있다. 쿠날라 태자가 두 눈을 잃게 되는 이유가 전생에 설산에서 눈보라를 피해 500마리의 사슴을 데리고 동굴로 들어간 사냥꾼이었다. 사슴을 한 마리씩 잡아먹으려 했던 그는 다른 사슴을 잡는 광경을 목격하면 도망갈 것을 우려해 500마리 사슴의 눈을 모두 도려내었다. 때문에 500번을 태어날 때마다 두 눈을 잃었던 것으로 묘사되고 있다.[6]

---

[6] 『阿育王傳』권3(T50, p.110a) "拘那羅者有何因緣今被挑目. 尊者答言, 善聽當為汝說. 昔者波羅奈國有一獵師, 夏住人間冬入山獵, 將向雪山值天雹雨, 有五百鹿共入一窟. 作是念言若殺者肉則臭爛, 挑其眼出日食一鹿, 即便挑取五百鹿眼, 以是業緣今被挑眼. 爾時獵師拘那羅是, 從爾已來五百

따라서 동일 소재이지만 붓다 전생과 쿠날라의 상황은 다른 개념으로 접근되고 있는 것이다. 단, 쿠날라가 이러한 업보를 받음에도 좋은 집안에 태어난 이유에 대해서는 그 조상이 칠보탑을 조성했고, 그 공덕으로 인한 것임을 강조하고 있어[7] 각기 보시와 공덕에 대한 이야기가 전개되고 있음을 볼 수 있다.

c. **월광왕두시 전생고사**의 내용은 붓다의 전생 가운데 전타바라비라는 나라의 국왕인 월광왕으로 태어났을 때 행했던 보시와 관련된 내용이다. 월광왕이 백성을 자비롭게 다스린다는 이야기를 들은 주변의 작은 국가 국왕이었던 비마사나가 월광왕의 머리를 잘라 오는 이에게 공주와의 결혼을 허락한다는 명을 내리게 된다.

이에 노도차가 나서 월광왕의 머리를 요구하는데 월광왕은 이에 7일의 말미를 얻고 가족 및 대신이 없는 장소에서 나무에 매달아 노도차의 칼에 머리가 베인다. 이 과정에서 나무의 신이 노도차의 행위를 막기도 하지만 나무에 머리를 보시한 행위가 이번으로 천 번에 달하며 보시가 완성되므로 막지 말아 달라는 월광왕의 부탁으로 결국 노도차의 손에 목이 잘리게 된다.[8]

身中常被挑眼".

[7] 『阿育王傳』권3(T50, p.110a) "又問言曰復以何緣生於王家, 形貌端正得見諦道. 答言昔者人壽四萬歲時, 有佛名迦羅迦孫大. 化緣已訖入無餘涅槃. 爾時有王名曰端嚴, 為佛起石塔七寶莊嚴壁方四十里. 端嚴王已死後更有一王名曰不信, 偷取塔寶唯留土木. 眾多人民於此寶所弟泣興感. 有長者子問眾人何以涕泣. 答言迦羅迦孫大佛塔七寶所成今為人壞盡. 取其七寶唯土木在是以涕泣. 時長者子還以七寶修治此塔莊嚴如故. 又造大像與迦羅迦孫大佛身齊等. 因發正願便我未來如此佛得勝解脫清淨妙果, 以其爾時造寶塔故, 今生尊貴豪族之家. 由其往昔作佛像故今得端正, 以其往時發正願故今獲道果".

[8] 『賢愚經』권6「月光王頭施品」30(T4, p.387b) 내용 요약.

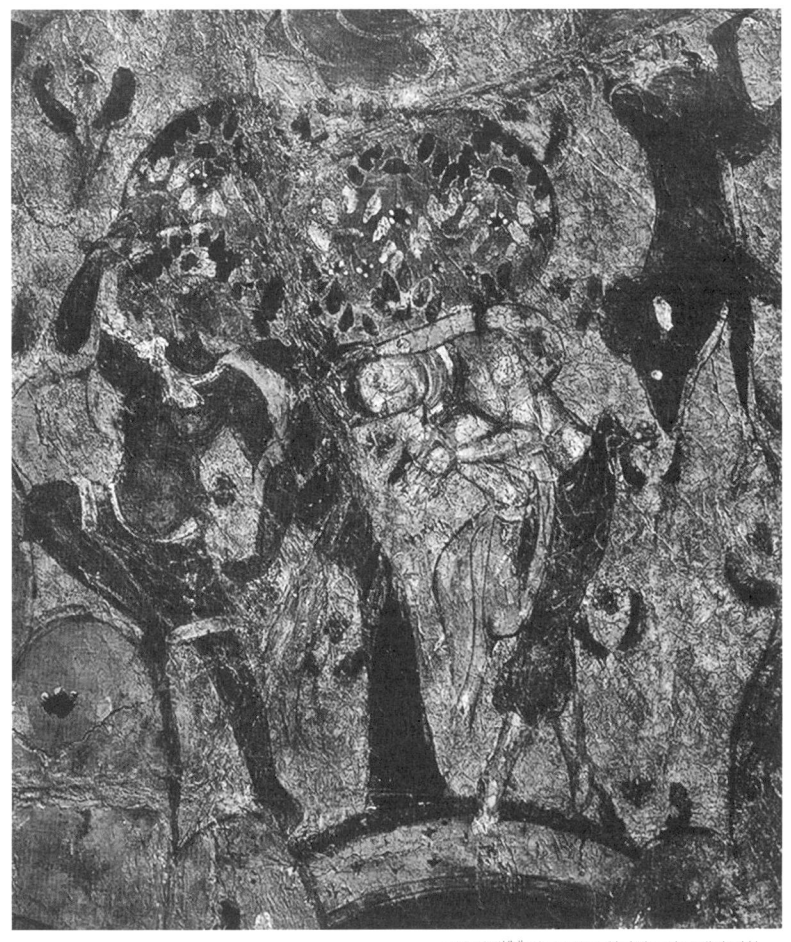

쿠차 키질Kizil 석굴 178굴 월광왕두시 본생담 벽화

『보살본연경菩薩本緣經』「월광왕품月光王品」에 이와 유사한 전생고사가 보인다. 가시국迦尸國의 월광왕이 궁전의 모든 물건까지 백성들에게 보시하는 등 자비로운 통치로 모든 백성이 선인仙人에 가까운 생활을 했다. 그러자 설산에서 바라문 행세를 하던 이가 월광왕을 질투하여 시험하고자

그의 머리를 보시하길 청하기에 이른다. 주변의 대신들은 이를 만류하지만 월광왕은 그의 안전을 위해 단둘이 산으로 들어가 나무에 매달려 목을 내어준다. 그러나 천신이 도와 바라문의 눈에는 월광왕의 머리를 자른 것으로 보이게 하고, 실제로는 월광왕이 무사하다는 내용이 전개된다.[9]

물론 번역에 있어 다르게 각색될 수 있으나 내용의 결과가 완전히 다르다는 점, 그 결과에 대해 월광왕 스스로의 선택 유무有無, 월광왕이 다스리던 국가의 이름이 다르게 전개되고 있어 두 이야기가 동일하다고만 볼 수 없을 것 같다. 그러나 목숨까지 보시한다는 붓다 전생의 보살행은 동일하다고 할 수 있을 것이다.

d. 마하살타 왕자 전생고사에서는 전생의 붓다였던 마하살타 왕자가 굶주려 죽어가는 어미 호랑이와 새끼 호랑이를 발견하고 사신捨身을 결심하고 두 왕자에게 돌아갈 것을 권유한다. 형들이 돌아가자 다시 호랑이들이 있는 곳으로 와 옷을 벗고 호랑이에게 몸을 던져 먹게 했지만, 기력이 쇠한 호랑이가 마하살타를 먹지 못했다. 이에 왕자는 마른 대나무 가지로 목을 찔러 피를 내고, 절벽에서 떨어져 호랑이 앞에 몸을 던졌다. 호랑이는 왕자의 피부터 먹으며 기력을 찾아가며 결국 왕자의 살점을 모두 먹고 살아났다.

동생이 돌아오지 않자 산으로 다시 간 두 형이 호랑이가 있던 곳으로 가보니 이미 동생의 몸은 호랑이에게 다 먹히어 유골만 남아있었다. 이에 두 형은 슬퍼하며 동생의 유골을 수습하여 사리탑을 세우고 난 후, 성으로

---

9 『菩薩本緣經』권2 「月光王品」(T3, pp.62c~64c).

▲쿠차 쿠무툴라 석굴 63굴 마하살타 본생담 벽화

◀쿠차 키질Kizil 석굴 38굴 마하살타 본생담 벽화

돌아와 부모에게 마하살타의 죽음을 전했다는 내용을 담고 있다.[10]

　　e. 마갈대어 전생고사는 붓다가 전생에 발미왕跋彌王이었을 때 전염병으로 고생하는 백성들이 물고기 살을 먹어야 낫는다는 이야기에 자신이 물고기가 되기를 기원하고 큰 물고기가 되어 자신의 살을 먹여 낫게 했다는 내용이다.[11]

10　마하살타 본생담은 『육도집경』권1, 『금광명경(金光明經)』권4, 『현우경(賢愚經)』권1 등에서 볼 수 있다.
11　『菩薩本行經』권3(T3, p.119a~b).

3-1. 대승불교의 집단화와 동아시아인의 붓다관　**177**

f. 수대나 태자 전생고사는 보시를 좋아하는 태자 수대나가 나라의 보물인 흰 코끼리 수단연을 적국에 보내고, 그 벌로 아내·아들·딸과 함께 추방당하는 내용으로 시작된다. 태자의 성품을 알았던 바라문 구류손이 아들과 딸을 요구하자 태자는 자식을 모두 내어주었다.

돈황 막고굴 428굴 수대나태자 본생담 벽화

이를 본 제석천은 태자를 시험하기 위해 아내를 요구하였고, 태자는 이 요구 역시 들어주었다. 제석천은 감동하여 다시 자식들을 구류손으로부터 찾아 태자 가족을 본국으로 돌려보냈다. 그리고 태자의 아버지는 정반왕, 태자는 붓다, 태자의 아내는 야소다라라고 밝히고 있다.[12]

구법승의 유행록에 등장하는 붓다 전생고사의 구체적인 내용과 각 유행록에서 보이고 있는 지명의 차이점을 정리하였다. 또한 일부 전생고사의 내용이 다른 전생고사와 내용 전개상 유사한 양상을 띠는 점 그리고 붓다 전생과 역사상 현존 인물이 겪는 사건의 의미와 비교해 보았다.

---

12 『六度集經』의 내용 정리.

Ⅲ. 간다라 지역에 대한 붓다와의 직접적 연결고리 만들기

간다라 문화권에서는 이상에서 살펴본 바와 같이 붓다 전생고사의 내용만 존재하는 것이 아니라 현세의 붓다와 직접적으로 관련된 내용도 찾아볼 수 있다. 앞서 살펴보았던 붓다 전생고사는 '보시'에 집중된 관련 기사라는 점이 두드러진다. 그렇다면 간다라 문화권에 보이는 현세의 붓다와 관련된 내용으로는 어떤 종류가 있으며, 시사점이 무엇인지에 관해 알아보도록 한다.

가. 불족적佛足迹 기사: 붓다가 북천축에 오셨을 때 오장국에 발자국을 남겼는데, 어떤 이는 길다고 하고 어떤 이는 짧다고 하여 이는 사람의 마음에 달려있다고 기록하고 있다.[13]

간다라 지역 불족적

나. 쇄의석曬衣石 기사: 처음 여래께서 오장국에서 설법과 교화를 하실 적에 용왕이 진노하여 큰 비바람을 일으켰다. 부처님의 승가리는 겉과

---

13 『高僧法顯傳』(T51, p.858a) "佛遺足跡於此".

속이 온통 젖었는데, 비가 그치자 부처님은 바위 아래 동쪽을 향해 앉아 가사를 말렸다. 세월이 이미 오래 흘렀으나 그 뚜렷한 흔적은 마치 금방 있었던 것과 같아 곧게 뻗은 바느질 꿰맨 자리가 명확히 보일 뿐만 아니라 심지어 가느다란 바느질 선까지 역시 뚜렷했다. 언뜻 보면 뚜렷하지 않은 듯하지만, 가령 손톱으로 긁어보면 그 무늬가 더욱 밝게 드러난다. 부처님께서 앉아 계셨던 곳과 옷을 말렸던 곳에 모두 탑기塔記가 있다.[14]

다. 용을 제도한 기사: 말전제가 계빈 간다라국에서 자연재해 등으로 나라를 어지럽히고 있는 용왕을 신통력으로 제도하고 그 권속을 모두 불도로 이끌었다는 내용을 담고 있다.[15]

가항의 불족적 내용과 나항의 쇄의석 내용은 모두 『고승법현전』의 오장국조에서 소개하고 있다.[16] 내용 전개에 비추어보면, 가항목와 나항목 모두 붓다가 간다라 지역에 직접 방문했고 이 지역에 신통력을 발휘했다는 것을 확인할 수 있다. 물론 역사적인 붓다의 행적과 무관한 기사이다.

---

14 『洛陽伽藍記』권5(T51, p.1020a) "初如來在烏場國行化, 龍王瞋怒興大風雨, 佛僧迦梨表裏通濕, 雨止佛在石下東面而坐晒袈裟, 年歲雖久歘欻若新, 非直條縫明見至於細縷亦新, 乍往觀之, 如未徹, 假令刮削其文轉明, 佛坐處及晒衣所並有塔記".
15 『善見律毘婆沙』권2 「阿育王品」3(T24, p.685a) "爾時, 罽賓國中有龍王, 名阿羅婆樓, 國中種禾稻, 始欲結秀, 而龍王注大洪雨, 禾稻沒死流入海中. 爾時大德末闡提比丘等五人, 從波吒利弗國飛騰虛空, 至雪山邊阿羅婆樓池中下, 即於水上行住坐臥. 龍王眷屬童子入白龍王言, 不知何人身著赤衣居在水上, 侵犯我等. 龍王聞已即大瞋恚, 從宮中出, 見大德末闡提. 龍王忿心轉更增盛, 於虛空中作諸神力 種種非一. 令末闡提是比丘恐怖, 復作暴風疾雨, 雷電霹靂, 山巖崩倒樹木摧折, 猶如虛空崩敗. 龍王眷屬童子, 復集一切諸龍童子, 身出烟燄, 起大猛火, 雨大礫石, 欲令大德末闡提恐怖. 既不恐怖, 而便罵言 禿頭人, 君為是誰, 身著赤衣, 如是罵詈. 大德顏色不異, 龍王復更作是罵言, 捉取打殺. 語已更喚兵眾. 現種種神變, 猶不能伏".
16 『高僧法顯傳』1(T51, p.858a) "其烏長國是正北天竺也……及曬衣石".

돈황 막고굴 323굴 쇄의석 벽화

그럼에도 이와 같은 기록을 남길 수 있었던 데는 어떤 배경이 작용했을까. 앞서 소개한 쇄의석 기사의 내용과 더불어 『불본행집경佛本行集經』의 다음과 같은 내용을 함께 고려해 보면 그 배경에 접근해 볼 수 있을 듯하다.

> 제석천왕은 여래를 위하여 숲에서 멀지 않은 곳에 강 하나를 만들어 내었다. 그 물은 청정하여 더럽거나 흐리지 않았다. 다시 제석천왕은 그 강기슭에 큰 돌 세 개를 만들었으니, 그 첫째 돌은 세존의 자리로 만든 것이요, 그 둘째 돌은 분소의를 씻게 하되 제석천왕이 손수 물을 대며, 그 셋째 돌은 옷을 씻은 뒤 널어

말리기 위한 것이었다. 그때 옷을 말리던 돌은 부처님 위신력으로 공중을 날아서 북천축으로 갔으니, 저 제리부사 상단주商團主들에게 탑을 세워 공양하게 하려는 까닭이었다.[17]

『불본행집경』의 내용에 의거해 보면, 『낙양가람기』에서 등장하는 쇄의석의 원류가 제석천왕이 여래를 위해 만든 돌 가운데 세 번째 돌일 수도 있다는 연결고리가 있다. 그런데 『불본행집경』의 번역이 수隋 개황 7년587부터 사나굴다에 의해 이루어지고 있어 경전의 편집 시점에 유의할 필요가 있다.

즉, 『낙양가람기』가 『불본행집경』보다 시기가 앞서기 때문에 『불본행집경』의 내용을 참고할 수는 없다. 『불본행집경』이 마하승기摩訶僧祇, 설일체유부說一切有部 계통의 불전을 집대성한 것임을 감안해 본다면 『낙양가람기』의 내용은 이에 해당되는 불전을 확인했거나 혹은 오장국에서 직접 전해 들은 이야기일 가능성이 농후하다.

그런데 동일 소재가 시대적으로 차이가 나는 문헌에서 각기 다른 관점으로 해석되는 이유는 무엇일까? 첫 번째 『낙양가람기』의 관점은 역사적 배경이 작동하지 않고 불족적 내용과 쇄의석 내용 모두 붓다가 직접 북천축을 방문한 것을 주요 요지로 삼고 있다. 그러나 붓다의 역사적 행보를 감안했을 때, 『낙양가람기』는 역사적으로 존재하기 힘든 내용을 서

---

17 『佛本行集經』권32 「梵天勸請品」36(T3, p.804a) "爾時, 世尊發如是心, 我今將此糞掃之衣, 何處而洗 發是心已. 帝釋天王為如來故, 去林不遠化出一河. 其水清淨, 無有穢濁. 帝釋天王, 於河岸邊, 更復化作三片大石, 其第一石, 擬世尊坐, 其第二石, 洗糞掃衣, 帝釋天王手自澆水, 其第三石, 洗衣訖已, 擬曝使乾. 時曬衣石, 以佛威神, 從虛空飛往到北天竺, 為彼帝梨富娑商主等作於塔, 為供養故", 한글대장경 『불본행집경』 참조.

술하고 있다.

물론 『낙양가람기』가 편찬된 시기에 불교에 대한 모든 정보 및 경전의 소개가 완료된 것은 아니다. 하지만 특히 서진西晋 시대를 거치면서 대량의 불교경전이 소개되었으며, 붓다 전기와 관련된-전생담에 집중한- 우화의 경우 오吳 시대를 거치면서 이미 많은 정보가 유입되어 있는 상태라 할 수 있다.[18]

그럼에도 불구하고 붓다의 역사적 행보와 관계없는 신화적 내용이 소개되고 있다. 이는 중국의 사신使臣 활동 영역이 인도 내륙보다는 간다라 지역에 집중되고 있었다는 점에 주목할 필요가 있다. 뿐만 아니라 승전僧傳 및 목록目錄류의 사서에 입각해 보면 전파 초기, 전법승의 출신지역이 중인도보다 오히려 간다라를 중심에 둔 서북인도 출신이 다수를 차지하고 있다. 곧 당시까지 간다라 유역을 통해 전해 받은 불교 및 불교문화가 80% 이상을 차지하고 있다는 점에 유의할 필요가 있을 것 같다.

다시 말해서 중국으로 전파된 불교의 정통성이라는 측면에서 보면 역사적 붓다의 행보가 없었던 것보다는, 붓다의 방문처 내지는 활동처로서의 간다라가 갖는 의미가 훨씬 유의미하다. 따라서 붓다로부터 직접적

---

18 이와 관련해 한지연[2021]은 다음의 표와 같이 정리하고 있다.

경전명	번역시기	번역자	대장경 수록처
육도집경(六度集經) 8권	오(吳)	강승회(康僧會)	T3, p.1~
보살본연경(菩薩本緣經) 3권	오(吳)	지겸(志謙)	T3, p.52~
찬집백연경(撰集百緣經) 10권	오(吳)	지겸(志謙)	T4, p.203~
생경(生經) 5권	서진(西晋)	축법호(竺法護)	T3, p.70~
보살본행경(菩薩本行經) 3권	동진(東晋) 기록	실(失) 역인명	T3, p.108~
출요경(出曜經) 30권	요진(姚秦)	축불념(竺佛念)	T3, p.609~
보살본생발론(菩薩本生髮論)	송조(宋朝) 기록		T3, p.332~

영향을 받은 지역으로부터 불교가 전파되었다는, 중국 내 불교 교단의 정통성 확보의 의지로 해석할 수 있겠다.

이 부분에 있어서 중국 측의 입장뿐만 아니라 당시 간다라 내부에서 붓다의 역사적 행보와 관련하여 어떤 흐름이 있었는가 살펴볼 필요가 있다. 그레고리 쇼펜은 "붓다가 실제로 방문했던 곳과 불사리를 봉안하고 있는 곳 등 두 종류의 불교 성지에서 중심 구조물중심 스투파이 붓다의 실제적 존재를 담고 있으며 그 존재를 인식할 수 있는 것임을 의미한다."[19]고 지적한다. 쇼펜은 길기트 출토『근본설일체유부율』의 내용을 토대로 과거불과 현재의 살아있는 붓다가 대등한 존재로서 완전히 동등한 공덕을 쌓을 기회를 제공하는 것이라 주장한다. 더 나아가『대반열반경』에서는 붓다의 신체가 접촉한 적이 있는 지리적으로 한정된 곳만을 언급하지만, 고고학적으로 본다면 '성자 곁의 매장'의 패턴이 나타나면서 '생명을 갖춘 석가모니 세존의 유골'의 명문이 적힌 싱코트에서 출토된 유골 상자 덮개의 내용을 소개한다.[20]

『근본설일체유부율』이 부파교단에서 활용되었다는 점과 더불어 간다라 유역의 일부인 길기트에서 발견된 문헌이라는 점은 간다라 지역에 과거불과 역사적 존재로서의 붓다를 동일시하는 관념이 존재했음을 알려준다. 또한 기존의 불교 교단에서는 역사적 존재의 붓다 행보에만 초점을 맞췄지만 붓다 부재不在의 시간이 길어지면서 차츰 붓다의 실제적 존재를 확장하는 양상을 보여준다.

---

19   그레고리 쇼펜[2015], p.37 재인용.
20   그레고리 쇼펜[2015].

이와 같이 간다라 내부에서도 붓다관이 변화하는 양상을 보이고, 동시에 중국인에게 필요한 자국自國 불교의 정통성 확보의 움직임이 함께 존재했던 시대를 거치면서 여기에 또 다른 붓다관이 덧붙여지게 된다. 이후 중국에는 많은 불교경전이 확보되고 각 종파의 교상판석教相判釋이 완비되는 상황이 되면 이와 같은 정통성 확보의 시각이 달라진다. 오히려 붓다의 신격화되는 양상이 더 활발하게 전개된 것은 아닌지 고려해야 할 것이다. 이와 관련해 잠시 강형철의 주장을 살펴보도록 한다. 강형철은 '불영'과 관련하여 용·나찰녀·고팔라의 등장 여부를 많은 문헌들에서 첨삭되는 내용을 비교·분석하였다. 특히 관련 문헌 가운데 나찰녀와의 연관성은 『관불삼매해경觀佛三昧海經』에서만 드러나며, 다시 용·고팔라·불영의 관계는 대부분 2개 항목만 공통적으로 등장하는 점을 분석하였다. 그의 연구성과 가운데 주목할 점은 『대당서역기』에서 만큼은 용·고팔라·불영이 모두 언급되고 있다는 것이다.[21]

강형철의 이와 같은 연구 성과는 여기에서 주장하고자 하는 붓다의 신격화 양상과 연관성이 있다고 생각된다. 물론 '불영'의 원천 자료가 정확히 어떤 것이라고 단정지을 수는 없지만, 적어도 『대당서역기』가 원천 자료가 될 수 없음은 분명하다. 그러한 『대당서역기』에 앞서 찬술된 많은 전적보다 스토리 구조상 더 많은 요소들이 첨가되었다는 것은 붓다의 신통력을 극대화시켰다고 볼 수 있다. 다시 말해서 신화적 요소들이 주요 소재로 덧붙여진 것이다. 따라서 불교를 수용했던 중국에서는 시대와 불교의 발전 양상에 따라 적어도 '인격체로서의 붓다관'에 더해서

---

21 강형철[2022], pp.278~286.

'신격화된 붓다관'이 등장했음을 짐작해 볼 수 있다.

VI. 붓다 전생고사를 통한 중국에서의 붓다에 대한 이해: 전륜성왕 = 보살 개념을 도입한 불교 확장

앞서 불교를 받아들인 중국 내에서 시대에 따라 붓다관에 차이가 있다는 점을 밝혔다. 그렇다면 인격에 초점을 둔 붓다관에서 신격화된 붓다관으로 변화될 때는 분명 어떤 계기 혹은 배경이 작동했을 것이다. 따라서 이 장에서는 그 배경으로 작용했을 것으로 추정되는 내용들을 살펴본다. 이를 위해 우선 『낙양가람기』가 작성되기까지 혜생이 단독으로 구법행을 했는가 혹은 외부의 요청에 의해 이루어졌는가를 살펴보도록 한다.

『낙양가람기』 편찬 배경에는 불교 경전을 입수하고자 했던 북위 황실의 직접적 개입이 존재한다. 이에 대한 근거는 『낙양가람기』에 "신구 원년 11월 겨울, 호태후가 숭립사崇立寺 비구 혜생으로 하여금 서역에 가서 불경을 구해오도록 하여 모두 170부를 가져왔는데 모두가 대승경전이었다."[22]라는 구절에서 유추해 볼 수 있다. 이 기록은 혜생이 구법求法을 하게 된 배경과 결과를 보여주는데, 그 배경에 호태후가 불경을 구해오도

---

22 양현지, 『洛陽伽藍記』卷5(T51, p.1018b) "神龜元年十一月冬, 太后遣崇立寺比丘惠生, 向西域取經凡得一百七十部, 皆是大乘妙典".

록 혜생에게 명을 내린 사실이 분명하게 드러난다.

그리고 다음의 기록은 단순히 불경을 구해오는 것에 그치지 않고, 그 이상으로 불교에 대한 대단히 적극적인 행보를 걸었다는 점을 보여주고 있다.

> 혜생이 처음 서울을 출발하던 날, 황태후는 칙령을 내려 그에게 오색의 백 척짜리 번당 천 개를 주었으며, 아울러 비단 향주머니 5백 매를 주었다. 여러 왕들과 공경, 사士들도 그에게 번당 2천 개를 주었었다.
> 혜생은 우전에서 간다라로 오는 동안 불교 유적이 있는 곳을 거칠 때마다 그 번당을 유포하여 이곳에 이르렀을 때는 거의 다 소비하고, 오직 태후가 주신 백 척 번당 하나만 남아 있었는데 이를 시비왕 탑에 바칠 참이었다.[23]

위 기사에 따르면 첫 번째, 호태후는 백 척짜리 번당 천개를 주었다. 혜생은 호태후의 행동을 따라 왕, 공경, 사士들이 보시한 2천 개의 번당도 받는다. 즉 30m에 달하는 번당을 3천 개를 받았다는 것은 이를 싣고 이동할 대규모 인력 동원이 있었다는 것을 말해준다.

---

23 양현지, 『洛陽伽藍記』卷5(T51, p.1021c) "惠生初發京師之日, 皇太后勅付五色百尺幡千口錦香袋五百枚. 王公卿士幡二千口. 惠生從于闐至乾陀, 所有佛事悉皆流布, 至此頓盡, 惟留太后百尺幡一口擬奉尸毘王塔". 선행 연구자들이 『낙양가람기』를 연구·언급한 바는 많았으나, 이 대목에 주목한 사례는 없다. 그러나 호태후를 비롯한 지배계층이 이와 같이 혜생의 구법행에 직접 개입을 하고 더 나아가 국가적 지원이 있었다는 점은 북위 불교를 연구하는데 또 다른 시각을 제안할 수 있을 것이라고 생각된다.

여기서 고려해봐야 할 문제는 인력 동원뿐만 아니라 이동 수단 및 인력에 대한 숙식 등에 대한 경제적 지원이 있었다는 점이다. 또한 황실에서 주도적으로 지원하였기 때문에 왕을 비롯한 이하 지배계층이 지원에 동참했다는 점은, 당시 북위 내의 불교발전에 있어 지배계층의 적극적인 노력이 있었음을 미루어 짐작해 볼 수 있다.

두 번째, 혜생은 비단 향주머니를 받는다. 비단으로 만들어진 향주머니를 받은 것인데, 당시 비단은 금과 동일 질량으로 취급할 정도로 고가의 물건이다. 게다가 북위 황실은 한족의 전통적인 황실이 아니기 때문에 비단을 직조했다고 하더라도 남조의 여타 황실보다 고가의 물품으로 여겨졌을 것이다. 그럼에도 향주머니를 제작해 혜생에게 주었다는 것은 실크로드를 거쳐 간다라까지 조금도 소홀함이 없는 여정이 될 수 있도록 적극적인 지원을 했다는 것으로 추정할 수 있다.

다시 말해서 번당을 세울 수 있는 여건을 조성하기 위해 국가 대 국가 간의 '공물貢物'의 개념으로 접근할 수 있을 만한 것이었다고 볼 수 있다는 것이다. 그리고 필자가 이와 같이 추정하는 까닭은 송운宋雲이 간다라 국왕을 만나는 장면에서 비롯된다. 해당 기사를 살펴보면 다음과 같다.

송운이 그 군영을 찾아가 그에게 조서詔書를 전하자, 왕은 거만하며 무례하여 앉은 채 조서를 받았다. …… '그대는 여러 나라를 거쳐 왔고 험한 길을 경과하여 왔는데 노고롭지 않은가?' 송운이 대답하길 '우리 황제께서는 대승의 깊은 맛을 들여 멀리 이렇게 경전을 구해오도록 하였소. 도로가 비록 험하다 하나

감히 피곤하다 말할 수 없소.'[24]

위의 기록에는 송운의 천축행에 북위 황제를 비롯한 조정의 도움이 컸음을 보여준다. 호태후가 번당과 비단 향주머니를 보시한 것 이외에도 구법길에 방문하는 국가를 상대로 보호조치를 취한 것이다. 또한 기록 내용 가운데 '도로가 비록 험하다 하나' 경전을 구하는 것에 걸림돌이 될 수는 없다는 내용이 보인다. 이는 호태후의 보시행과 더불어 윤보輪寶를 굴리는 전륜성왕의 행보를 나타내는 것으로 해석된다.

세 번째, 간다라에 이르기까지 혜생은 3천 개의 번당을 모두 소진했다. 불교 유적이 있는 곳에는 모두 번당을 세웠기 때문인데 당시 간다라까지의 여정에 그만큼 불교 유적이 많았다는 점을 알 수 있다. 이와 더불어 중국식 번당을 세움으로써 불교에 대한 예를 갖춤과 동시에 '불교적 영토 확장'과 같은 개념을 도입한 것은 아닌지 고민해 보아야 할 문제라고 생각된다.

마지막에 필자가 제시한 '불교적 영토 확장'의 개념은 앞의 두 가지 문제와 연동되어 있다. 앞서 살펴보았듯이 중국 내에 전생의 붓다에 대한 소개가 이루어지는 과정을 거쳤다. 특히 붓다의 보시 개념이 부각되어 있었는데, 황실의 혜생에 대한—더 나아가 불교 교단의 확장에 대한— 전폭적인 지원과 더불어 굳이 많은 인력이 투입되어야만 하는 번당을 수천 개씩이나 지원했다는 점은 왕이 붓다와 동일한 '보시행'을 행하고 있음을

---

24 양현지, 『洛陽伽藍記』卷5(T51, p.1020c) "宋雲詣軍通詔書, 王ㅈ倨慢無禮, 坐受詔書, 宋雲見其遠夷不可制, 任其倨傲莫能責之. 王遣傳事謂宋雲曰, 卿步諸國, 經過險路, 卿步諸國經過險路, 得無勞苦也. 宋雲答曰, 我皇帝深味大乘遠求經典, 道路雖嶮, 未敢言疲."

강조한 것으로 볼 수 있다. 그리고 동시에 윤보를 굴리는 전륜성왕의 상징성을 전형적으로 표현하고 있다.

이는 곧 중국 남조에서 양 무제가 영토 내에서 전륜성왕의 길을 걸었던 것에 비해 북위의 호태후는 제한된 제국의 경계 너머에 있는 주변국에 대해서도 불국토를 선언하는 길을 걸었던 것으로 해석할 수 있다. 더욱이 남쪽에서 전륜성왕임을 자처한 양무제464~549년의 활동과 호태후의 혜생 일행에 대한 지원이 518년임을 감안해 본다면 거의 동시대에 이루어졌다는 것을 알 수 있다.

다시 말해서 6세기 초반은, 남조와 북조 모두 전륜성왕에 대한 관심이 실천-정치 사회적 혹은 문화적 적용이라는-으로 바뀌는 시기임을 주지해야 할 것이다.

우리는 역사적으로 전륜성왕의 반열에 준하는 인물을 거론할 때 중국 내에서는 양 무제의 시대를 넘어 바로 수·당나라 시대로 이어간다. 이때 간과된 부분이 북위 시대이다. 이는 아마도 불교사적 관점에서 북위 시대에 전무후무한 폐불廢佛의 첫 번째 사건이 일어난 것과 그로 인해 진행된 '국가불교'의 시작점으로 인지하기 때문일 것이다.[25]

그러나 주지하다시피 호태후의 영토를 뛰어넘는 불교 교단에 대한 후원 역시 양 무제와 동일 개념으로 평가되어야 할 것이다. 물론 호태후 섭정의 여러 폐단 및 사서에 기록된 호태후의 문란한 사생활이 문제 될 수

---

25 기존 연구에서는 북위의 전륜성왕 이념을 거론하지 않는다. 이는 편중된 시각으로 인한 '기록살피기'의 편향성이 가져온 결과라고 생각된다. 본문에서 언급한 것과 같이 중국 최초의 폐불이 존재했던 왕조이면서 곧바로 이어진 불사(佛事)-운강석굴 조성-와 관련된 기록을 통해 국가와 불교 교단의 관계를 극단적으로 해석했던 것 같다. 때문에 각주21, 22의 내용이 그다지 유의미한 내용으로 보지 않았던 것이다.

는 있겠지만, 이러한 문제점으로 인해 불교사에 있어-적어도 붓다관이 변화되는 양상에 있어- 중요한 전환점을 맞이하는 부분을 간과해서는 안될 것이다.

이와 같이 구조적으로 붓다를 신격화할 수밖에 없는 상황 속에서 불교 교단의 움직임 역시 이와 발걸음을 함께한 것 같다. 히라오카 사토시는 붓다의 생애에 관한 스토리 구성이 '역사가 만든 붓다'라고 한다면 대승불교 시대에 접어들면서 생명이 '유한한 붓다' 속에서 '영원한 붓다'를 발견하려는 시도 곧 유한한 붓다에게 영원한 생명을 불어넣으려는 시도가 존재했다고 주장한다.[26] 이러한 관점에서 본다면 대승경전에서 제안된 붓다관은 대승불교가 동아시아에서 급격히 성장하는 동안 직간접적 영향을 끼쳤을 것이다.

다시 말해서 대승불교 교리 상의 변화와 중국 내에서의 붓다관에 대한 변화 양상이 서로 영향을 미치고 있는 것이다. 『낙양가람기』의 다음과 같은 기록에 주목할 만하다.

"혜생은 노자의 일부를 덜어 뛰어난 재능을 가진 공인을 선택하여 작리부도 형상 1구를 모사하고, 석가모니의 사탑변을 동銅으로 제작하였다."[27]

물론 이 부분에 관해서는 중국 사회에 발맞추는 방향성-국가불교와

---

[26] 히라오카 사토시[2015], p.119.
[27] 양현지, 『洛陽伽藍記』卷5(151, p.1021c) "惠生遂減割行資, 妙簡良匠, 以銅摹寫雀離浮屠儀一軀及釋迦四塔變".

같은-, 대승불교 교리에 대한 다양한 해석 등으로 초점이 맞추어져 왔다. 그러나 단순하게 '국가불교'라는 차원에서만 접근할 수 있는 문제일까? 호태후보다 앞선 시대에 운강석굴을 조성하는 과정에서 나타난 현상과 같이 국가불교적 차원의 접근이라는 해석도 가능하겠지만, 앞서 제시한 대승불교와 함께 제시된 '영원한 붓다'의 체계를 완성하는 과정이 중국의 불교 교단에서도 동시에 이루어졌을 가능성도 배제할 수 없을 것이다.

V. 전파와 수용, 변용의 결과로 나타난 붓다관

붓다관은 시대와 지역에 따라 발전한다. 본문을 통해 살펴본 바와 같이 붓다 전생고사의 '보시'에 대한 집중적인 강조는 곧 대승불교 흥기와 발전 과정에서 6바라밀 가운데 가장 핵심적 내용으로 발전한다. 즉, 붓다가 되기 위한 과정에 반드시 필요한 것이 보시라는 점을 강조하는 것이다. 이 시점의 붓다는 수많은 전생의 수행을 통해 완성된 붓다이면서 동시에 현세의 완성된 붓다를 현실화된 붓다로 보는 시각이 존재했다.

잔 나티에J. Nattier는 "초기 대승의 보살이 엄격한 수행을 스스로 행하는 고행자로서의 이념을 이타보다 우선시하여, 자타카나 불전에서 출현하는 보살과 겹침을 논증하고 있다."[28]고 주장한다. 나티에의 이 같은 주

---

28 사이토 아키라 외 저, 안성두 역[2015], 49 재인용.

장은 보시를 행하는 보살의 완성체로서 붓다를 보는 것이 초기 대승불교의 관점이었을 것이라는 필자의 주장과 맥락을 같이 하고 있다.

그러나 붓다 입멸 이후, 시간이 흐름에 따라 인격체로서의 붓다보다는 대승불교의 교학체계와 더불어 신격화된 붓다로의 전환이 이루어진다. 이때 전생고사는 중요한 역할을 한다. 인격체로서 완성된 붓다가 반드시 갖추어야 할 덕목으로서의 보시는 전생고사 전반에 걸쳐 나타나고 있으며, 대승불교의 보시바라밀은 신격화된 붓다와 보살이 반드시 지녀야 할 덕목으로 전환되는데 그 근거가 바로 전생고사인 셈이다. 또한 전생고사에서 붓다의 행적은 서북인도에서 찾아볼 수 있으며, 여기서 더 나아가 현세의 붓다가 역사적 사실성과는 무관하게 활동했던 것으로 전개되면서 신격화되는 과정이 덧붙여지게 된다.

이와 더불어 대승불교가 흥기하면서 붓다와 불탑을 동일시했던 관계성[29]과 같이, 대승불교가 발전하면서 보살에서 붓다로의 전환이 이루어지면서 여기에 보살과 전륜성왕을 같은 맥락으로 이해했던 경향성이 존재했던 것 같다. 보살에 대한 관념이 불교 내에서 붓다관으로 연결되었다면, 세속의 전륜성왕은 보살과 동일하게 여래로의 전환을 이룰 수 있는 것으로 이해되었던 것 같다. 이는 좀 더 확대해 보면 동아시아의 위정자들은 붓다의 전생 수메다가 수기를 받듯, 전륜성왕을 수메다와 동일한 개념으로 인식한 것으로 해석될 수 있을 것이다.

이러한 과정이 이루어지기 직전, 중국에서는 폐불의 시대를 거치면서 표면적으로 '국가불교화'로 말해지는 과정이 표출되면서 개념의 일반화가

---

[29] 이자랑[2015].

이루어졌다. 그러나 여기에서 살펴보았듯이 6세기 초, 위정자가 전륜성왕을 표방하는 것은 비단 양 무제에 국한되지 않고 북위 시대에도 동일하게 적용되고 있다. 또한 대승불교 시대의 신격화된 붓다관을 적극적으로 수용하면서 구법승의 활동 영역까지 확대되었다. 즉 서북인도를 중심으로 한 불교를 받아들였던 중국불교의 입장에서는, 서북인도의 대승불교에 의해 신격화된 붓다관을 적극적으로 수용함으로써 중국불교의 정통성을 확보하고자 했던 것이다.

물론 붓다 일대기와 관련된 유적 예방이 순수한 구법행의 목적이었던 것은 틀림없다. 그렇지만 특히 간다라 지역의 경우에는 붓다 전생고사와 관련된 지역을 예방했다는 점과 단순한 구법행로만이 아닌, 국가적 차원에서의 행로였기 때문에 이와 같은 의미를 부여할 수 있을 것이다. 따라서 구법유행록에서 보이는 북위시대의 불교는 국가와 불교, 대승불교의 붓다관이 함께 결합되어 나타나는 유형으로 이해할 수 있을 것이다.

• 참고문헌

- 『六度集經』T3
- 『菩薩本行經』T3
- 『菩薩本緣經』T3
- 『佛本行集經』T3
- 『賢愚經』T4
- 『善見律毘婆沙』T24
- 『阿育王傳』T50
- 『高僧法顯傳』T51
- 『洛陽伽藍記』T51
- 『大唐西域記』T51
- 『大智度論』
- 『大莊嚴論經』
- 『撰集百緣經』

Plates, "Gandharan Art in Pakistan"USA; The connetient Academy of Art and Sciences, 1971

정수일, 『혜초의 왕오천축국전』, 서울:학고재, 2004

양현지 찬, 임동석 역주, 『낙양가람기』, 서울:동서문화사, 2009

사이토 아키라 외 저, 이자랑 역, 『대승불교의 탄생』, 서울:씨아이알, 2015

사이토 아키라 외 저, 안성두 역, 『대승불교란 무엇인가』, 서울:씨아이알, 2015

스에키 후미히코 외 저, 최연식 역, 『대승불교의 아시아』, 서울:씨아이알, 2015

강형철, 「가야의 인도불교설화 수용과 변용 사례-어산불영魚山佛影을 중심으로-」, 『동아시아불교문화』 49집, 2022

이자랑, 「율장의 불탑 기술에 관한 일고찰」, 『불교연구』 43, 2015

한지연, 「본생담의 북전과 대승경전으로의 전환-지역적 특수성과 민족성에 따른 붓다 바라보기 방식의 차가-」, 『동아시아불교문화』 45집, 2021

전륜성왕 개념의
전이·확장과 대승불교의 발전

Ⅰ. 불교 교단과 전제왕권

Ⅱ. 양 무제 사신 활동과 배경
    양 무제의 전륜성왕 인식과 사신 활동
    승우의 전륜성왕 체계 수립을 위한 노력

Ⅲ. 양 무제 사신 활동의 목적과 교단과의 관계
    양 무제; 사신 활동을 통해 보살계체를 성취
    양 무제의 백의승정 의도와 교단의 승정제 폐지 의지

Ⅳ. 중국 남조의 국가불교

Ⅰ. 불교 교단과 전제왕권

인도에서 붓다의 깨달음에 대한 사고思考와 그 내용을 전파하는 것, 그리고 불법佛法을 수호하는 것은 붓다 재세시在世時부터 중요한 것이었다. 깨달음에 대한 탐구와 이를 향한 수행이 붓다의 제자들을 통해 이루어졌다면 전파는 제자들과 상업 루트를 활용할 수 있는 상인들에 의해 이루어졌다고 볼 수 있다. 불법을 수호하는 방법은 다양하고, 수호의 주체 역시 다양한 계층을 언급할 수 있다. 붓다의 입멸을 전후하여 인도 사회는 빠르게 왕권 중심의 국가로 재편되어 갔고, 불교의 수호와 전법의 문제에 있어서 왕권의 영향력은 점증하게 되었다.

이 과정에서 불교 교단 측에 의해 불교 수호의 주체 중의 하나로 왕 곧 위정자를 상정하고 강조하면서 부각되는 개념이 바로 '전륜성왕轉輪聖王'이다. 인도 내부에서만이 아니라, 불교의 전파 경로를 따라 동아시아 및 동남아시아에서도 불교 내부의 전승에서 강조한 전륜성왕의 정법통치를 모델로 삼아 불법을 수호하고자 했던 위정자의 모습을 확인할 수 있다. 이는 아마도 불교를 접한 이들에게 시대·지리적 구분이나 출세간·세속의 개념과 관계없이 전륜성왕이 가장 이상적인 군주의 모습으로 인식되었기 때문일 것이다.

전륜성왕은 불교 교단과 사회 양측 모두에게 불교에 기반한 이상적 사회를 꾸려가는 왕이라는 이미지가 있고, 이는 다분히 인도적 개념이라 할 수 있다. 인도에서는 4성 계급에 따른 왕의 위치가 고정되어 있었기 때문에, 동아시아에서 시행하던 승통僧統·승정僧正 제도와 같은 국가 또는 왕이 불교 교단에 직접 통제를 가하는 사회 법제法制 등의 문제가 작동하지 않았다. 이에 반해 불교와 동아시아 세계가 만났을 때, 동아시아 세계의 특수성이 함께 작동하여 전륜성왕에 대한 개념이 재정립된 듯하다. 호불적護佛的 성향이 강하며, 국가 통치체제 및 법제法制로 불교 교단을 통제하는 것이 아닌 교단에 대한 무한한 신뢰와 발전의 자유를 보장하는 왕을 동아시아적 전륜성왕이라고 표현할 수 있을 것 같다.

동아시아, 특히 중국에서 '전륜성왕과 같은' 왕으로 첫 번째 언급되는 것은 양 무제일 것이다. 후한後漢 시대에 불교가 소개되고 수많은 불교경전의 소개와 전법승傳法僧의 노력이 지속되면서, 남북조 시대에 이르면 동아시아 불교 전개에 있어 변용되는 핵심적인 면모가 나타난다. 이러한 변용의 시작점에 양 왕조를 불교국가로 자리매김하게 했던 양 무제는 남조불교 발전에 큰 공헌을 했던 인물로 평가받기도 한다. 특히 남북조 시대 차별화된 불교의 발전과 전개를 언급하는데 있어 양 무제의 전륜성왕을 자처하는 듯한 활동이 주목된다. 국가 체제 안에서 불교 교단을 통제하려 했던 북조에 비해 남조의 불교 교단이 독립성을 확보했던 것의 일환으로 언급되는 것이 양 무제의 불교 교단에 대한 태도와 지원일 것이다.

물론 여산혜원廬山慧遠이 주장한 '사문불경왕자론沙門不敬王者論'을 시작으로, 남조의 왕권과 불교 교단 사이에 특별한 관계성이 정립된 것은 사실이다. 그리고 이러한 전통이 양 무제를 전륜성왕에 준하는 활동을 할 수 있도록 하는 배경으로 작동했을 가능성도 있다. 그럼에도 양 무제의 전륜성왕적 활동, 그 가운데서도 사신捨身 활동이 어디서 비롯된 것인지라는 문제는 다루어지지 않았다. 또한 사신 활동의 결과로써 전륜성왕이라는 평가 이외에 사신 활동이 남조 불교 교단에 어떤 영향을 끼쳤는가에 대한 구체적인 연구는 진행되지 않았다. 이에 이 글에서는 양 무제가 사신 활동을 하게 된 배경과 사신 활동을 통해 어떤 점을 지향했는가에 관해 살펴보도록 한다.

II. 양 무제 사신 활동과 배경

전륜성왕의 개념은 대부분 불교의 정법正法에 의한 치세를 실현하는 군주 또는 다르마를 실천하는 왕[1]으로 정리한다. 그리고 이에 근거해

---

[1] 河上麻由子[2020], 윤세원[2008] 등에서 전륜성왕의 개념을 정의하고 있다. 河上麻由子의 논문 각주1)에 이와 같은 의미로 사용한 연구성과가 더 자세하게 소개되어 있다. (p.112).

양 무제의 전륜성왕 실현의 문제를 주로 아쇼카왕을 모방한 것으로 파악한다.

특히 「아육왕전」을 독립 경전 형태인 『아육왕경阿育王經』으로 승격시킨 점에 초점을 두는 경향이 크다. 또한 『아육왕경』에 근거해 보면 아쇼카왕이 전륜성왕의 조건을 맞춰 이를 실현하기 위한 노력의 일환으로 사리탑 건립, 성지순례, 사신, 무차대회의 4가지에 초점을 맞추고 있다는 점을 들어 아쇼카왕과 양 무제의 공통점에 주목한 연구성과도 있다.[2] 기존의 연구성과와 같이 『아육왕경』에 근거한 전륜성왕의 완성과 양 무제의 활동이 무관하지 않을 것이다. 그러나 「아육왕전」이 이미 중국 내에 소개되었음에도 불구하고 굳이 왜 양 무제 때에야 전륜성왕의 개념과 실천이 본격화되었을까? 이 장에서는 양 무제의 사신 활동과 『아육왕경』만이 아닌 전륜성왕 완성의 배경으로 작동한 다른 측면이 있는지 살펴본다.

양 무제의 전륜성왕 인식과 사신 활동

카와카이 마유코河上麻由子는 양대 이전에 황제를 전륜성왕이라 칭송한 확실한 사례가 없다는 점, 양의 멸망 이후 진陳·수隋 문헌 사료에서 황제가 점차 전륜성왕이라 칭해지고 있다는 점을 지적하였다.[3] 때문에 중국에서 실질적인 전륜성왕 개념이 확립되고 이를 추구하기 시작한 시기를 양 무제 때로 보아도 무방할 것이다. 뿐만 아니라 불교경전에 소개

---

2 河上麻由子[2020].
3 河上麻由子[2020], pp.113~116.

된 전륜성왕을 실현하기 위한 아쇼카왕의 노력은 사리탑 건립, 성지순례, 사신, 무차대회의 4가지에 초점을 두고 이루어졌고, 이는 양 무제의 행보에서도 동일하게 나타난다. 때문에 양 무제가 중국에서 첫 번째로 전륜성왕을 표방했던 왕이며, 그 개념은 주로 아쇼카왕이 모델이 되었을 것이라는 추정이 가능했던 것이다.

지금까지의 이와 같은 추정, 더 나아가 양 무제에 대한 일반화된 이미지에 표면적으로 드러나는 행위에 초점을 두었기 때문에 아쇼카왕→양 무제로 비교·분석이 이루어졌다고 보여진다. 그러나 인도와 중국의 사회구조적 차이를 염두에 둔다면 행위에 대한 단순 비교만으로 해명될 수 없는 부분이 있다고 생각된다. 사회구조적 차이뿐만 아니라 시대적으로 아쇼카왕이 접하지 못했던 '대승불교'를 경험한 양 무제였기 때문에 사신 활동에서도 차이가 난다. 이 부분을 먼저 살펴보도록 한다.

양 무제가 처음 사신 활동을 행했던 것은 대통大通 원년527년 3월 동태사同泰寺를 창건때 부터이다.[4] 두 번째와 세 번째 사신은 2년 뒤인 중대통中大通 원년529년 3월[5]과 같은 해 9월에 이루어진다.[6] 마지막 네 번째 사신은 태청太淸

---

4 『梁書』「本紀」제3 武帝 蕭衍 下. "三月辛未, 輿駕幸同泰寺捨身".
5 『梁書』「本紀」제3 武帝 蕭衍 下. "三月庚子, 高祖幸同泰寺, 設無遮大會, 捨身, 公卿等以錢一億萬奉贖".
6 『梁書』「本紀」제3 武帝 蕭衍 下. "秋九月辛巳, 朱雀航華表災,以安北將軍羊侃爲青,冀二州刺史癸巳, 輿駕幸同泰寺, 設四部無遮大會, 因捨身, 公卿以下, 以錢一億萬奉贖.冬十月己酉, 輿駕還宮, 大赦, 改元".

원년547년 3월에 이루어졌다.[7] 이로써 총 4차례에 걸친[8] 사신 활동을 행했다.

양 무제가 사용한 연호는 천감天監, 보통普通과 사신 활동을 하면서 사용한 연호로 총 5개이다. 그런데 대통, 중대통, 태청이라는 연호는 모두 사신 활동이 이루어지고 환궁 후에 곧바로 개원한 것이다. 천감과 보통 연호를 사용할 때까지는 주로 계율과 불교사상을 수학한 시기라면 나머지는 사신 활동과 밀접한 관련이 있는 연호라 할 수 있다. 위에서 언급한 4차례의 사신 활동에서 두 가지 공통점을 찾을 수 있다. 첫째, 무차대회를 개최하면서, 동시에 무차대회에서 강경講經이 이루어진다는 것이다. 둘째, 사신 활동 때 황제의 의복 대신 법복을 착용하고 동태사 별전에 기거했다는 것이다. 위의 두 가지에 사신활동의 공통점이 있고 많은 재물을 대가로 환궁이 이루어지며, 환궁 후에는 곧바로 연호를 개원하는 것이 반복되고 있다.

전륜성왕의 실현을 염두에 두었다면 사신 활동 이후 개원한 연호에도 치세에 있어 불법에 근거한다는 의미를 담아 불교적 혹은 불교사상적 의미를 담고 있지 않을까? 사신 이후 개원한 연호 가운데 대통과 태청의 경우가 대승불교 경전에서 그 연원을 찾을 수 있다. 대통을 먼저 살펴보면 『묘법연화경妙法蓮華經』에서 연원을 찾을 수 있다.

---

[7] 『南史』「本紀」권7 梁武帝 蕭衍 下. "三月庚子, 幸同泰寺, 設無遮大會.上釋御服, 服法衣, 行淸淨大捨, 名日「羯磨」以五明殿為房, 設素木牀葛帳,土瓦器, 乘小輿, 私人執役乘輿法服, 一皆屏除.甲辰, 遣司州刺史羊鴉仁率土州刺史桓和,仁州刺史湛海珍等應接侯景.兵未至, 而東魏遣兵攻景, 景又割地求救於西魏. 方解亂.乙巳, 帝升光嚴殿講堂, 坐師子座, 講金字三慧經, 捨身.夏四月庚午, 羣臣以錢一億萬奉贖皇帝菩薩, 僧眾默許".

[8] 이 부분에 관해 소현숙[2009]은 『남서』와 『양서』 기록의 차이—『남서』에서는 '사신'이라 명기되어 있으나 『양서』에서는 '사신'이 명기되어 있지 않은—로 양 무제의 사신 활동이 실제 3회인지 4회인지 불분명하다고 밝히고 있다. 다만 동태사의 화재사건과 관련해 3번째 사신 활동인 中大通 9월에 이루어진 사신이 가능했을지에 의문을 제기하고 있다. p.149 참조.

대통지승부처님께서 8만 4천 겁을 지나 삼매에서 일어나 법의 자리에 나아가 편히 앉으시고 여러 대중들에게 말씀하셨다. '이 열여섯의 보살사미들은 매우 희유하여 육근이 영리하고 지혜가 명료하며 일찍이 한량없는 천만억 여러 부처님을 공양하고 부처님 계신 곳에서 항상 범행을 닦아 부처님의 지혜를 받아 지녔으며 그것을 열어 보여 중생들로 하여금 그 가운데 들게 하니 너희 모두는 자주 친근하게 공양할지니라.'⁹

『묘법연화경』에서는 대통지승부처님이 '16보살사미'라 표현하면서 이들이 공양을 받을만한 연유에 관해 설명하고 있다.

또한 태청 연호와 관련해서는 『유마힐경維摩詰經』의 다음 내용을 살펴보자.

부처님께서 제석천에게 말씀하시길, 옛날 과거에 헤아릴 수 없는 무앙수겁無央數劫 이전에 세상에 부처님께서 출현하셨는데, 그 명호는 비사사라야俾沙闍羅耶[한역하면 약왕藥王] 여래·지진·등정각·명행성위明行成爲·선서善逝·세간해世間解·무상사無上士·도법어道法御·천인사天人師·불세존佛世尊이었다. 그 세계의 명칭은 태청太淸이었으며, 겁은 정제淨除라고 하였다.¹⁰

---

9 『妙法蓮華經』권3 「化城喩品」(T9, p.25b). "大通智勝佛過八萬四千劫已 從三昧起 往詣法座安詳而坐 普告大衆 是十六菩薩沙彌甚爲希有 諸根通利 智慧明了 已曾供養無量千萬億數諸佛 於諸佛所常修梵行 受持佛智 開示衆生 令入其中. 汝等皆當數數親近而供養之".
10 『佛說維摩詰經』권2 「法供養品」(T14, p.535c). "佛告天帝, 有昔過去無央數劫不可稱計, 時世有佛,

위에서 보이고 있듯이 태청은 과거 여러 부처님께서 등장하신 세계의 명칭을 의미하고 있다. 대통과 태청의 의미를 연이어 고려해 보면, 대통 연간은 양 무제 스스로가 16보살사미 가운데 한 명으로 인식한 것으로 보여진다. 그리고 16보살사미 중 한 명이기에 공양을 받을 만하다는 것을 강조하여 환궁할 때 많은 금전을 요구할 수 있는 근거로 활용했던 것으로 해석할 수 있다.

뿐만 아니라 속세에서는 황제이지만 불교적 관점에서 보면 대통지승불이 인정한 보살사미–장래의 부처[11]–의 지위에 있음을 표현한 연호라는 것을 알 수 있다. 이후 태청 연간에는 자신이 황제로 있는 양나라 자체가 불국토임을 천명한 것이다.

따라서 양 무제는 보살이면서 동시에 귀족들이 소유한 자산을 사회로 재분배할 수 있는 계기를 제공함으로써 재시財施를 통한 황제 위치를 지킨 행위를 바로 사신 활동과 연결시키고 있다. 이는 단순히 『아육왕경』에만 근거한 것이 아니라 불교사상 전반에 걸친 전륜성왕의 조건을 재해석한 것이다. 또한 불교경전에서 보이는 불국토 건설의 조건들까지 섭렵함으로써 인도불교 전통을 뛰어넘은 동아시아 불교 전통 내에서 전륜성왕의 모습을 새롭게 제시한 것으로 볼 수 있을 것이다.

名俾沙闍羅耶(漢言藥王)如來 · 至真 · 等正覺 · 明行成為 · 善逝 · 世間解 · 無上士 · 道法御 · 天人師 · 號佛 · 世尊 · 其世界名太清".
11 『妙法蓮華經』卷3「化城喩品」(T9, p.25bc).

승우의 전륜성왕 체계 수립을 위한 노력

양 무제의 사신 활동이 아쇼카왕의 전륜성왕 실현을 위한 방법을 그대로 차용한 것만은 아니라는 점을 앞서 살펴보았다. 연호의 개원은 치세와 관련한, 그리고 스스로가 보살이라는 점을 드러내기 위해 대승경전에서 새롭게 근거를 확보한 것으로 볼 수 있다. 이는 지금까지의 연구성과—아쇼카왕을 전륜성왕의 모델로 삼고 『아육왕경』 내용에 근거한 양 무제의 사신 활동이라는 점—만으로는 해석하기 어려운 부분이라고 생각된다. 이에 양 무제의 사신 활동에 당시의 불교 교단에 의한 영향은 없는가라는 문제를 짚어보아야 할 것이다.

양나라 시대에 활동했던 고승 가운데 한 명인 승우僧祐는 주로 『출삼장기집出三藏記集』, 『홍명집弘明集』의 저자로 알려져 있다. 불교 전적에 관한 기록과 더불어 혜교慧皎가 『고승전高僧傳』을 편찬하기 이전까지의 고승들에 대한 정보를 제공했기에 승우의 활동에 관해 실질적으로 유의미한 연구가 이루어지지는 않았다고 판단된다.

'양나라 시대에 활동'했던 것으로 명기했지만, 사실 승우가 활발하게 활동했던 시기는 남제南齊 때로 추정된다. 그 이유는 승우의 스승인 법영法穎에 관해 살펴봄으로써 해명할 수 있을 것 같다. 승우는 14세 때 정림사定林寺 법달法達에게 구족계를 받으면서 출가하였다.[12] 그리고 법영을 찾아가 수학하였기 때문에 실질적인 스승은 법영이라 할 수 있을 것이다. 법영은 율사로 이름이 알려져 있었는데, 유송 시대 말 남경南京의

---

12 慧皎, 『高僧傳』권11, 「明律」(T50, p. 402c). "祐知而避至定林 投法達法師 達亦戒德精嚴".

신정사新亭寺에 머물다가 유송 말기에 승정僧正으로 임명되어 활동한다.[13] 이후 왕조가 바뀌어 남제南 때는 다시 승주僧主로 임명되어 사실상 중국 남조에서 불교 교단을 관리 및 통제하는 행정상의 최고 위치에서 활동했던 것으로 추정된다. 이러한 법영을 스승으로 삼고 율학을 배운 인물이 바로 승우이다. 스승인 법영과 함께 활동하다가 법영이 입적한 482년 이후, 승우의 행적에 관해 혜교는 다음과 같은 기록을 남기고 있다.

> 영명연간에 칙명으로 오군吳郡에 들어가서 시험 삼아 오부대중을 골라서 『십송율』 강의를 베풀고 다시 계를 받는 법을 폈는데, 여기서 얻은 신도의 보시로 정림사와 건초사를 경영하고 여러 사찰을 수선하였으며, 아울러 무차대법회와 사신제 등을 개최하였다.[14]

위의 『고승전』 기록에서 눈여겨봐야 할 부분은 첫 번째 칙명으로 오군을 들어간다는 것이며, 두 번째 승우로부터 계를 받은 신도의 보시로 여러 사찰을 수선했다는 점, 세 번째는 무차대법회와 사신재를 개최했다는 점이다.

첫 번째, '칙명으로 오군을 들어갔다.'는 것은 스승인 법영의 지위와 밀접한 연관성이 있어 보인다. 승정과 승주를 역임했던 법영이었기 때

---

13 慧皎, 『高僧傳』권11, 「明律」(T50, p.402a). "與同學法力俱以律藏知名, 穎伏膺已後, 學無再請, 記在一聞,研精律部, 博涉經論.元嘉末, 下都止新亭寺."
14 慧皎, 『高僧傳』권11, 「明律」(T50, p.402c). "永明中, 勅入吳, 試簡五眾, 并宣講《十誦》, 更申受戒之法.凡獲信施, 悉以治定林建初及修繕諸寺, 并建無遮大集捨身齊等."

문에 제자였던 승우 역시 정치적 제도권 안에서 활동했을 것이라 추정해 볼 수 있는 부분이다. 다시 말해서 승우 스스로가 스승인 법영이 입적한 이후 오군으로 이동한 것이 아니라, 칙명에 의해 오군으로 활동 지역을 옮긴 것이다. 북조의 승관제僧官制와는 전개 양상에 있어 차이점이 있지만, 남조의 승정제僧正制 역시 '위정자의 통제'라는 일반화된 개념을 적용한다면 사실상 일종의 국가불교 정책의 양상과 무관하지 않다.

두 번째, 계를 받은 신도의 보시로 여러 사찰을 수선했다는 것은 교단 운영에 있어 신도의 보시가 절대적일 수 있는 환경이 조성되었다는 것을 의미한다. 그런데 승우가 신도의 보시에 의지했던 것에 비해 스승인 법영의 경우는 다르다. 『고승전』의 기록을 살펴보면 다음과 같다.

> 그 후 제齊남제의 고조 황제가 즉위하게 되자 다시 칙명으로 승주가 되었으며 나라에서 내리는 자급資給이 일마다 보통 때의 갑절이나 되었다. 법영은 들어온 보시물로 경전과 불상 및 약장藥藏을 만들어 장간사長干寺에 안치하였다.[15]

위의 기록에서 승주의 위치에 있던 법영은 주로 국가 또는 황실의 보시물에 의존하는 것을 확인할 수 있다. 스승과 제자의 교단 운영 방식에 차이가 있는데, 승우가 칙명으로 오군에 들어가 활동했음에도 스승인 법영처럼 황실의 도움을 받은 기록은 찾을 수가 없다.

---

15 慧皎, 『高僧傳』권11(T50, p.402a). "及齊高即位, 復勅為僧主, 資給事事有倍常科,頴以從來信施, 造經像及藥藏, 鎮於長干."

이는 아마도 유송劉宋에서 남제南齊로 왕조가 바뀔 때, 법영이 승정에서 승주의 직책을 받듯이 왕조가 변화하는 시점에 승우가 본격적으로 활동했기 때문에 직책에 따른 국가의 도움을 받기는 어려운 상황이 아니었을까 추정된다. 그리고 이러한 당시 상황은 승우가 국가 및 황제의 불교 교단에 대한 자발적이고 적극적인 봉불행위를 이끌어내는 결과로 이어지는 것 같다. 세 번째로 주목할 무차대법회와 사신재의 개최가 바로 두 번째로 주목했던 보시와 교단 운영 문제의 해결 결과로 볼 수 있다. 앞서 언급한 바와 같이 무차대회와 사신은 전륜성왕 실현의 실천적 부분이면서 아쇼카왕의 전적에도 기록된 사항이다. 특히 사신의 경우 황실과 왕·귀족들을 위시한 재가자의 일시적 출가를 허용함으로 재시財施가 가능해진다. 아쇼카왕이 중시했던 복지시설·자선·자선품 분배·보시[16]의 연장선상이면서 동시에 스승 법영이 장간사에 약장을 만들어 안치하는 행보를 고려해 본다면,[17] 승우가 사신제를 개최한 목적이 어디에 있었는지 가늠해 볼 수 있다.

전륜성왕의 의무 가운데 하나로 '왕이여, 그대의 영토에서 가난한 자가 있으면 그들에게 재물을 나누어 주라.'[18]는 일종의 일반화된 재시의 내

---

16 일아[2009], p.146. 아쇼카 칙령의 내용을 정리하고 아쇼카 각문에 입각해 몇 가지 핵심 내용을 정리했는데, ① 사람들의 행복이 왕의 최대의 관심사, ② 부모와 웃어른에 순종, 형제·친척·친구의 공경, ③ 살아있는 모든 존재들에 대한 살생금지, ④ 복지시설, 자선, 자선품 분배, 보시, ⑤ 자아 절제, 모든 이에게 공평하게 대함, ⑥종과 노예, 죄수들에 대한 바른 처우, ⑦ 왕의 간절한 염원 등으로 나누고 있다.
17 에띠엔 라모뜨 지음, 호진 옮김[2006] pp.456~457에서는 아쇼카가 상가에 의약품을 풍부하게 공급하기 위한 조치를 취했는데 당시 상가의 매일 수입인 50만 금 가운데 10만 금은 의약품을 사서 대중이 사용할 수 있게 도시의 사대문에 비치하도록 했다는 내용을 소개하고 있다. 이는 전륜성왕의 완성 조건이면서 동시에 아쇼카왕의 실천이 배경이 되었을 가능성이 높아 보인다.
18 각묵스님[2005], p.125에는 전륜성왕의 성스러운 의무로서 '법에 의지하고 법을 존경하고 법을

용이 있다. 그런데 승우의 경우는 이런 일반적인 전륜성왕의 실현 차원으로 사신의 모범을 제시한 것과 더불어 중국 사회에서의 불교 교단의 위상과 관련된 또 다른 의도를 가지고 있었던 것 같다. 스승인 법영은 남조에서 행정 지위로서의 승정 내지 승주의 직위를 갖고 있었고, 승우 역시 '칙명'으로 오군의 땅으로 이동한다. 이는 북조 승통제僧統制의 의미와는 다르지만, 역시 국가 행정 단위로서 승려의 직위가 존재했던 것에 있어서는 동일하다. 그러나 남조에 여전히 여산혜원廬山慧遠의 사문불경왕자론沙門不敬王者論에 기반한 의식이 있었다면, 승정제라는 국가적 제도 속에서 교단이 운영되거나 위정자의 명을 받는 것 자체가 대단히 불합리하다는 의식 역시 존재했을 것이다.

 이러한 전제조건 속에서 승우의 사신제를 해석해 본다면 승정제를 활용함과 동시에 적어도 국가권력과 불교 교단이 서로 동등한 위치를 점하기 위한 노력으로 볼 수 있을 것이다. 이 과정에 전륜성왕의 개념 도입을 통해 인도불교 전통을 그대로 남조에 이식시킨다는 방법론을 적용했던 것으로 보인다.

 존중하고 법을 숭상하고 법을 예배하고 법을 공경하고 법을 깃발로 하여 법을 상징물로 하고 법을 우선하여 그대의 백성들과 군대와 크샤트리아들과 가신들과 바라문들과 장자들과 음과 지방민들과 사문·바라문들과 짐승과 새들을 법답게 살피고 감싸고 보호하라. 왕이여, 그대의 영토에서 법답지 못한 행위들이 퍼지지 않게 하라. 왕이여, 그대의 영토에서 가난한 자가 있으면 그들에게 재물을 나누어 주라.'라고 정리하고 있다.

Ⅲ. 양 무제 사신 활동의 목적과 교단과의 관계

Ⅱ장에서 양 무제의 사신 활동을 통해 국가 운영 및 양 무제 스스로가 대승불교 경전을 통해 불교적 지위를 확인하고자 했던 면모를 살펴보았다. 또한 양 무제의 사신 활동이 승우가 제안했던 무차대회와 사신제가 배경이 되었을 가능성이 높다는 것을 확인했다.

그러나 승우가 승정제의 불합리성을 염두에 두면서 동시에 인도불교 전통의 계승 의식이 있었던 것과 양 무제의 사신 활동에 어떤 목적성이 있었는가, 그 사이에 간극은 없었는가의 문제는 아직 해명되지 않았다. 다시 말해서 남조 불교 교단과 위정자 사이에 문제의 동일한 대상인 사신 행위에 관해 각기 달리 해석되는 부분에 관해 논해야 할 것이다.

이 장에서는 이 문제를 집중적으로 보고자 한다.

양 무제; 사신 활동을 통해 보살계체를 성취

앞서 양 무제의 4차례에 걸친 사신 활동과 연호의 개원 문제를 살펴보았다. 연호를 개원할 때 양 무제가 특히 염두에 둔 부분이 『묘법연화경』에 대통지승보살이 공양받을 만한 16보살사미라는 측면과 많은 부처님이 출현하는 세계라는 부분임을 알 수 있었다. 이는 단순히 전륜성왕의 실현이라는 부분에서만 해석될 수 없다. 보살과 부처님 세계의 완성이라는 의미는 '정법에 근거한 국가 통치'에 방점을 둔 전륜성왕의 개념과는 차별화된 것이라 볼 수 있다. 필자가 이와 같은 추정을 하게 된 이유는 양 무제가 『범망경梵網經』으로 보살계를 받은 사실에 주목했기 때문이다.

양 무제가 불교를 접하기 이전부터 남조 불교 교단에는 명망 있는 율사들의 활동이 있었다.[19] 이와 같은 환경이 양 무제에게 영향을 끼쳤을 것이다. 이에 탕융동은 "승려의 계율에 각별히 주의注意를 기울여서 몸소 보살계를 받고 법명을 관달이라고 했다. 또 계율을 초록해 편찬하도록 칙령을 내렸으며, 승려의 계율을 중시했기 때문에 법초法超를 도읍의 승정으로 임명했다."[20]고 밝혔다. 이때 승려의 계율이란 『십송율』을 의미하는 것이다. 또한 계율을 초록해 편찬한 칙령의 결과가 보창의 『출요율의出要律儀』이다.[21]

반면 양 무제는 보살계를 받는데, 탕융동이 제시한 구체적인 내용은 천감天監 18년519년 4월 8일 혜약慧約으로부터 수계를 받는 다음의 기록을 뜻하는 것으로 보인다.

천감 18년인 기해己亥년 4월 8일에 황제는 사홍서원四弘誓願을

---

19 혜교(慧皎)는 『高僧傳』 명률편에 총 13인의 고승을 기록하였는데, 모두 중국의 강남지역에서 활동한 승려들이다. 더 나아가 승우가 활동했던 '오군(吳郡)'에서 주로 활동했으며 『十誦律』 전통을 따르고 있었다는 특징을 갖고 있다.
20 탕융동 지음, 장순용 옮김[2014], p.924 재인용.
21 道宣, 『大唐內典錄』권10. (T55, p.331b).

발원할 마음이 생겨 보살계菩薩戒를 받았으며, 이어 등각전等覺殿에 행차하여 조옥련彫玉輦옥을 조각하여 만든 천자의 수레에서 내려 만승천자의 몸을 굽혀 삼보三寶에 공경을 표시하고, 잠시 곤룡포를 벗어놓고 공손히 평민의 옷을 받아 입고 계율 의식의 제도를 베풀었으며, 몸을 굽혀 진실로 엄숙히 수계受戒 의식을 집행하였다. 이때 해와 달은 특별히 빛났고 하늘과 땅은 유별나게 밝았다. 온 나라에 대사령大赦令을 내리니 온 나라가 함께 경축하였다.[22]

이때의 보살계는 『범망경』으로 당시 승단에서 『십송율』 전통을 이어가는 것과 비교해 보면 출가와 재가의 계율이 분리되어 엄격하게 적용되었던 것이다. 때문에 '승려의 계율을 중시'했기에 승정을 임명한, 즉 기존의 국가 행정체제로서의 의미와는 다른 승정제를 시행했던 것이다. 그런데 이와 같은 내용은 양 무제의 사신 활동이 본격화되기 이전의 사항들이다.

양 무제는 수계를 받은 다음 해에 천감 연간을 끝내고 보통 연간으로 연호를 개원했다. 이후에는 보통 연간에 동태사를 건립하고 이곳에서 4차례에 걸친 사신 활동을 시행했다. 이는 『범망경』으로 수계받은 양 무제가 사신 활동을 통해 추구했던 어떤 배경이 존재했을 것이라는 추정을 가능하게 한다. 게다가 앞서 살펴본 바와 같이 양 무제가 연호 개원에 있

---

22 『續高僧傳』권6 「慧約傳」(T50, p.469b). "至十八年己亥四月八日, 天子發弘誓心受菩薩戒, 乃幸等覺殿, 降彫玉輦, 屈萬乘之尊, 申在三之敬, 暫屏袞服恭受田衣, 宣度淨儀曲躬誠肅. 于時日月貞華天地融朗".

어 '보살사미'와 '태청의 세계'를 염두에 두었다면 『범망경』에서 자신이 '공양받을 만한 보살'이라는 점을 찾고자 하지 않았을까? 이와 관련해 『범망경』의 다음 내용을 보자.

> 내가 이제 보름마다 모든 부처님의 계법戒法을 외우니, 너희들 발심한 보살들도 모두 외울 것이며, 또한 10발취發趣와 10장양長養과 10금강金剛과 10지地의 모든 보살들도 외울지니라.[23]

위와 같은 『범망경』의 보살계위는 『화엄경』과 밀접한 연관이 있다. 이 점은 『범망경고적기梵網經古迹記』에서도 역시 확인할 수 있다.

> 심행心行이라고 한 것은 간략히 두 문이 있다. 첫째는 바른 행위를 가르치는 문이고, 둘째는 악한 행위를 경계하는 문이다. 바른 행위를 가르치는 것은 곧 경의 처음에서 삼현三賢·십성十聖이 내적으로 증득한 행을 설한 것이고, 악한 행위를 경계하는 것은 곧 경의 뒤에서 십중계十重戒와 사십팔경계四十八輕戒의 행을 설한 것이다.[24]

위 내용에 등장하는 삼현은 보살 수행의 52계위 가운데 10주住, 10행行,

---

23 『梵網經』권2 (T24, p.1004a), "我今半月半月, 自誦諸佛法戒, 汝等一切發心菩薩亦誦, 乃至十發趣·十長養, 十金剛, 十地諸菩薩亦誦".
24 『梵網經古迹記』권1(T40, p.689c), "言心行者略有二門, 一教正行門, 二誡惡行門. 教正行者, 即經初設三賢十聖內證之行, 誡惡行者, 即經後說十重, 四十八輕戒行".

10회향廻向 등의 보살로 제11에서 40계위를 뜻하고, 십성은 곧 10지地 보살을 의미한다. 즉, 『범망경』에 따른 계戒를 수지한 무제는 스스로가 10지를 성취할 수 있는 가능성을 염두에 두고 있었던 것으로 해석할 수 있다. 10지를 성취하는 방법으로 『범망경』에 나오는 다음 게송을 관련지을 수 있다.

> 티끌처럼 많은 보살들이
> 이로 인해 등정각等正覺을 이루었고
> 이 노사나 부처님이 외우신 계를
> 나도 또한 이와 같이 외우니
> 그대, 이제야 배우는 보살들은
> 머리에 이고 받아 지니며
> 이 계를 받아 지닌 뒤에는
> 모든 중생에게 전해 주어라.[25]

앞서 『범망경고적기』에서 설명하고 있듯이 『범망경』의 계체는 『화엄경』과 관련이 있다. 또한 『범망경』 자체에서도 『화엄경』에서 설한 것과 같다는 것은 곧 『화엄경』의 보살계위와 동일하게 적용할 수 있다는 것을 의미한다. 다시 말해서 『범망경』의 보살계를 완성하는 자리에 해당하는 것이 바로 『화엄경』의 10지라 말할 수 있다.

---

25 『梵網經』권2(T24, p.1004a). "微塵菩薩衆, 由是成正覺,是盧舍那誦, 我亦如是誦, 汝新學菩薩, 頂戴受持戒, 受持是戒已, 轉授諸衆生".

『범망경』을 통해 10지 보살의 계체와 『화엄경』에서 설해지는 10지의 설명 가운데 다음의 내용은 무제의 사신 활동이 바로 『범망경』과 『화엄경』에서 강조하는 것과 무관하지 않다는 것을 추정할 수 있다.

> 불자여, 비유하면 전륜성왕의 태자가 왕의 모습을 성취하면 전륜성왕은 그 아들을 흰 코끼리 보배 등에 마련한 염부단금으로 된 자리에 앉히고는 큰 네 바다의 물을 길어오고 그물 휘장을 그 위에 치고 갖가지로 장엄한 당기·번기와 음악을 갖추고, 금 항아리의 향수를 그 아들 정수리에 쏟으면, 그를 곧 관정灌頂 대왕이라 하고, 십선도十善道를 갖추어 굴리기 때문에 전륜성왕이라 하는 것처럼, 이 보살도 그와 같아서 직위를 받을 때는 모든 부처님께서 지혜의 물로 그 보살 정수리에 쏟으면 그를 관정법왕이라 하고, 부처님의 십력을 갖추므로 부처님 수에 든다 하나니, 이것이 보살마하살의 큰 지혜의 직책 지위인 것입니다.
>
> 보살마하살은 이 직책 때문에 한량없는 백천만억 고행의 어려운 일을 맡아야 하며, 또 그 직책을 얻고 법운지法雲地에 머물면 한량없는 공덕과 지혜가 더욱 늘어납니다.[26]

---

[26] 『大方廣佛華嚴經』권27, (T9, p.572b). "佛子! 譬如轉輪聖王大子成就王相, 轉輪聖王令子在白象寶閤浮檀金座, 取四大海水, 上張羅幔, 種種莊嚴幢幡妓樂, 執金鐘香水, 灌子頂上, 卽名為灌頂大王, 具足轉十善道故, 名轉輪聖王,菩薩摩訶薩亦如是, 受職時, 諸佛以智水灌是菩薩頂, 名灌頂法王, 具足佛十力故, 墮在佛數, 是名菩薩摩訶薩大智慧職地 ; 以是職故, 菩薩摩訶薩受無量百千億萬苦行難事, 是菩薩得是職已, 住法雲地".

위 내용에서 특히 고행의 어려운 일을 맡은 '보살마하살'이 법운지에 머물고 부처님의 십력을 갖춘다는 것에 유의해야 할 것이다. 그리고 이에 대한 설명은 모두 '전륜성왕'과 연결되어 있다. 무제가 이미 천감 11년에 승가바라僧伽婆羅를 통해 기존의 『아육왕전』을 『아육왕경』으로 재번역하면서 분량도 늘어난 것에 대해 당시 사회에서 전륜성왕에 대한 인식이 높아졌다고 해석하듯이[27] 수계를 받기 이전부터 전륜성왕에 대해 인지하고 있었다. 오히려 수계를 통해 전륜성왕, 더 나아가 10지보살의 완성을 위한 행보가 바로 사신 활동이었던 것이다.

양 무제의 백의승정 의도와 교단의 승정제 폐지 의지

북조에서 행해지던 승통제와 차별화된-왕권이 강압적으로 개입되는가의 여부에서의 차별성-것은 분명하지만, 그럼에도 『고승전』의 「석승우전」에서 표현되고 있듯이 '칙명'이 불교 교단에 통하고 있었다. 이미 여산 혜원이 사문불경왕자론을 제창하고 이후의 파급 효과로 추정해 본다면, 남조에서는 불교 교단의 독자성과 왕권으로부터의 독립성을 중시했을 것이다. 그런 남조 불교 교단에 황제의 '칙명'이 받아들여지는 승정제가 지속되고 있던 것이다.

여산혜원의 의식이 남조 불교 전통에 이어졌다 하더라도 중국의 전통 사상과 사회구조, 그리고 법제가 갖는 의미 속에서 사문불경왕자론 전통

---

[27] 윤세원[2008]은 '이러한 사실은 당시의 중국사회에서 이 경 혹은 전의 중요성이 인식되고 있었고, 현실적으로 수요와 필요성이 높아졌음을 보여 주는 일이라고 할 수 있다.'고 밝히고 있다. p.183 재인용.

이 그대로 유지되기에는 무리가 있다. 이는 법영과 관련한 앞서 소개된 기사를 통해서도 확인할 수 있는데, 승정제의 제도 속에서 국가 지원을 받을 수밖에 없는 여건이 조성되어 있던 것으로 파악할 수 있다. 반면 승우는 국가와 불교 교단의 동등한 지위를 확보하기 위해 위정자에게 무차대회와 사신제를 소개함으로써 새로운 방법론을 제시하였다. 게다가 양나라가 건국하고 무제가 철저히 호불적 태도를 취함으로써 이러한 방법론을 적용시키기에 적절했다.

무차대회와 사신제의 방법론을 적용하지만, 철저한 『십송율』 전통의 계율에 입각해 재가신자였던 양 무제에게 『범망경』의 계를 적용시켜 국가와 불교 교단 내부 구성원과 지향점에 분명한 차별의식을 적용한 듯하다. 즉, 『범망경』을 통한 수계-불교 교단과 재가신자의 엄격한 분리-는 기존의 승정제도를 통한 불교 교단에 대한 국가의 행정적 개입을 근본적으로 차단하는 것이었다.

반면 양 무제는 전륜성왕의 이상적 군주를 실현하는데 그치지 않고 앞절에서 본 것과 같이 보살계체, 즉 10지보살의 확보를 확신한 듯하다. 왜냐하면 전륜성왕의 이상적 군주에 머물렀다면 오히려 국가의 법제화로 귀속하여 통치 대상의 하나로 여겨졌던 승정제를 폐지했어야 함에도 불구하고 이러한 조치는 취해지지 않았다. 오히려 더 나아가 기존의 남조에서 행하던 승정제를 활용해 불교 교단에 대한 강력한 국가통제를 시도한 사실이 보이기 때문이다.

대동연간535~545년 양 무제가 스스로 백의승정白衣僧正이 되려 했던 이유와 그 결과를 『속고승전』「석지장전」에서 확인할 수 있다.

"요즘 비구와 비구니들을 보니 아직 경을 외우고 익히지 않은 사람이 많습니다. 속인인 승정은 불교의 과조科條요강·조례를 모르고 속법으로 이를 다스려 지나치게 불법을 손상시키고 있습니다. 제자가 여가가 있을 때 스스로 백의승정이 되어 계율에 근거하여 법을 세우려고 합니다. 이것은 비록 법사들의 일이기는 하지만 부처님께서는 과인에게도 부촉하신 일입니다. 요즘 여러 스님들과 함께 이 일을 논의하였더니 모두 다른 의견이 없다고 하는데 법사의 생각은 어떻습니까?" …중략… 이에 지장이 대답하기를, "조달調達에 대하여 부처님께서 직접 취하신 조치가 곧 그 일에 해당됩니다. 부처님께서는 조달을 내버려두고 다스리지 않았습니다."라고 하였다.

이에 황제가 말하기를, "법사는 조달이 어떤 사람이라고 생각됩니까?"라고 하였다. 지장이 대답하기를, "조달은 참으로 짐작할 수 없는 사람입니다. 무릇 부처님께서 세상에 모습을 나타내신 것은 바로 부처님의 가르침을 세상에 밝히려는 것이었습니다. 만약 다스리지 않을 수 없다면 성인이 어떻게 이런 일이 나타나는 것을 용납하였겠습니까. 만약 오로지 죄를 다스리기만 한다면 스님들은 일어서지를 못합니다. 줄곧 죄를 다스리지 않아도 역시 승단이 존립되지 않을 것입니다."[28]

---

[28] 『續高僧傳』권5(T50, p.466b). "帝曰:比見僧尼多未誦習. 白衣僧正不解科條, 俗法治之傷於過重. 弟子暇日欲自為白衣僧正亦依律立法. 此雖是法師之事, 然佛亦復付囑國王. 向來與諸僧共論, 咸言不異, 法師意旨何如.…(중략)…答曰, 調達親是其事, 如來置之不治. 帝曰,法師意謂, 調達何人. 答曰, 調達乃誠不可測, 夫示迹正欲顯教. 若不可不治, 聖人何容示此. 若一向治之, 則眾僧不立.

양 무제는 당시 비구·비구니들이 경을 외우고 익히지 않으니 스스로 백의승정白衣僧正이 되어 계율에 근거해 이를 단속하는 일을 하겠다고 하며, 비록 법사의 일이긴 하지만 부처님께서 허락하신 일이라 주장한다. 속인으로서 황제의 위치에서 불교 교단에 관여할 수 있는 것과 황제의 위치이면서 동시에 교단 내부의 지위를 확보해 직접 관여하는 것은 큰 차이가 있다. 뿐만 아니라 양 무제는 부처님께서 자신에게 일임했다는 주장을 펼치고 있어 전륜성왕의 위치로 만족하는 것이 아니라 출가자를 능가하는, 스스로가 실제 10지 보살의 계위에 오른 것으로 자부하는 것을 볼 수 있다.

이에 지장은 제바달다의 예를 들어 속인인 무제가 승정의 위치에서 승단의 일에 직접적으로 개입하는 것을 완곡하게 반대한다. 그리고 지장이 그 자리에서 나온 후, 주변 사람들과 제자들이 황제에게 직접 반대한 지장의 태도를 우려하는데, 지장은 이들에게 다음과 같은 말을 남긴다.

국왕께서 불법을 자기의 소임으로 삼으려고 하는 것은 곧 보살의 마음을 지녔기 때문이다. 그러나 일가가 아들, 형제 수십 명밖에 안 되는 사대부의 집안에서도 반드시 모두 뜻이 맞는다고 할 수 없는데 하물며 승단의 경우에는 오방五方의 승단들이 뒤섞여 명백히 가려내기가 쉽지 않으니 반드시 그 가운데 큰 죄만을 가려서 제거하자고 했을 따름이다. 또한 부처님의 계율은 세간에 널리 깔려 있으니 만약 이 계율을 따른다면 이것으로도

一向不治亦復不立, 帝動容追停前勅, 諸僧震懼相率敢請".

충분히 서로 기강으로 삼아 다스릴 수 있을 것이다. 승정僧正이라는 제도는 비단 무익할 뿐만 아니라 손해가 매우 많다. 나는 항상 황제에게 권고하여 이것을 그만두게 하려고 하였는데 어찌 이 일에 찬성하는 것을 용납하겠는가.[29]

위 기록을 통해 남조에서 행해지던 승정제에 대한 지장의 견해가 그대로 드러나고 있다. 승정제에 대한 인식은 미비하지만 법영을 시작으로 승우와 그의 제자인 지장智藏에게 이어진 것으로 보인다. 즉, 양나라 이전에 활동했던 법영-승우-지장에 이르는 주요 인사들이 승정제에 대한 우려와 폐지 움직임을 이어가고 있었다.

양 무제는 승우의 영향으로 불교사상을 수학하고 무차대회와 사신 활동을 펼치며 전륜성왕으로서 불법을 수호하고자 했으나, 결국 교단에 강력한 영향력을 행사했던 북조의 전통을 수용하려는 움직임도 존재했다고 추정된다. 그리고 이에 반대하는 남조 불교 교단과의 마찰이 있었는데, 아이러니하게도 양 무제가 사신 활동을 완성한 후에 일어난 것이다.

---

[29] 道宣,『續高僧傳』卷5(T50, p.466c). "藏出告諸徒屬曰. 國王欲以佛法為己任, 乃是大士用心. 然衣冠一家子弟十數, 未必稱意, 況復眾僧, 五方混雜未易辯明, 正須去其甚泰耳. 且如來戒律布在世間, 若能遵用足相綱理. 僧正非但無益為損尤多. 常欲勸令罷之, 豈容贊成此事".

Ⅳ. 중국 남조의 국가불교

지금까지 우리는 남조의 불교와 북조의 불교를 양극단에 대비시켜 이해하는 측면이 컸다. 글의 첫머리에서 언급한 것과 같이 북조의 불교는 국가 체제 안에서 강력하게 불교 교단을 통제하려 했던 경향성이 강한 것으로, 남조의 불교는 교단의 독립성 확보가 가능했으며 이는 위정자의 노력 역시 일정 부분 작동한 것으로 이해해 왔다. 특히 남조 불교 교단을 이해하는 방식에 많은 영향을 끼친 사항이 양 무제의 봉불활동일 것이다. 기존의 이러한 이해 방식의 유효함은 여전하지만, 이 글에서 살펴본 바와 같이 양 무제의 봉불활동이 전륜성왕 이념의 실현이라는 측면으로만 이해할 수 있는가의 문제는 재고할 사항이라 생각된다.

양 무제의 봉불활동이 가지는 의미를 탐색하기 위해서는 남조 불교 교단의 특수성을 이해해야 하는데, 이때 여산혜원에 의한 사문불경왕자론 제창 문제와 그 파급력이 양나라 시대까지 여전히 존재하고 있었던 점을 이해해야 할 것이다. 사문불경왕자론에 입각한 남조 불교 교단의 특수성과 관련해 유관 연구 분야에서는 국가와 불교 교단 양자 간에 동등한 위치 점유의 결과를 낳았다고 이해하고 있다.

그러나 중국불교사 전반에 걸쳐 폐불廢佛 사건에 사문불경왕자론이 거듭 거론되었듯이, 남조에서도 이 문제가 단순히 불교 교단의 정체성 확보라는 결과로만 끝나지는 않았을 것이다. 이러한 측면에서 양 무제의 봉불활동을 면밀히 살펴본 바, 국가권력-혹은 황제, 위정자-이 불교 교단을 통제하기 위한 다양한 방식을 적용시킨 일례로 보여지는 부분이 엿보인다. 이를 정리하면 다음의 몇 가지로 간추려 볼 수 있다.

첫째, 남조에서 행해지던 승정제僧正制는 불교 교단에 대한 존중의 의미가 있었다 하더라도 혜원의 사문불경왕자론 전통을 이어가던 불교 교단 측에서는 국가가 제도적 권력을 활용해 교단에 영향을 미치는 것에 대해서 반발했던 것으로 보인다.

둘째, 국가의 제도적 권력이 불교 교단을 침해하는 것을 막기 위한 노력의 일환으로 승우가 제시한 무차대회와 사신재는 양 무제가 전륜성왕을 실현할 수 있는 실질적인 방법론으로 대두되었다.

셋째, 양 무제는 불교사상을 수학한 이후 사신 활동을 시작했는데, 사신 활동과 연호를 개원하는 것이 동시에 일어난다. 이때 사용한 연호는 양 무제 스스로가 보살사미-장래의 부처-이며, 양나라의 국토가 불국토임을 선포하는 불교적 의미를 담고 있다.

넷째, 연호의 의미에서 보이듯이 양 무제는 전륜성왕의 실현을 뛰어넘어 스스로에게 출가자 그 이상의 의미 부여를 함으로써 세간의 황제이면서 동시에 출세간의 불교 교단에서 '승정'의 지위를 맡아 교단을 통제하려는 모습을 보인다.

다섯째, 양 무제가 백의승정이 되려 했던 시도는 당시 불교 교단이 반대하여 무산되었다. 이는 황제 및 국가권력에 대한 남조 불교 교단의 태도와 더불어 승정제에 대해 북조의 승통제와 다르지 않다는 인식이 만연되어 있었음을 알 수 있다.

위의 정리된 내용과 같이 중국 남조에서도 역시 북조와 유사한 국가불교적 개념이 존재했음을 알 수 있다. 다만 권력을 중심으로 한 전개 양상인가 혹은 불보살의 개념을 적용시켜 권력을 활용한 전개 양상인가의 차이점이 있을 뿐, 국가가 불교 교단을 행정제도를 활용해 통제하려는 시도는 남조에서도 존재했던 것 같다. 그럼에도 불구하고 중국 남북조불교의 전개 양상을, 특히 '국가불교'라는 주제어로 접근했을 때 매우 다른 양상으로 전개되었다는 보편화된 관념에서 벗어날 필요가 있어 보인다.

• 참고문헌

• 원전류
- 『妙法蓮華經』T9
- 『佛說維摩詰經』T14
- 『華嚴經』T10
- 『梵網經』T24
- 『梵網經古迹記』T40
- 慧皎, 『高僧傳』T50
- 道宣, 『續高僧傳』T50
- 『大唐內典錄』T55
- 『南史』
- 『梁書』

• 단행본 & 논문
- 에띠엔 라모뜨 지음, 호진 옮김, 『인도불교사』, 서울: 시공사, 2006
- 탕용동 지음, 장순용 옮김, 『한위양진남북조 불교사』3, 서울: 학고방, 2014
- 김재영, 『초기불교의 사회적 실천』, 서울: 민족사, 2012
- 일아 지음, 『아소까-각문刻文과 역사적 연구』, 서울: 민족사, 2009
- 각묵 스님, 『디가니까야』3, 울산: 초기불전연구원, 2005

- 河上麻由子, 정지은 역, 「梁 武帝의 『阿育王經』 轉輪聖王표방과 백제 聖王」, 『목간과 문자』 24호, 2020.
- 소현숙, 「梁 武帝의 佛敎政策」, 『한국고대사탐구』 vol2, 2009.
  「梁 武帝와 同泰寺」, 『불교학보』 54집, 2010.
- 윤세원, 「전륜성왕의 개념형성과 수용과정에 관한 연구」, 『동양사회사상』 제17집, 2008.
- 한지연, 「불교 교단에 대한 중앙통제 유형의 원형과 변용」, 『원불교사상과 종교문화』, 제83집, 2020.

대승경전이 주목한 본생담

I. 본생담의 북전

II. 본생담의 북전, 한역의 역사와 의의
    본생담, 언제 어떤 기준으로 한역되었는가
    한역된 본생담, 왜 547편이 아닌가

III. 믿음의 대상, 붓다에서 경전으로
    붓다를 향한 믿음의 대상으로서의 본생담
    깨달음을 향한 믿음의 대상으로서의 대승경전

IV. 대승경전의 본생담 활용

Ⅰ. 본생담의 북전

붓다의 전생고사가 담긴 이야기는 전생담 혹은 본생담이라는 타이틀을 달고 547편의 다양한 주제로 전해온다. 붓다의 깨달음이 단번에 이루어진 것이 아니라 수많은 생生을 거치면서 -인도식 시간의 개념을 빌어 말하자면 여러 겁劫의 시간 동안- 철학·종교적 수행이 아닌 사회 윤리적 규범 속에서 행해질 수 있는 인간적 선善 논리에서의 수행도 철저하게 이루었다는 내용을 내포하고 있다. 이는 본생담에 대하여 윤리적 차원에서 접근할 수 있는 여지를 준다.

단, 여기서 주의할 점은 본생담의 내용이 철저하게 인도 문화 및 풍조에서 형성된 윤리적 기준에서 접근되었다는 부분이다. 때문에 동아시아에서는 불교와 함께 전해진 본생담이 동아시아 문화에 맞게 각색되어 재창출되면서 새로운 문학작품으로 탄생하는 면면이 있음을 가정해 볼 수 있다.

이러한 본생담은 불교 전파 루트를 따라 전해지는데 남전南傳에서는 그대로 자타카Jataka, 북전北傳에서는 자타카의 이름을 그대로 하지 않고 이명異名으로 수차례 한역漢譯된다. 그럼에도 547편의 내용이 모두 소개되지는 않고 각각의 경전에서 다른 에피소드들을 선별하여 한역하는 양상을 볼 수 있다.

따라서 여기에서는 우선 본생담의 북전에 있어서, 특히 한역경전을 기준으로 어떤 내용이 주로 번역되었으며, 번역 대상에 대한 특별한 기준점이 있는가 그리고 그 기준점이 의미하는 것은 무엇인가라는 문제를 다룬다. 물론 다양한 시각으로 볼 수 있는 여지가 많지만, 여기서는 인도와 동아시아의 문화적 차별화, 즉 지역과 민족이 갖고 있는 특수성이 작동하는 측면에서 살펴보려 한다.

한역경전, 즉 텍스트의 번역이 갖고 있는 의의를 살펴보았다면, 인도-실크로드-동아시아를 거치면서 텍스트의 번역이 아닌 문화적으로 어떻게 표출되었는가에 대해 볼 필요가 있을 것이다. 본생담은 한국의 사찰 건축물 외벽에 벽화를 그리는 방식과 동일하게 각 지역의 석굴사원 내에서 볼 수 있다.

특히 인도와 실크로드의 경우 일정 시기까지 석굴사원에서는 벽화 내지는 부조물로, 일반 사원에서는 부조물의 양식으로 표현되고 있다. 벽화가 되었든 부조물이 되었든 그 소재는 본생담이 대부분을 차지하며, 본생담이 아닌 경우에는 붓다의 생애가 묘사되어 있다. 이에 비해 동아시아-여기에서는 특히 중국의 경우를 집중적으로 비교할 예정이다-에서는 본생담에 국한된 것이 아니라 소재가 다변화되는 양상을 볼 수 있다. 이 경우 앞서 언급한 한역 본생담이 동아시아에서 갖는 의미와 연동하여 고찰할 것이다.

그리고 자타카 텍스트의 한역 과정에서 선별적인 재편집 기준점과 그 기준점에서 공통적으로 나타나는 초기 대승불교 경전과의 연관관계를 통해 인도-실크로드와 중국불교의 차별화된 발전상을 고찰한다. 그 과정에서 자타카가 지니고 있는 불교사상사적 의의 역시 밝혀보는데, 이는 텍스트의 내용·기준과 문화 현상의 변천까지 모두 아우르는 측면에서 접근하고자 한다.

II. 본생담의 북전, 한역의 역사와 의의

본생담, 언제 어떤 기준으로 한역되었는가

자타카Jataka, 즉 붓다 전생고사의 이야기가 담겨 있는 이 경전은 이른 시기부터 중국에서 다른 여타의 불교경전이 한역될 때 함께 번역된다. 그러나 원전 그대로 고스란히 한역된 것이 아니라 부분적으로 번역될 뿐더러 여러 차례에 걸쳐 각기 다른 역경승譯經僧에 의해 다른 경전의 제목으로 한역되기 때문에 이에 대한 고찰부터 시작한다. 따라서 현존하는 자타카의 한역본을 먼저 살펴보는데, 대략 7부 정도로 추려볼 수 있을 것 같다. 우선 이를 도표로 제시하면 다음과 같다.

경전명	번역시기	번역자	대장경 수록처
육도집경六度集經 8권	오吳	강승회康僧會	T3, p.1~
보살본연경菩薩本緣經 3권	오吳	지겸志謙	T3, p.52~
찬집백연경撰集百緣經 10권	오吳	지겸志謙	T4, p.203~
생경生經 5권	서진西晉	축법호竺法護	T3, p.70~
보살본행경菩薩本行經 3권	동진東晉 기록	실실 역인명	T3, p.108~
출요경出曜經 30권	요진姚秦	축불념竺佛念	T3, p.609~
보살본생발론菩薩本生髮論	송조宋朝 기록		T3, p.332~

위의 표에서 볼 수 있듯이 송나라 시대에 정리된 일종의 정리 기록인 『보살본생발론』을 제외하면 모두 남북조 시대 이전에 한역이 완료되었다. 그러나 자타카 전체 분량이 번역된 것이 아니라 일부 내용과 더불어 붓다 일대기와 깊은 관련이 있는 내용을 중심으로 번역된 것이라는 점을 감안해 본다면, 이는 '한역의 완료'가 아닌 사실상의 미완성이라 하는 것이 더 정확할 것이다. 그럼에도 불구하고 중국에 불교가 전해지면서 본격적으로 경전의 한역이 시작되는 시기에 집중적으로 그리고 부분적으로 자타카가 독립된 경전체제로 번역된다.

그렇다면 어떤 기준에 의거해서 위에 나열된 독립 경전으로 선별되고 번역된 것일까? 위의 7가지 경전 가운데 그 내용을 확연하게 확인할 수 있는 것은 3가지 정도이다. 『육도집경』, 『보살본연경』, 『찬집백연경』 등의 3가지 정도가 자타카 자체를 비교적 충실히 번역했다고 볼 수 있다. 때문에 여기에서는 언급한 3가지 한역본을 기준으로 살펴보는데, 먼저 고찰할 내용은 자타카와 한역경전에서 보이는 구성의 차이점이다.

자타카는 서론부로서의 현재이야기에서 붓다가 어떠한 인연에 근거하여 과거세의 일을 전개하는가에 대한 유래를 서술한다. 본론부인 과거세의 이야기는 자타카의 주요 부분으로 현재세를 있게 한 원인이 되는 과거세의 유래를 서술하고 있다. 마지막 결론부에서는 현재세의 등장인물과 과거세의 것을 결합해 인과관계를 밝힌다.[1] 따라서 자타카는 총 3단 구성으로 이루어져 있다.

이에 비해 한역된 경전은 자타카의 구성과 전혀 다른 체계를 가지고 있다. 붓다의 전생, 현세, 전생과 현세의 인과관계와는 관계없이 구성되어 있다. 구성상의 차이점을 보기 위해 앞서 언급한 3종류의 경전 구성을 각각 살펴본다. 첫 번째, 『육도집경』에서는 첫 구절부터 6바라밀을 설명한다.[2] 그리고 각 장의 제목이 보시도무극布施度無極, 계도무극戒度無極, 인욕도무극忍辱度無極, 정진도무극精進度無極, 선도무극禪度無極, 명도무극明度無極이며 장章마다 해당 도무극에 대한 간략한 설명으로 시작한다. 그리고 타이틀에 맞는 자타카의 내용을 편집하는 구성을 취하고 있다. 첫 번째 시작 장인 보시도무극의 예를 보면 다음과 같다.

> 보시도무극布施度無極이란 어떠한 것인가? 대자大慈의 마음으로 사람을 기르고, 삿된 무리를 불쌍히 여기며, 어진 자를 기뻐하여 제도[度]를 이루게 하며, 중생을 보호하여 건져주며, 천지天地의 한계를 받지 않고 혜택이 널리 강과 바다에까지 미친다.

---

1 김명우[2003], p.187.
2 『六度經經』卷1(T3, p.1a), "何謂為六. 一日布施, 二日持戒, 三日忍辱, 四日精進, 五日禪定, 六日明度無極高行".

중생에게 보시하되, 굶주린 자를 먹이고, 목마른 자를 마시게 하고, 추위에 옷을 주고 더위에는 시원하게 하여 주며, 앓는 자에게 약을 주어 낫게 하고, 수레·말·배·가마·진귀한 보배·처자·국토를 찾는 대로 주되, 마치 태자太子 수대나須大拏가 가난한 이에게 보시하기를, 어버이가 자식을 기르듯 하여 부왕父王이 가두고 쫓아냈어도 딱하게만 여기고 원망하지 아니함과 같이 하는 것이니라.³

『육도집경』에서는 처음부터 6바라밀을 소개하고 바로 보시바라밀을 시작으로 내용이 전개되고 있다. 그리고 이러한 구성체제는 마지막 명도무극장까지 이어지고 있어 『육도집경』의 구성은 6바라밀의 순서에 입각한 것이라는 점을 알 수 있다.

두 번째, 총 3권으로 구성된 『보살본연경』은 6바라밀 가운데 특히 보시바라밀과 관련된 내용에 치중하고 있다. 상·중권에 「비라마품毘羅摩品」⁴, 「일체시품一切施品」⁵, 「일체지왕자품一切持王子品」⁶, 「선길왕품善吉王品」⁷, 「월광왕품月光王品」⁸의 5가지 자타카 이야기가 수록되어 있는데 그 내용이 주로 보시바라밀을 강조하는 것이다. 그리고 마지막 하권에는 「토품兔品」,

---

3 『六度集經』卷1(T3, p.1a), "布施度無極者 厥則云何. 慈育人物, 悲愍群邪, 喜賢成度, 護濟衆生, 跨天踰地潤八河海. 布施衆生, 飢者食之, 渴者飲之, 寒衣熱涼, 疾濟以藥, 車馬舟輿, 衆寶名珍, 妻子國土, 索即惠之. 猶太子須大拏, 布施貧乏, 若親育子, 父王屏逐, 愍而不怨".
4 『菩薩本緣經』卷1「毘羅摩品」(T3, p.52b).
5 『菩薩本緣經』卷1「一切施品」(T3, p.55a).
6 『菩薩本緣經』卷1「一切持王子品」(T3, p.57c).
7 『菩薩本緣經』卷2「善吉王品」(T3, p.61b).
8 『菩薩本緣經』卷2「月光王品」(T3, p.62c).

「녹품鹿品」 등 우화寓話적 성격이 강한 내용으로 구성되어 있다. 『보살본연경』의 경우에는 『육도집경』에 비해 6바라밀 전체에 대한 내용을 조직적으로 구성하고 있지는 않지만, 각각의 품에서 보시바라밀을 강조하되 6바라밀의 전반적 흐름을 살펴볼 수 있는 내용이 전개되고 있다.

『찬집백연경』은 위의 두 경전과 많은 차이점을 보이고 있다. 바라밀을 강조하면서 주로 붓다의 전생이야기에 초점을 두어 서술한 것이 전자의 경우라면, 『찬집백연경』은 자타카의 3단 구성 가운데 전생과 현세의 인과관계를 설명하는 이야기에 초점을 두고 있다. 다시 말해서 앞의 두 경전이 자타카의 본론부에 집중했다면, 『찬집백연경』은 자타카의 결론부에 해당하는 내용이 수록되어 있는 것이다. 그리고 결론부 가운데서도 특히 수기授記, 공양供養, 보살菩薩과 관련된 내용이 집중적으로 조명되고 있다.

따라서 동일 시대에 한역된 세 가지 경전의 구성과 내용에 있어서 공통적으로 나타나는 것은 6바라밀, 수기, 공양, 보살 등이다. 이는 초기 대승불교 경전에서 강조되고 있는 내용들이 구성체제의 기준이 되었다고 추정해 볼 수 있는 근거가 된다. 그리고 현존하는 자타카의 한역본이 남북조 시대 이전에 집중되어 있는 것으로 미루어보아 중국불교 초기에 해당하는 시기에 자타카에 대한 관심이 고조되어 있었음을 짐작할 수 있다.

한역된 본생담, 왜 547편이 아닌가

현존하는 한역 본생담을 기준했을 때, 자타카에 수록되어 있는 547편이 모두 한역화된 것은 아니라는 것을 살펴보았다. 또한 3단 구성 가운데 특히 본론부와 결론부에 치우쳐서 한역되었는데, 인도를 비롯해 남방불교에서 547편에 이르는 자타카가 그대로 이용되는 것에 비해 한역화되는 과정에서는 일종의 선별 작업이 있었던 점을 지적했다. 그리고 여러 가지 기준이 있었겠지만, 초기 대승불교에서 강조하는 점에 초점을 맞췄을 가능성에 대해 앞서 제기하였다.

따라서 여기에서는 자타카의 한역 작업에 있어 대승불교와의 관계성에 초점을 두고 547편의 모든 스토리가 한역되지 않은 까닭에 대해 집중적으로 밝히고자 한다. 물론 여타의 이유가 존재했을 가능성도 있지만, 지금까지 이 문제에 대한 고찰이 학계에서 이루어지지 않았던 배경을 한 가지 원인에 초점을 두고 고찰하도록 한다.

초기 대승불교와의 연관관계에 주목하는 이유는 2가지이다. 첫 번째는 자타카를 한역하는데 있어 중국적 사유 방식, 즉 중국 전통사상을 염두에 둔 까닭이라는 것이다. 두 번째는 편집·한역자인 강승회와 지겸 모두 선조는 각각 강거·월지이지만 아버지나 조부모대에 이주하여 서투른 중국어가 아닌 중국적 사유와 언어의 구사에 익숙해진 상태에서 한역했다는 점이다.

첫 번째, 필자가 중국적 사유 방식을 염두에 둔 이유는 『육도집경』을 한역한 강승회의 활동과 번역 방식, 그리고 그가 활동했던 오나라에서 불교가 정착할 수 있는 방법론적인 측면에 일맥상통하는 부분이 있기 때문이다. 강승회와 관련된 전기를 통해 보면, 그의 조상은 강거康居 출신으로 어릴 적 상인인 아버지를 따라 교지交趾로 이주했다가 10여 세에 부모

님을 여의고 출가하였다.⁹ 강승회가 오나라 땅에 도달해 불교를 전했던 방식은 역경譯經을 통한 것만이 아니라 사리의 영험함을 보여주는 신통력과 더불어 중국 전통사상에 비추어 불교의 교리를 전하기도 했다. 특히 귀족계층이 우위에 있었던 오나라에서 중국의 유가 및 도가의 가르침에 빗대어 불교를 전법했던 것은 불교가 정착하는데 있어 상당히 적절한 대응방안이었을 것이다. 다음의 『고승전高僧傳』 기록은 당시의 오나라 시대 상황과 강승회의 대응을 잘 보여주는 대목이라 생각된다.

'무릇 훌륭한 임금이 효성과 자애로써 세상을 가르치게 되면 붉은 까마귀가 날고 노인성이 나타나고, 어진 덕으로 만물을 기르게 되면 예천이 솟아오르며 곡식이 나는 것입니다. 이같이 선한 행위를 하면 좋은 일이 있고 악한 행위를 하면 그에 상응하는 일이 있게 됩니다. 따라서 보이지 않는 곳에서 악한 일을 하면 귀신이 그에 대한 벌을 주고 드러난 곳에서 악한 일을 하면 사람들이 그에 대한 벌을 줍니다. 『주역』에서도 '선한 일을 많이 한 집에는 반드시 좋은 일들이 많을 것이다.'고 하였고, 『시경』에서도 '복을 구하는데 어그러짐이 없네.'라고 하였습니다. 비록 유가 경전의 격언이라고는 하지만 부처의 가르침에서도 나오는 사리가 밝은 교훈입니다.'¹⁰

---

9 慧皎, 『高僧傳』卷1(T50, p.325a), "其先康居人, 世居天竺, 其父因商賈, 移于交趾, 會年十餘歲 二親並終, 至孝服畢出家".
10 慧皎, 『高僧傳』卷1(T50, p.325a), "夫明主以孝慈訓世, 則赤烏翔而老人見, 仁德育物, 則醴泉涌而嘉苗出. 善既有瑞惡亦如之, 故為惡於隱鬼得而誅之, 為惡於顯人得而誅之, 易稱積善餘慶, 詩永

위의 인용문 가운데 오상烏翔, 노인老人, 예천醴泉, 가묘嘉苗는 모두 태평성대가 이루어질 징조의 요건들을 『열자列子』「주목왕周穆王」편을 참고하여 나열한 것이다. 또한 '鬼得而誅之'와 '人得而誅之'의 내용은 모두 『장자莊子』「경상초庚桑楚」편에서 언급한 내용이다. 인용문 자체에서 보이듯이 『주역』과 『시경』의 내용 역시 언급하고 있어 강승회는 도가와 유가 경적에서 언급된 내용을 활용하여 불교를 전파했던 것이다.

물론 강승회에 대한 이러한 기록은 강승회 스스로의 표현이 아니라 『고승전』을 편찬한 혜교가 중국 전통사상 경적을 활용하여 묘사한 독특한 표현법일 수도 있다는 의심의 여지는 남아 있다. 그러나 '6경을 두루 읽었고 천문과 도위에도 정통했다.'[11]는 강승회에 대한 설명과 더불어 그가 지냈던 교주를 함께 고민해 본다면, 강승회가 유가, 도가의 경적을 활용했을 것이라는 추정은 가능하다.

교주는 당시 중국과 인도문명의 중심지 사이에 있었고 양쪽 문명의 영향을 모두 받고 있었기 때문에 중국 문명의 절대적 영향력은 의심할 여지가 없다.[12] 따라서 강승회가 성장했던 지역적 특성과 그곳의 토착지식인으로 이해해 본다면 불교 전파에 있어 이러한 방식을 채택한 것은 크게 이상할 일이 아닐 것이다.

또한 오나라의 시대 상황이 사회의 최상층부인 왕실, 귀족계층의 도움을 받아 불교가 정착하고 있었다는 것[13]은 이미 기존에 연구된 성과에

求福不回, 雖儒典之格言, 即佛教之明訓".
11 慧皎, 『高僧傳』卷1(T50, p.325a), "明解三藏, 博覽六經, 天文圖緯多所綜涉".
12 에릭 쥐르허 저, 최연식 역[2010], p.85.
13 에릭 쥐르허 저, 최연식 역[2010], p.84, 변귀남[2007], p.241.

의해 입증된 것이다. 그러므로 오나라에서 활동한 초기 전법승인 강승회가 중국 전통사상과의 연관관계 속에서 자타카를 번역할 때 의도적인 편찬, 즉 유가 및 도가에서 강조하는 방향성과 불교에서의 6바라밀을 함께 배대시키는 방법을 채택했다는 추정이 가능하다. 따라서 6바라밀을 강조하는 내용에 입각한 자타카 내용을 취사선택하면서 547편의 내용이 모두 번역되지는 않았을 것이다.[14]

두 번째, 중국적 사유와 완벽한 중국어 구사를 통해 불교를 전파한 인물이 본 본생담이라는 점에 주목해 본다. 앞서 본 강승회뿐만 아니라 지겸 역시도 선조는 월지인이나 조부모대인 한나라 때 중국으로 귀화한 경우에 해당된다.[15] 이는 강승회와 지겸이 모두 중국인의 언어, 사유, 사상에 익숙한 인물이라는 것을 시사한다. 여기서 지칭하는 언어는 중국어, 즉 한자문화권에서의 언어구사이며, 사상은 앞서 언급했던 유가 및 도가에 입각한 것을 말한다. 그리고 사유라는 부분은 사상을 구현하는데 있어 가장 접근하기 쉬운 사고체계를 말하는데, 본생담과 연동시켜 본다면 우언寓言의 표현 방법으로 설명될 수 있을 것이다.

우언은 논리·사상적 주장과 하나의 이야기를 결합시킴으로써 강력한 메시지를 전달하는 것이다. 이러한 우언에 대해 응계溪縊는 서구 및 인도의 고대 민간 우언의 80%가 동물이며 인물은 20% 정도를 차지하는데

---

14 6바라밀을 통해서 분류하는 자체는 인도 혹은 간다라 지역에서 형성된 것일 수도 있으나 현재로서는 그 원본을 확인할 수 없기 때문에 확정하기 힘들다. 다만 그 가능성은 염두에 두어야 할 것이다. 그리고 원전에서 6바라밀을 기준으로 분류하는 체제가 성립되어 있었다면, 다만 발췌번역의 과정에서 상당 부분의 원전이 중국문화에 맞추어 배제되었을 가능성도 있다고 생각한다.
15 僧祐, 『出三藏記集』卷13(T55, p.97b), "大月支人也, 祖父法度, 以漢靈帝世, 率國人數百歸化".

반해 중국은 인물과 관련된 우언이 70%에 육박한다고 밝히고 있다.[16] 이는 곧 중국이 정치적·사회적으로 내세워지는 주장을 관철하기 위해 동물보다는 인물을 중심으로 이야기가 전개되는 것이 훨씬 용이한 사회였다는 것을 시사한다. 이에 비해 자타카를 생산했던 인도의 경우는 동물우언을 통해 일반대중을 대상으로 설법을 효과적으로 전달했으며, 사상적 측면보다는 오히려 사회 윤리적 혹은 철학적 내용 전달을 용이하게 하는데 초점이 맞춰져 있었던 것이다.

어떤 대상과 사회를 향한 메시지인가, 목적성이 어디에 있는가, 어떤 환경에 노출되어 있는 민족인가 등의 조건에 따라 우화의 한 종류라 볼 수 있는 자타카 역시 새롭게 각색될 수밖에 없었다. 또한 강승회나 지겸은 자타카를 강력한 메시지 전달의 체제로 전환시킬 수 있는 중국적 사유가 가능한 인물이라는 점이 다른 역경승보다 자타카를 중국적으로 재구성하여 중국 사회에 전할 수 있는 원인으로 작용했을 가능성이 높아 보인다.

그리고 남북조 시대 이후에는 재한역의 과정을 거치지 않는 −고역·구역·신역 등 여러 단계를 거쳐 재번역되는 특징을 가진 한역경전이라는 점을 염두에 둔다면− 점도 이미 중국 오나라 시기에 중국적 사유에 맞춰진 자타카가 편집·편찬의 과정을 거쳐 소개되었기 때문으로 보아도 무방할 것으로 생각된다.

16　溪凝[1992], p.175.

Ⅲ. 믿음의 대상, 붓다에서 경전으로

앞서 자타카가 한역경전으로서 갖는 구조적 특징과 편집의도 등에 관해 살펴보았다. 그리고 이를 통해 불교가 전파되면서 그 지역이 갖는 여러 특수성과 밀접한 연관성을 가질 수 있다는 점을 추정해 볼 수 있었다. 앞 장에서는 텍스트에 집중하여 이 문제를 풀어보았다면, 이 장에서는 자타카가 갖고 있는 일반 대중을 향한 설법이라는 특징이 역사적으로 어떻게 구현되었는가에 대해 문화적 측면에 초점을 맞추어 살펴보고자 한다. 다시 말해서 이 글에서 사용한 용어인 지식인, 지배계층, 대중, 피지배계층 등의 관념은 지극히 중국적인 사회체제를 기준으로 설명될 수 있기 때문에 인도문화권과 중국문화권으로 다시 나누어 문화적으로 나타난 현상을 통해 이 문제를 조명하고자 한다.

붓다를 향한 믿음의 대상으로서의 본생담

자타카가 출현한 인도 내부와 동남아시아, 그리고 북전北傳 경로인 실크로드에서는 자타카 내용을 문화적으로도 재생산하는 양상을 보이고 있다. 인도 내에서는 석굴 내의 부조물을 통해서 확인할 수 있는데 붓다 현세의 이야기와 전생 이야기 모두 내용으로 표현되고 있다.

이 글에서는 자타카의 한역에 대한 의의를 보았던 것과 같이 불교의 전파 과정과 동아시아 내에서의 변화 양상에 초점을 맞추고 있기 때문에 인도에서의 예보다는 실크로드에서 자타카가 어떤 방식으로 활용되었는가에 치중하여 살펴보도록 한다.

실크로드에서 자타카의 내용을 확인할 수 있는 곳은 그리 많지 않다. 여러 이유에서 훼손된 탓이 크기 때문인데 다행히 고대 구자국龜玆國이었던 쿠차의 키질석굴에서 자타카를 표현한 예를 확인할 수 있다. 기존 연구에 따르면 중국 내의 석굴, 즉 운강석굴, 용문석굴, 돈황막고굴, 맥적산석굴 등에서 본생고사 작품을 확인할 수 있다. 그 숫자는 총 120여 가지인데 그중에서도 키질 석굴에 있는 것만 70여 가지에 이르러 중국 전 지역 석굴의 본생고사 작품 가운데 60%가량 보유하고 있다.[17]

실크로드 정중앙에 자리잡고 있는 키질석굴 역시 훼손의 영역이 광범위하지만 하나의 석굴 내에 벽면과 천장부까지 자타카로 표현되었기 때문에 비교적 묘사된 내용을 확인하는데는 큰 무리가 없다. 이러한 키질석굴의 직접적인 예를 살펴보는데, 그 이전에 키질석굴에 묘사된 자타카가 어떤 내용에 주로 치중되어 있는가를 먼저 살펴보도록 한다.

한상韓翔·주영영朱英榮은 다른 연구성과를 참고하여 금생고사今生故事, 전생고사前生故事, 게송시偈頌詩, 주석注釋, 대응對應의 5가지로 자타카의 주제를 분류하고 있다.[18] 또 이들 연구에서는 특히 키질석굴에서 문화

---

17 韓翔·朱英榮[1990], p.135.
18 韓翔·朱英榮[1990], p.134.

쿠차 키질Kizil 석굴 17굴 천장부의 붓다 본생담 벽화

적으로 시각화되는 석굴의 벽화 내용에 초점을 맞추어 다시 5개 주제로 분류하고 있다. 그 첫 번째는 '인과응보因果應報'와 관련된 내용이며, 두 번째는 '사생구사舍生求死', 세 번째는 '개악종선改惡從善', 네 번째는 '제세구중濟世救衆'이며, 마지막 다섯 번째는 '지혜정진知慧精進'의 내용이다.[19]

이 5개의 세부 주제는 붓다의 수행, 중생구제, 깨달음의 추구와 연관되어 있으면서 동시에 일반 대중들에게 있어서는 자타카의 윤리규범 성격이 강조되는 부분이다. 또한 이처럼 키질석굴의 세부 주제를 나누었다는 것은 자타카의 다양한 주제를 광범위하게 다루고 있었다는 것을 의미하기도 한다. 많은 주제 가운데 여기에서는 우리에게 익숙하기도 하고, 후술할 중국 내의 벽화와 공통적으로 나타나는 주제인 〈마하살타 왕자〉 본생담과 〈시비왕〉 본생담을 선택하여 살펴본다.

---

19 韓翔·朱英榮[1990], pp.135~153.

돈황 막고굴 428굴 동벽 마하살타 본생담 벽화

우선 〈마하살타 왕자〉의 본생담 내용을 간추려 보면 다음과 같다. 굶주려 죽어가는 어미 호랑이와 새끼 호랑이를 발견하고 마하살타는 사신捨身을 결심하고 두 왕자에게 돌아갈 것을 권유한다. 형들이 돌아가자 다시 호랑이들이 있는 곳으로 와 옷을 벗고 호랑이에게 몸을 던져 먹게 했지만, 기력이 쇠한 호랑이가 마하살타를 먹지 못했다.

이에 왕자는 마른 대나무 가지로 목을 찔러 피를 내고, 절벽에서 떨어져 호랑이 앞에 몸을 던졌다. 호랑이는 왕자의 피부터 먹으며 기력을 찾고 결국 왕자의 살점을 모두 먹어 살아났다. 동생이 돌아오지 않자 산으로 다시 간 두 형이 호랑이가 있던 곳으로 가보니 이미 동생의 몸은 호랑이에게 다 먹히어 유골만 남아있었다. 이에 두 형은 슬퍼하며 동생의 유골을 수습하여 사리탑을 세우고 난 후, 성으로 돌아와 부모에게 마하살타의 죽음을 전하였다.[20]

다음으로 〈시비왕〉 본생담의 내용은 다음과 같다. 시비왕은 비둘기 한 마리가 매에 쫓겨 피해 다니자 그의 겨드랑이 아래 숨겨주었다. 매는 왕에게 비둘기를 내놓거나 같은 양의 살점을 요구했는데, 왕은 자신의 허벅지 살을 잘라 저울에 올렸다. 그러나 그 양이 모자라자 팔의 살, 겨드랑이 살을 떼어주었음에도 저울이 평행을 이루지 않자 결국 온몸을 주어 비둘기의 생명을 구한다는 이야기이다.[21]

앞서 석굴 벽화의 주제별 분류에 의거해 본다면, 두 종류의 본생담 모두 두 번째인 '사생구사'의 내용에 해당될 것이다. 키질 38굴 천장부와 벽에 각각 그려진 두 본생담은 한역경전이 집중적으로 이루어지는 시기와 맞물려 중국 내부에서도 표현된다.

다시 말해서 중국의 남북조 시대에 집중적으로 그려지고 있는데, 다만 인도나 키질석굴과 같이 다양한 주제로 벽화의 상당수를 차지하기보다는 동일 주제를 반복적으로 표현하고 있는 모습을 확인할 수 있다. 그 가운데서 특히 위의 두 본생담의 주제는 지속적으로 묘사되고 있다. 〈시비왕〉 본생담은 돈황 막고굴의 275굴, 254굴, 285굴 등에서 확인할 수 있고, 〈마하살타〉 본생담의 경우 돈황 막고굴 428굴에 상세하게 묘사되어

---

20 〈마하살타〉 본생담은 『육도집경』권1, 『금광명경(金光明經)』권4, 『현우경(賢愚經)』권1 등에서 볼 수 있다.
21 〈시비왕〉 본생담은 『육도집경』권1, 『대지도론』권4, 『대장엄론경』, 『찬집백연경』 등에서 볼 수 있다.

있는 것을 확인할 수 있다.

　인도에서부터 실크로드를 거쳐 중국 내부까지 자타카의 흐름은 계속되고 있다. 그러나 인도와 실크로드에서는 폭발적으로 많은 분량, 다양한 주제가 표현되는 것에 비해 중국에서는 석굴 개착 초기에만 확인할 수 있을 뿐, 사상적으로 불교가 성행하는 시기에 들어서면 자타카는 거의 사라지는 양상을 보이고 있다. 이러한 현상에 대해 많은 원인을 거론할 수 있겠지만, 필자는 불교를 대하는 이들이 믿음의 근원을 어디에 두고 있는가에 따른 방향성의 결과로 본다. 다시 말하면 붓다를 향한 믿음인가 아니면 붓다의 깨달음 자체에 대한 믿음인가에 따라 문제의 양상을 설명하고자 한다.

　인도와 인도문화권인 실크로드에서의 출가자 및 대중들은 자타카의 내용을 통해 깨달음에 대한 열망과 더불어 인간적인 붓다 그리고 나와 동일한 시대에 깨달음을 얻은 이의 구체적인 수행 방식에 대한 추구가 있었을 것이다. 더욱이 서북인도와 실크로드는 동일 문화권 혹은 동일 민족으로 구성되어 있다는 견해가 많은데,[22] 서북인도 각 지역에는 앞서 소개한 〈시비왕〉, 〈마하살타〉 본생담을 비롯해 〈월광왕〉 본생담까지 직접적으로 관련된 장소가 산재해 있다. 관련 내용은 법현法顯의 『법현전法

---

[22] 쿠차 및 호탄과 관련해 경전상의 근거는 前秦시대 曇摩難提가 번역한 『阿育王息壞目因緣經』에서 '신두하의 바깥쪽 사가국에서부터 건타월성과 오특의 여러마을, 검부와 안식과 강거와 오손과 구자와 우전과 진토에 이르기까지 이 염부제의 절반을 법익에게 주어서 백성들을 잘 다스리고 그 이름을 후세까지 드날리도록 할 것이다'(T50, p.175a:新頭河表, 至娑伽國, 乾陀越城, 烏特村聚, 劍浮安息, 康居烏孫, 龜茲于闐, 至于秦土, 此閻浮半, 賜與法益, 綱理生民, 垂名後世)라는 문구를 통해 들 수 있다. 또한 나카무라 하지메 역시 쿠샨왕조의 카니슈카 왕이 선대의 두 왕과는 그 출신성분이 다르다고 하면서 중앙아시아의 호탄국 출신이라 밝히고 있어 쿠샨과 호탄과의 민족적 연관관계를 주장하고 있다.(中村 元, 김지견 譯[1979], pp.393~395).

顯傳』숙가다국宿呵多國과 축찰시라국竺刹尸羅國조에서 각각 볼 수 있는데 구체적인 내용은 다음과 같다.

a. 숙가다국: 하안거가 끝난 후, 남쪽으로 내려와 숙가다국에 이르렀다. 이 나라에는 불법이 역시 성행하고 있었다. 예전 천제석이 보살을 시험하려고 매와 비둘기로 화현해 보살이 살점을 떼어 비둘기에게 주었던 곳이 있었다. 부처님께서 깨달음을 이루시고자 여러 제자와 함께 유행하셨을 때 '이곳은 본래 내가 살점을 떼어 비둘기에게 주었던 곳이다'라고 말씀하셨다. 나라 사람들은 연유를 알 수 있도록 이곳에 탑을 세우고 금은으로 치장하였다.[23]

b. 축찰시라국: 축찰시라는 한나라 말로 '잘려진 머리'라는 뜻이다. 부처님께서 보살이었을 때, 이곳에서 머리를 다른 사람에게 보시했는데, 이런 까닭으로 붙여진 이름이다. 다시 동쪽으로 이틀 가니 굶주린 호랑이에게 몸을 던진 곳에 이르렀다. 이곳에도 큰 탑을 세워 모두 온갖 보배로 치장했다.[24]

숙가다국은 간다라 북쪽에 위치한 스와트swat 지역을 말하며, 축찰시라국은 탁실라Taxila의 과거 명칭이다.[25] 두 지역 모두 간다라를 중심으로

---

23 法顯, 『法顯傳』(T51, p.858a), "坐訖南下到宿呵多國. 其國佛法亦盛. 昔天帝釋試菩薩化作鷹鴿割肉貿鴿處. 佛既成道與諸弟子遊行, 語云, 此本是吾割肉貿鴿處. 國人由是得知, 於此處起塔金銀校飾".
24 法顯, 『法顯傳』(T51, p.858b), "竺刹尸羅漢言截頭也. 佛為菩薩時, 於此處以頭施人, 故因以為名. 復東行二日至投身餧餓虎處. 此二處亦起大塔".
25 고려대학교 한국사연구소 엮음[2013]. 숙가다국은 p.102의 각주33, 축찰시라국은 p1.05의 각주 39 참조.

각기 북쪽, 동쪽으로 멀리 않은 곳에 위치해 있으며 불교사적 측면에서 간다라 문화의 동일 선상에서 이해되는 곳이기도 하다.

또한 이 지역의 민족과 실크로드의 민족이 동일 민족이라고 추정하는 연구에 의거해 본다면, 실크로드에서의 자타카 유행은 인도와 동일하게 이루어졌다는 것을 알 수 있다. 뿐만 아니라 자타카 내용에 등장하는 장소가 간다라에 존재하고, 그 장소에 불탑을 세웠다는 것은 자타카가 간다라 사회와 불교 교단, 더 나아가 실크로드 지역까지 많은 영향을 끼쳤다는 것을 짐작할 수 있다.

위의 내용에 근거해 보면 인도, 서북인도간다라, 실크로드, 돈황지역까지 다양한 자타카가 부조물 또는 벽화로 표현되는 양상을 볼 수 있다. 지속적인 자타카의 유행은 자타카 내용의 배경이 되는 간다라의 여러 지역에서 자타카에 대한 믿음을 더 키울 수 있게 했고, 동일 문화권인 실크로드 역시 이러한 정서를 그대로 수용했던 것이다. 다시 말해서 여타의 경전·사상보다는 붓다에 대한, 붓다 수행에 대한, 붓다의 깨달음에 대한 믿음과 관심이 더 크게 작용하면서 이러한 경향성을 보인다고 할 수 있겠다.

깨달음을 향한 믿음의 대상으로서의 대승경전

앞서 중국 일부 지역까지 포함한 자타카 유행에 대한 의미를 살펴보았다. 지역성과 민족성이 결합됨과 동시에 자타카 자체가 붓다에 대한 믿음의 형태로 작용했을 가능성에 대해 지적했는데, 중국을 비롯한 동아시아 세계에서는 어떠했을까?

중국 내에서 자타카와 관련된 문화 표현을 볼 수 있는 곳은 대표적으로 돈황 막고굴을 꼽을 수 있다. 그런데 돈황 막고굴 역시 남북조 시대에 한정 지어 자타카를 표현하고 이후부터는 자타카의 일부만 표현하거나, 혹은 표현 자체를 하지 않는 양상을 보이고 있다. 남북조 시대에 한정된 자타카의 내용에 있어서도 앞서 예시로 살펴본 〈시비왕〉, 〈마하살타〉, 〈월광왕〉 본생도가 집중적으로 표현되고 있다. 즉, 키질석굴과 비교했을 때 숫자도 적을 뿐만 아니라 주제의 다양성도 떨어지고 있다. 그리고 주제는 한상韓翔·주영영朱英榮이 나눈 5주제 가운데 사생구사, 즉 사신捨身·희생에 초점이 맞추어져 있다. 자타카를 중국문화에 맞춰 발췌하여 편집·한역한 것과 같이 벽화를 조성함에 있어서도 동일한 기준을 적용했을 가능성이 농후하다.

이는 중국에서 자타카가 한역되는 시기와도 맞물려 있어 텍스트와 문화적 현상이 동시에 집중적으로 성행한 유일의 예라고도 할 수 있다. 물론 문화적 현상은 불교 전파 경로에 따라 수용되는 과정에서 사상의 흐름과 관계없이 나타나는 예도 존재한다. 그러나 대부분의 경전 한역이 한 시대에 한차례의 과정만으로 그치는 것이 아니라 여러 차례 반복되는 양상을 거치며 이에 근거한 문화표현이 심화된다.

이러한 일반적 경향성과는 달리 자타카의 경우, 남북조 시대 이후에는 한역의 과정을 거치지 않기 때문에 이러한 측면에서 텍스트 번역과 문화의 전파가 동일하게 이루어졌지만 이후 심화의 단계가 없는 유일한 예라 할 수 있겠다.

그렇다면 인도 및 실크로드 지역에서 지속적으로 자타카에 대한 믿음이 존재했던 것과는 다른 양상을 띠고 있는 이유는 무엇일까? 이 문제에 대한 답은 아마도 대승경전의 성행이라는 점과 무관하지 않을 것 같다. 앞서 한역된 자타카의 구성과 내용의 특징에 대해 언급할 때, 6바라밀·수기·공양·보살이 공통적으로 나타난다는 것을 밝혔다. 이는 초기 대승불교에서 가장 강조하던 내용으로 볼 수 있는데, 『광찬경光讚經』·『소품반야경小品般若經』·『반주삼매경般舟三昧經』·『묘법연화경妙法蓮華經』·『관무량수경觀無量壽經』 등의 경전에서 언급한 요소들이 강조되고 있다. 한 예로 『소품반야경』에서는 삼매를 강조하면서 결과는 수기로 이어지는 내용을 볼 수 있다.

> 수보리가 부처님의 위신력을 빌려 다음과 같이 말했다. "만약 보살이 이러한 삼매를 행하되, 이 삼매에 내가 마땅히 들어간다든가 내가 지금 들어간다든가 이미 들어갔다고 분별하지도 않고 생각하지도 않는다면, 이 보살은 이미 여러 부처님으로부터 아뇩다라삼먁삼보리를 얻으리라는 수기授記를 받은 줄 알아야 합니다." 사리불이 수보리에게 말했다. "보살이 이러한 삼매를 행하게 되면 여러 부처님으로부터 아뇩다라삼먁삼보리를 얻으리라는 수기를 받는다는데, 그렇다면 이 삼매는 모양을 볼 수 있습니까, 없습니까?" 수보리가 말했다. "사리불이여, 볼 수 없습니다. 왜냐하면 선남자들은 이러한 삼매를 알아보지 못하

니, 삼매에는 소유할 것이 없기 때문입니다."[26]

반야바라밀을 강조하는 반야계 경전에서도 수기, 공양, 보살 이외에 서사, 공덕까지 반복적으로 언급하고 있다. 이처럼 초기 대승경전에서 강조되는 부분을 자타카 한역 당시 편집의 기준으로 작용했을 가능성이 높다. 불전 번역사에 있어 자타카가 한역되기 이전에 이미 대승경전이 먼저 중국에 소개되었기 때문에 초기 대승불교의 내용이 익숙한 중국인에게는 자타카 역시 대승경전의 체제로 번역되고 읽혔을 가능성이 높다.

이와 같이 초기 경전 및 부파불교의 경전보다 대승경전을 먼저 접한 중국에서는 대승불교식의 붓다 바라보기가 더 익숙했을 것이다. 즉, 초기 대승경전에서 언급하는 6바라밀·공양·보살은 자타카에 등장하는 붓다의 전생·현세의 여러 모습과 행위가 윤리규범의 범주로 연결시킬 수 있으며, 수기의 과정을 통해 결과적으로 깨달음을 얻는 새로운 붓다 출현을 예고한다.

여기서 더 나아가 훗날 등장하는 삼신불三身佛과 연결시켜보자. 김호귀는 '『금강경』에서는 법신불法身佛과 응화신應化身의 개념은 뚜렷하지만, 아직은 후대에 본격적으로 말하는 삼신의 개념은 분명하지 않다.'[27]라고 밝히고 있다. 이처럼 초기 대승경전에서 개념적으로 법신불·응화신불이 등장하지만 본격적인 삼신불 사상은 중기 대승불교에서 등장하는 개념이다.

---

26 『小品般若經』卷1「初品」(T8, p.538b), "須菩提承佛威神, 而作是言. 若菩薩行是三昧, 不念不分別, 是三昧我當入, 是三昧我今入, 我已入, 無如是分別, 當知是菩薩已從諸佛得受阿耨多羅三藐三菩提記. 舍利弗語須菩提. 菩薩所行三昧, 得從諸佛受阿耨多羅三藐三菩提記, 是三昧可得示不? 須菩提言, 不也, 舍利弗, 何以故, 善男子, 不分別是三昧 所以者何, 三昧性無所有故".
27 김호귀[2015], p.379.

물론 삼신불과 자타카의 연관관계는 직접적으로 확인하기 힘들다.

그러나 자타카에서 묘사되는 붓다 전생과 현세의 여러 인연은 6바라밀에 근거한 수행, 주체로서의 보살, 그리고 결과로써의 공양과 매우 흡사하기 때문에 자타카와 초기 대승불교와의 연관관계는 비교적 뚜렷해 보인다. 그리고 초기 대승에서의 수기와 연관되면서 법신法身·보신報身·화신化身으로 재생산된다고 본다.

이 문제에 대해 〈마하살타〉본생담의 구체적 예를 들어 보자. 마하살타가 어미 호랑이와 새끼 호랑이에게 피와 살을 준 행위는 보시바라밀이며, 이를 통해 호랑이의 목숨을 구할 수 있었기에 공양의 의미를 담을 수 있다. 그리고 이러한 행위의 주체인 마하살타는 보살로 인지될 수 있다. 그런데 여기에 초기 대승불교에서 언급하는 수기의 과정을 거치면 곧 후대에 정형화되는 삼신불의 원형이나 각 경전의 타방과 같은 사례에서 볼 수 있는 다양한 부처가 탄생하게 되는 것이다. 이러한 관점에서 본다면 대승불교의 다양한 붓다의 원 모티브는 자타카라고 할 수 있겠다.

그리고 법신·보신·화신의 개념은 역사적인 붓다에서 진리 그 자체로 인지되거나 수행과 원력의 결과로 보거나 중생제도를 위한 존재 등으로 볼 수 있는 다양한 인식의 객체로서 붓다를 볼 수 있게 한다. 이는 인도 및 실크로드에서 생신生身으로서의 붓다 바라보기와는 다른 시각이면서 동시에 생신으로서의 붓다 이야기보다는 다양한 붓다, 깨달음 자체에 대한 믿음이 더 강하게 작용한 것으로 풀이할 수 있다.

대승경전과의 연관관계는 문화 현상에서도 극명하게 드러난다. 돈황 막고굴에서는 남북조 시대 이후부터 경변상도經變相圖가 본격적으로 등장한다. 경변상도의 내용은 주로 대승불교 경전의 내용을 담고 있다. 『법화경』『유마경』 외에도 정토계 경전에서 이야기되는 가장 핵심적인 부분을 담아내고 있다. 이는 키질석굴에서 자타카 각 내용의 핵심적인 장면을 마름모꼴의 프레임에 담는 것과 유사지만, 각각의 대승경전에서 품별로 핵심 장면을 이야기가 전개되는 형식으로 담아내는 것에서 차이점을 보이고 있다.

자타카도 이야기 중심이지만 그 속에는 강조되어 특징화할 수 있는 동물, 장면 등이 있어 키질석굴과 같은 구도가 형성될 수 있다. 반면 대승경전은 사상을 전달할 수 있는 여러 요소가 담겨 있을 뿐만 아니라 자타카처럼 특징화할 수 있는 부분이 비교적 적기 때문에 전개되는 이야기의 양상이 구체적으로 묘사될 수밖에 없다. 이 과정에서 사소하게는 가옥 형태·인물상·복장 등 자신들의 문화, 즉 주변부의 요소로 채울 수 있는 여지가 충분히 있었다. 이는 자타카에 등장하는 다소 생소하고 낯선 동물 등을 묘사하는 것보다는 불교의 사상이 훨씬 친숙하게 대중에게 다가설 수 있도록 작용하기도 한다.

따라서 대승불교 경전을 먼저 접했던 중국에서는 자타카의 편집·한역이 이루어진 것뿐만 아니라, 문화적으로도 이질감보다는 친숙함으로 다가갈 수 있는 대승경전에 대한 묘사가 주를 이루게 되었던 것으로 볼 수 있다. 그리고 대승경전상에 나타나는 다양한 붓다 출현을 먼저 접한 중국에서는 붓다에 대한 믿음보다는 깨달음에 대한 믿음이 더 강렬하게 작동한 것으로 보인다.

IV. 대승경전의 본생담 활용

우리는 자타카를 인용하거나 활용할 때 가장 인상적인 몇몇 이야기를 거론한다. 그리고 학문적으로는 주로 교육학, 문학 등의 측면에서 접근한다. 반면 붓다의 본생담이지만 불교학 자체에서는 심도있는 연구가 진행되지 않았다. 이는 자타카에 대해 '붓다의 전생 이야기'라는 점과 이를 통해 윤리적 의미를 부여한다는 이미지가 너무나도 확실하기 때문에 연구의 대상으로는 삼지 않았던 것 같다. 필자가 이 글의 주제를 위해 자타카에 대해 접근했을 때, 가장 난감했던 점이 바로 지금까지 불교학계에서 다루지 않았다는 점이었다. 또한 인도를 중심으로 흔히 전파 경로로 나누는 북방, 남방 경로에서 공통적으로 전해졌음에도 각 경로에서의 시작점, 영향력, 발전상 등이 전혀 언급되고 있지 않는 것이 학계의 현실이다.

여기에서는 자타카 자체에 대한 연구보다는 한역된 자타카의 구성, 주제 등에 접근하고 여기서 드러난 몇 가지의 특징과 역사적 문화 현상이 부합되는 측면으로 접근하였다. 그러나 여기서 얻을 수 있는 몇 가지 결론보다 더 많은 측면으로 접근해야 할 과제들이 남겨져 있다. 자타카와 한역에서 표현되는 여러 차이점, 자타카가 편집되었을 가능성이 높은 지역에 대한 추정, 자타카와 대승불교와의 연관성에 대한 구체적인 근거

등 여러 접근이 필요하다.

그럼에도 여기서는 여러 접근의 시작점으로 경전읽기의 지역적·문화적 차별성이라는 측면, 붓다에 대한 믿음과 붓다를 대신하는 대승경전에 대한 믿음이라는 측면의 두 가지 문제만을 제기하였다. 그리고 이에 대한 몇 가지 결론은 다음과 같다.

첫째, 자타카의 한역본은 초기 대승불교 경전에서 강조되는 6바라밀·수기·공양·보살이 구성체제의 기준이 되고 있다.

둘째, 한역 자타카의 역자인 강승회와 지겸은 중국문화권에서 성장·활동하면서 중국의 전통 사유 구조 및 언어에 능숙한 인물이다. 따라서 자타카 내용을 중국 전통 사상과 이미 접해 본 초기 대승경전에 맞추어 취사선택하게 되면서 547편 모두 번역하지 않고 자신들의 기준에 맞는 재편집과 번역을 하였다.

셋째, 자타카의 배경으로 등장하는 간다라 지역은 자타카 자체에 대한 믿음을 강렬하게 하였고, 간다라와 동일 민족·문화성을 지닌 실크로드에서는 이러한 영향을 강하게 받는다. 또한 인도문화권에서의 붓다에 대한 믿음이라는 부분도 함께 작동하여 자타카를 다양한 방식으로 표현하게 된다.

넷째, 자타카에 등장하는 붓다의 여러 전생의 모습과 행위는 초기 대승불교의 6바라밀·공양·보살의 개념과 연결할 수 있으며, 수기의 과정을 통해 훗날 등장하는 삼신불의 개념으로 발전되는 양상을 추정해 볼 수 있다.

다섯째, 인도 및 실크로드에서 자타카가 묘사되는 현상이 지속되지만 중국의 경우에는 남북조 시대 이전에 자타카의 한역과 문화 현상이 존재했고, 그 이후에는 자타카와 동일 선상으로 인지될 수 있는 대승경전을 주제로 한 경변상도로 완전히 탈바꿈하게 된다.

초기 경전과 부파불교의 여러 논서를 바탕으로 대승불교가 탄생한다는 것은 일반적인 상식선에서 이야기되고 있는 것이다. 그러나 이 글에서 살펴보았듯이 자타카에서 강조되고 있는 부분들이 초기 대승불교의 토대를 이루고 있으며, 여기에 수기의 과정이 도입되면서 다불의 사상까지 확대되는 경향성을 보이고 있다. 물론 기존의 초기 경전, 부파논서의 영향력을 비롯해 교단·사회문제 등의 여러 영향력에 대해 부정하는 것은 아니다. 하지만 자타카를 단순히 윤리규범 혹은 문학적인 접근 방식에서 연구될 대상이 아닌, 불교사상사적인 측면에서도 심도있게 연구되어야 할 대상으로 보아야 할 것이다.

•참고문헌

- 『六度集經』 T3
- 『菩薩本緣經』 T3
- 慧皎, 『高僧傳』 T50
- 法顯, 『法顯傳』 T51
- 僧祐, 『出三藏記集』 卷13 T55
- 『阿育王息壞目因緣經』 T50

- 고려대학교 한국사연구소 엮음, 『고승법현전』, 서울: 아연출판부, 2013
- 에릭 쥐르허 저, 최연식 역, 『불교의 중국정복』, 서울: 씨아이알, 2010
- 中村 元, 김지견 譯, 『붓타의 세계』, 서울: 김영사, 1979
- 溪凝, 『中國寓言文學史』, 昆明: 雲南人民出版社, 1992
- 韓翔·朱英榮, 『龜兹石窟』, 烏魯木齊: 신강대학출판사, 1990

- 김명우, 「불교에서는 장기이식을 어떻게 보는가:자타카를 중심으로」, 『石堂論叢』, 동아대학교부설 석당전통문화연구원, vol.33, 2003
- 김호귀, 「『금강경』과 선종에 나타난 부처의 개념 및 불신관」, 『한국불교학』 76집, 2015
- 변귀남, 「『六度集經』의 寓言特色 小考」, 『중국어문학』 49집, 2007

4장

동서 문화 교류와
대승불교

- ○○● 실크로드의 동서 문화 교섭과 불교의 중국화 과정
- ○●● 대승불교 경전으로 인한 불교 수행의 변화
- ●●● 북방불교의 수행 문화에 대한 고찰

실크로드의 동서 문화 교섭과
불교의 중국화 과정
- 돈황 지역에 보이는 불교문화와 중국 도교문화의 융합
  사례를 중심으로-

Ⅰ. 고대 돈황은 문화의 단순 주변부였을까?

Ⅱ. 교류 여건의 충족지, 돈황
    오량의 건국과 돈황의 역사 지리적 배경
    돈황, 한漢문화의 자리매김과 타문화의 덧씌움 과정

Ⅲ. 불교와 돈황의 닮은꼴, 다양성 인정과 추구
    돈황에서의 불교, 한漢문화 흡수와 정착
    중국에서의 돈황불교 이식화 작업

Ⅳ. 고대 불교문화 교류의 중심지였던 돈황

Ⅰ. 고대 돈황은 문화의 단순 주변부였을까?

 불교의 중국 진출에 있어서 중앙아시아, 혹은 더 좁혀서 실크로드 문화교류의 주요 중심지 중의 하나였던 돈황은 문화적으로 어떻게 평가되어야 할까? 중앙아시아 지역은 불교가 세계화되는 과정, 좁게는 중국으로 진출하는 과정에 한정하여 볼 때 대단히 중요한 역할을 수행했던 것으로 생각된다. 대부분의 선행 연구는 서북인도를 벗어난 불교가 다양한 주변의 민족과 종교 그리고 문화들을 접촉하면서 좀 더 세계화되고 보편화되었다는 점에 주목한다. 필자도 이 부분에 대해서는 충분히 동의한다.

 그런데 불교의 중국 진출 및 정착과 관련한 문제에 있어서는 대부분의 선행 연구가[1] 중국문화권 내부에서 이루어진 변화에 더 주목하고 있는

---

[1] 일례로, 『불교의 중국정복』은 남북조 사회의 사족(士族)들이 중국사회 내부의 새로운 사유의 하나로서 불교를 수용하는 과정에 초점을 둔다.(에릭 쥐르허, 『불교의 중국정복』) 탕용동의 『한위양진남북조불교사』나 가마다 시게오의 『중국불교사』1-3은 중국문화권의 내부에서 이루어진 불교의 중국화 과정과 중국의 불교화 과정에 초점을 두어 서술되고 있다. 그리고 이들 저술들에는 중국문화권 밖에서 이루어진 불교문화와 중국문화의 접촉과 그에 따른 불교의 중국적 변용에 대해서

것으로 생각된다.

하지만 불교문화와 중국문화의 접촉이 중국문화권 내부에서만 이루어진 것은 아니다. 필자는 이전의 논문들[2]에서 간다라 지역 대승불교의 발전과 관련하여 중국사회의 다양한 영향을 고려할 필요가 있음을 지적하였다. 여기서는 불교의 중국 전파 혹은 불교의 중국적 변용 과정에 있어서, 중국문화권 바깥에서 이루어진 불교와 중국문화의 선先접촉과 변용에 대해서 주목할 필요가 있음을 제기하고자 한다.[3] 이를 위해서 중국문화권의 주변부이자 실크로드 문화교류의 중심지였던 돈황지역에서 이루어진 불교문화와 중국 도교문화의 접촉 사례를 집중적으로 검토하고자 한다.

지금까지 불교의 중국 진출과 중국적 변용에 관한 연구는 대부분 중국문화권의 내부, 특히 장안長安과 낙양洛陽이라는 중국의 역사 문화적 수도와 그 주변에서 일어난 변화를 주된 검토 대상으로 삼았다. 하지만 불교와 중국문화의 교섭과 변용 혹은 동서문화의 교섭과 변용이라는 측면

는 거의 언급하지 않는다. 케네스 첸의 경우 역시 중국 사회 내부에서 이루어진 불교의 중국적 변용에 대부분의 관심을 할애하고 있다고 생각된다.(케네스 첸, 『중국인의 삶과 불교의 변용』).

[2] 필자의 이 논문들은 간다라 지역 대승불교의 발전에 미친 중국의 직간접적 영향력에 대해 검토한 것이다. 후한後漢 시대부터 남북조 시대에 이르는 기간 동안 중국사회에서 점증한 대승불교에 대한 수요가 실크로드 지역에 대한 정치·경제적 영향력을 매개로 삼아 간다라 지역의 대승불교의 발전과 변화를 가져온 중요한 요인 중의 하나였다는 점을 지적한 것이다. '西域において小乘敎團と大乘敎團とは対立したのか[2015]', '고대 실크로드 경제권의 변화와 대승불교의 발전[2015]' 등의 논문이 이 주제를 다룬 논문들이다.

[3] 필자는 이 부분에 대해 '동아시아적 전환 시발점으로서의 돈황 불교에 대한 고찰[2012]', '중국 북량탑과 북위 조상비에 나타난 중국불교 전개와 전통신앙과의 융합[2016]', '북위 중국화 과정 속에서의 불교 발전과 의의에 대한 연구-북위 한화정책에 대한 재해석을 통해서-[2016]', '중국 전통신화에 대한 불교적 재해석의 역사-화상석의 불교문화적 변용과 발전을 중심으로-[2016]' 등의 관련 논문을 발표한 바 있다. 이 글은 지금까지의 연구 결과를 바탕으로 불교와 중국문화의 접촉 및 불교의 중국적 변용을 논하는데 있어서 시대적 변용의 단계만이 아니라, 지역적 변용의 단계 역시 구분하여 실크로드 문화교섭의 중심지로서 돈황이 불교의 중국적 변용과 토착화의 선행단계로서 고려할 필요가 있음을 문화지리적 관점에서 지적하는데 주된 목적이 있다.

에서 보면, 장안과 낙양으로 대표되는 중국문화 중심부에서 포착되는 변용은 오히려 결과로써 나타난 현상일 수 있다. 이러한 입장에서 본다면, 불교와 중국문화의 교섭과 변용 혹은 동서문화의 교섭과 변용의 시작 지점을 새롭게 고민할 필요가 있다고 생각된다. 이러한 배경에서 필자가 주목한 것이 실크로드 문화 교류의 중심지였던 돈황敦煌이다.

돈황敦煌은 지리적으로나 민족적인 측면, 그리고 문화 교류의 측면에 있어 역동적인 변용이 이루어진 실크로드 문화 교류의 중심지 중 하나이고, 이곳의 역동적인 변용의 결과는 다시금 장안 및 낙양에 많은 영향을 끼쳤다는 점을 부정할 수 없을 것이다. 불교의 중국 전파 초기에 돈황이 불전한역佛典漢譯의 중심지가 되었던 것에서 확인되는 바와 같이, 돈황의 불교문화는 불교와 중국문화의 접촉 및 중국적 변용에 있어서도 역시 그 전前 단계의 모습을 보여줄 것이라고 생각된다. 하지만 이 같은 시각에서 돈황의 불교문화를 검토한 사례는 거의 보이지 않는다. 이에 이 글에서는 4세기 말~5세기 초 사이, 돈황의 불교문화를 중국적 변용의 첫 단계 혹은 중국적 변용의 전前 단계라는 관점에서 검토해 보고자 한다.

'돈황학'이라는 학문 영역은 중국문화에 대한 재해석을 풍성하게 이루어낼 수 있는 여지를 내포하고 있는 학문이라 할 수 있다. 그리고 돈황학의 범주에서는 특히 돈황 지역에서 형성된 신新문화의 개념을 연구하고 많은 고증학적 자료를 통해 역사를 재분석하는 것이 중요하다고 할 수 있다. 돈황에서 발견된 고문서의 해석과 그에 따른 당시 사회상에 대한 고증, 돈황 막고굴莫高窟에 형성된 각 시대별 문화 접변의 현상과 신앙의 융합유형 등이 그 예라 할 수 있다. 그러나 이들에 대한 연구 결과는 아직까지는 지극히 지말적인 현상에만 치중되어 있다. 즉, 현상에 대한 이해와 분석이 돈황에 대한 전반적 해석에는 아직 못미치고 있다는 뜻이다.

이에 이 글에서는 교류의 의미에서 불교, 불교문화의 변화 양상을 통해 중국 구舊 문화의 중심지로서 돈황, 신新문화의 중심지로서 낙양 및 장안으로 지역 구분론을 제시하고자 한다. 또한 불교의 중국적 변용에 있어서 돈황불교의 역할과 중국문화 중심부에서 이루어진 불교의 중국적 변용과의 관계를 조금이나마 해명하고자 한다. 단, 신구 문화의 중심지에서 형성된 문화는 양자 간의 긴밀한 교류 속에서 이루어진 것이며, 양측의 교류가 없다면 새로운 문화의 도출은 불가능했다는 전제를 미리 밝혀두고자 한다.

II. 교류 여건의 충족지, 돈황

오량의 건국과 돈황의 역사 지리적 배경

돈황이 위치한 하서회랑河西回廊 지대는 역사적으로나 지리적으로나 동서교류사의 측면에서 상당히 중요한 곳이다. 역사적으로 이 지역을 차지하기 위한 각축전이 벌어지면서 오량五涼 시대를 맞이하였다. 오량 시대라는 것은, 중국 역사상의 오호십육국五胡十六國 시대 중에서 5개의 양涼이라는 국명을 지닌 국가들이 하서회랑 지대에서 난립했던 시기를 말한다. 5개의 양凉은 곧 전량前凉, 후량後凉, 남량南凉, 북량北凉, 서량西凉을 말한다. 이들 각 국가들은 대부분 20년에서 50년 사이의 상당히 짧은 존속 기간을 통해 이 지역을 통치했다. 존속 기간은 짧았지만, 이들이 존립했던 총 100여 년의 기간 동안 민족 간의 교류와 문화의 다변화는 다른 그 어떤 시기보다 빠르게 이루어졌고, 그 변화의 영향은 중원 내부로 그 어느 때보다 빠르게 유입되었다.

이 지역에서 가장 먼저 건국을 이루었던 전량301~376은 현재 고장姑臧이라는 지역에 도읍지를 세운 국가였다. 당시에는 오량이 모두 그러했듯 전량 역시도 도읍지를 양주凉州로 명명하였다. 전량은 한족漢族이었던 장궤張軌가 세운 국가이다.

장궤는 본래 서진西晉의 관료였으나 팔왕의 난【八王之亂】으로 인해 나라가 혼란에 빠지자, 301년 호강교위 양주자사護羌校尉 凉州刺史를 자청하여 양주로 입성한다. 그는 이곳에서 선비족鮮卑族을 토벌하면서 반독립적 세력을 구축하고 양凉을 세웠다. 그러나 장궤는 전량의 정통성은 서진에서 비롯된다는 의식이 있었던 것으로 보인다. 그는 서진에서 영가의 난이 발생하자 곧바로 원군을 파견하였는데, 이러한 사건은 전량이 독립된 국가라기보다는 서진에 귀속되어 있다는 강한 의지를 내보인 것으로 풀이될 수 있다. 즉 전량의 지배층에게는 전량이 서진西晉에 예속되어 그 영토의 서쪽을 담당하는 국가라는 의식이 있었다고 보인다.

이러한 개념은 '한족'이라는 민족성에서 발로한 것으로 보여진다. 여러 민족이 할거하고 있던 당시의 이곳 양주지역 영토를 한족의 지배하에 둔 것이며, 이는 더 나아가 서진의 영토 확장으로 풀이할 수 있을 것이다.

이와 같이 전량이 하서회랑 지대를 기점으로 활동할 수 있었던 데는 이전 시대부터 이 지역에 대한 인식이 지리적으로 인재를 양성하기에 안정적이라는 데서 시작된다고 보여진다. 이와 관련된 근거는 다음과 같은 『후한서後漢書』의 두 가지 기록에서 찾아볼 수 있다. 그 첫 번째는 경제적 안정지대였다는 점을 엿볼 수 있는 것이고, 두 번째는 경제적 안정을 기반으로 인재 양성 등에 용이하다는 점을 볼 수 있는 것이다. 첫 번째에 해당하는 기사를 살펴보면 다음과 같다.

> 왕망王莽의 난을 만나 공분은 노모와 동생을 데리고 난을 피해 하서로 갔다.……그때 천하가 어지러웠는데 오직 하서 지방만이 안정되어 고장은 부유한 읍이었고 강호와 교역해 하루에 시장이 네 차례 섰다.[4]

위의 기록에 따르면 하서회랑 이동以東지역이 중원 내부의 혼란을 피해 피신할 만한 장소임을 알 수 있다. 기록에서 언급하는 강호는 서역西域을 의미하는 것으로 당시 중원은 혼란스러웠음에도 불구하고 이곳 하서회랑 지대는 동서 문물 교류가 번성했음을 알려준다. 하루에 네 차례 시장이 선다는 사실은 교류 번성의 단적인 근거가 될 것이다.

두 번째에 해당하는 이 지역 안정성과 인재 양성에 해당하는 기사는 다음과 같다.

---

[4] 『後漢書』권31 「孔奮列傳」 "遭王莽亂, 奮與老母幼弟避兵河西.……時天下擾亂, 唯河西獨安, 而姑臧稱為富邑, 通貨羌胡, 市日四合".

고조부는 장액張掖태수를 하였고, 종조부는 호강교위護羌校尉를 지냈으며 사촌 동생도 무위武威태수를 지냈다. 대대로 하서에 머물렀기 때문에 그 지역과 풍속을 잘 알아 오직 그 형제에게만 말하기를 '천하의 안위가 어찌 될지는 알 수 없으나, 하서는 풍요롭고 강을 끼어 견고하며, 장액의 속국은 정예 기병 만여 기를 거느리고 있다. 일단 급한 일이 발생하면 강나루만 철저히 막으면 되므로 스스로 방비하기 충분하여 이곳은 종족을 퍼뜨릴 만한 곳이다'라고 하였다. 형제들은 이를 듣고 모두 동의했다.[5]

『후한서』의 기록은 당시 하서회랑 지대의 지리적 안정성을 보여주고 있다. 다시 말해서 하서회랑 지대는 적의 침입으로부터 자유로운 곳이었으며, 때문에 중원에서 활동하던 인재들이 이곳으로 흘러들어와 대代를 이을 만한 곳이었다. 따라서 4세기 초중반에 이곳에 국가를 세운 전량은 하서회랑의 유용성을 이미 파악하였고, 중원의 혼란을 피할 만한 곳에서 한漢 문화를 꽃피울 수 있었던 것이다.

반면 전량이 망한 후 10년이 되는 386년 세워진 후량後涼 386~403년을 비롯해 남량과 북량은 모두 이민족이 세운 국가로 전량과 같은 개념은 전혀 보이지 않고 있다. 저족氐族 출신의 여광呂光이 세운 국가인 후량, 선비족 독발부禿髮部 출신의 독발오고禿髮烏孤가 세운 남량397~414년, 흉노匈奴계 노수호족盧水胡族 출신의 저거몽손沮渠蒙遜이 세운 북량397~439년은 특히

---

5 『後漢書』권23 「竇融列傳」 "高祖父嘗為張掖太守, 從祖父為護羌校尉, 從弟亦為武威太守. 累世在河西, 知其土俗, 獨謂兄弟曰 : 「天下安危未可知, 河西殷富, 帶河為固, 張掖屬國精兵萬騎, 漢彎郡皆置屬國, 一旦緩急, 杜絕河津, 足以自守, 此遺種處也. 遺, 留也. 可以保全不畏絕滅, 兄弟皆然之".

그러하다. 이들은 후한대後漢代 이후 피난처이자 중원 사상의 맥을 잇는 제2의 사상중심지로 양주를 인식하기보다는, 각각의 민족이 중원으로 혹은 실크로드로 진출할 수 있는 시발지始發地로 인식하는 경향이 더 컸다. 왜냐하면 한족이 아닌 이민족으로써 중원을 지배할 역량은 아니지만, 적어도 한문화를 접할 수 있는 영역을 지배한다는 개념이 강했을 것이다. 동시에 동서 문물 교류에 있어서 제1의 도시를 지배한다는 것은 언제든지 중원으로의 진출을 엿볼 기회를 확보하는 것이기도 하다.

따라서 후한대부터 한족을 비롯한 여러 민족에게 하서회랑에 대한 지리적 개념은 동일했으나, 다만 중원으로의 진출인가 혹은 실크로드로의 진출인가에 따라 동일한 지역을 바라보는 관점이 달랐던 것이다. 이러한 각 민족이 해석하는 돈황에 대한 개념은 이 일대에서 그들의 적극적 활동을 이끌어 내었고, 결과적으로 오호십육국 시대를 기점으로 사회·민족·문화의 다변화와 수많은 문화적 변용을 이끌어 낼 수 있는 배경이 될 수 있었다. 이와 같은 배경이 여러 방면으로 작동되는 것과 동시에 특히 불교에 있어서는 다양한 서역승西域僧의 도래를 이끌어 냈다. 그리고 이들 서역승에게 돈황은, 적어도 한漢문화에 관한 한 '장안의 축소판'이었던 돈황에서 한문화와 접촉하면서 어학습득의 기회뿐 아니라 문화적 충격을 완화시킬 수 있는 기회로 삼을 수 있는 곳이었다.

이 글에서 다루고 있는 불교교류사적 측면에서 본다면, 앞서 언급했던 배경의 요소들이 각각 작용하여 서쪽으로부터 밀려드는 문화 가운데서도 특히 불교사상 및 불교문화의 전이轉移와 변용이 가장 극렬하게 이루어진 장소로 실크로드 문화교류의 중심지였던 돈황을 예상할 수 있을 것이다. 그리고 '장안'으로 대변되는 중국불교 문화 발전의 중심이, 적어도 당대(唐代) 이전에는 돈황을 중심으로 이루어졌을 가능성이 높다는 것을 말해 주고 있다. 따라서 다음 절에서는 그 가능성에 대한 고찰을 시도해 보도록 한다.

돈황, 한漢문화의 자리매김과 타문화의 덧씌움 과정

앞 절에서 중국 내부의 혼란과 그 여파로 인해 돈황 지역이 한족 지식인층의 피난처가 되었고, 이에 따라 서쪽에서 들어오는 문화에 대한 나름의 검증과 융합이 일어날 수 있는 가능성에 대해 제기하였다. 또한 그 가능성을 바탕으로 오량 시기, 각 민족이 중원으로 진입하고자 했던 의지에 대해서도 논의하였다. 그렇다면 구체적으로 어떤 검증을 거쳐 융합의 문화가 형성되었는가에 대해 살펴보아야 할 것이다.

돈황에 한문화가 자리매김할 수 있었던 배경을 이해하려면, 우선 돈황 지역 지배층의 출신을 알아야 한다. 건초建初 12년416년에 쓰인 『서량호적잔권西涼戶籍殘卷』에는 그 당시 돈황의 명문 가문의 성씨와 호수가 기록되어 있다. 기록상에는 주로 5개 성과 각 그 호수가 기재되어 있는데, 배裵씨 2호, 음陰씨 1호, 여呂씨 2호, 수隨씨 2호, 당唐씨 1호이다. 그리고 이 외에 이 지역에 있는 부녀자의 7개 성씨인 조趙, 평冯, 고高, 원袁, 장張, 소蘇, 조曹 등이 기재되어 있다.[6] 5개 성씨에 관해서는, 원래 중원 내부에 있던 예전 성씨로 돈황으로 이주한 이후 하서 일대의 대문호로 거듭났다는

---

6 陳垣[1984].

주장이 강하다.[7] 그러나 이미 중원 내부에서도 귀족의 성씨로 인정받고 있었기 때문에 하서 일대에서 위정자로서의 역할을 하고 있었다는 것에는 이견이 없다. 따라서 후한 시대부터 이루어진 중원 내부의 지식인 계층의 끊임없는 유입이 돈황 일대에 중국문화가 이식될 수 있었던 중요한 원인이 되었다고 볼 수 있다.

두 번째로 살펴보아야 할 문제는 중국 전통사상 중의 하나인 도가道家 혹은 도교道教의 돈황 정착 문제이다. 도가에 신앙을 기반으로 하는 종교성이 부여되면서 도교로 정착하는데, 관련 연구[8]에 의하면 당시 오두미도五斗米道와 태평도太平道의 두 가지 형태로 원시 도교교단道教教團이 확립되었을 가능성에 관해 제기하고 있다. 바로 이 원시 도교의 근간이 되는 오두미도와 태평도는 모두 후한後漢 말엽, 사회·경제적 불안감이 고조되는 시기에 흥성하였고, 새로운 이상세계 구현의 아이템을 매개로 급성장하였던 것이다. 그리고 임계유任繼愈는 이러한 도교와 새롭게 유입된 불교와의 공통점을 욕망의 단절, 세속초탈, 현생現生의 집과 국가의 개념을 초월하는 것으로 정리하면서,[9] 이 부분들을 후한 시대 이후 즉, 삼국시대 도교와 불교의 접합점으로 설명하였다. 그런데 이와 같은 원시 도교를 접한 지식인들이 돈황으로 이주함으로써 곧 도교의 돈황 이식을 촉진시켰던 것으로 보인다.

한족의 돈황으로의 이주가 바로 돈황의 한족화를 의미하지는 않는다.

---

7 齊陳駿[1988], p.74.
8 卿希泰 主編[1996]; 酒井忠夫[1960]; 酒井忠夫, 최준식[1990] 등.
9 任繼愈 主編[1990] pp.17~18.

그럼에도 도교가 이식될 수 있었던 데는 원시 도교의 출발지인 사천성泗川省의 민족 구성원과 연결시킨 연구 결과에 기대어 설명할 수 있을 것 같다. 윤찬원은 사천성의 수많은 소수민족과 도교의 흥성간의 연결고리를 설명하였는데,[10] 이러한 견해는 비단 윤찬원뿐 아니라 기존의 도교 관련 연구자들에 의해 제기되었던 문제이기도 하다. 그리고 소수민족과 원시 도교의 연관관계는 사천성이라는 한정된 지역에 국한시킬 것이 아니라, 돈황으로 이주한 한족이 이 지역을 지배하기 위해 정치·종교적으로 도교를 활용했을 가능성을 염두에 두어야 할 것이다.

종교의식이 결부된 원시 도교를 통해 소수민족 지배가 수월해질 수 있다는 기존의 학설을 돈황까지 확대 해석할 수 있다는 필자의 주장을 증명하는 자료 중의 하나가 대영박물관에 소장되어 있는 돈황사본 S.6825이다. 이는 『도덕경』에 대한 주석서인 『상이주想余注』인데 그 저작연대에 대해서는 후한 말, 혹은 남북조 시대로 아직 이견이 분분하다.[11] 그런데 저작자에 대해서는 후한 말의 장노張魯일 가능성이 매우 높다는 견해가 우세하기 때문에 아무래도 『상이주』의 저작 시기가 후한 말일 가능성이 높다. 『상이주』의 저작연대와 저자에 대한 논쟁이 중요한 이유는 오두미도가 사용했던 중심 경전이 바로 『상이주』였기 때문이다. 그리고 『상이주』에서 강조하는 '도계道誡'가 신도들의 신앙생활 지침으로 작용하면서 오두미도가 종교성을 지닌 원시 도교로 발전할 수 있었던 것이다.

---

10 윤찬원[2000], pp.205~206. 윤찬원은 고대 사천성 지역의 소수민족들 사이에서는 이미 무술이 성행하고 있었고, 이를 토대로 방사方士들의 활동배경이 되었으며 더 나아가 오두미도 창립의 좋은 토양이 되었다고 주장하고 있다.
11 윤찬원[2000], pp.219~220. 본문 및 각주57 참조.

다시 말해서 돈황에서 발견된 사본에 『상이주』가 존재한다는 것은, 이것이 후한 시대 이후의 어느 시점에 돈황에 이주한 한족 이주민들이 지참한 서책이었을 가능성이 높다는 것을 의미한다. 사천성 지역에서 소수민족을 융합하는데 큰 역할을 했던 원시 도교를 활용했던 것처럼, 돈황에서도 사천성과 유사하게 원시 도교가 활용되었을 가능성이 농후해 보인다. 즉, 후한 말부터 돈황으로 이주한 한족에 의해 원시 도교가 돈황으로 흘러 들어갔고, 『상이주』는 후한부터 오량 시기 전후까지 돈황에서 이루어진 도교의 유행을 짐작해 볼 수 있는 근거자료인 셈이다. 따라서 첫 번째 언급한 중원 내부에서 활동하던 지식인층의 이동과 연동되어 중원 내부에 성행하던 도교의 돈황 유입이 자연스럽게 이루어졌다는 점을 알 수 있다.

세 번째 주지해야 할 문제는 중국 전통사상에 입각해 활동한 이들의 문화적 발현 부분이다. 전술한 바와 같이 돈황에서는 한漢문화가 안정적으로 정착했으나, 서쪽에서 밀려드는 문물의 흡수 역시 빠른 속도로 이루어졌다. 이와 관련해 유진보劉進寶는 '돈황 예술은 서쪽에서 온 것도 아니고 동쪽으로 간 것도 아니라, 중국의 오래된 전통문화가 돈황이라는 이 특수한 지리환경 속에서 외래문화와 서로 결합하여 만들어진 산물'[12]이라고 정의하고 있다. 또한 진원陳垣의 경우에도 '한대 이후 돈황 문화는 발전하여 실크로드와 수도 낙양의 출입에 반드시 거쳐야만 하는 주요 길이었으며 중서 문화교류의 중추이다.'[13]라고 밝힌다. 돈황만의 독자적 문화가 발전한

---

12 유진보, 전인초[2003], p.77 재인용.
13 陳垣[1984].

배경에는 서쪽에서 들어오는 문화, 특히 불교와 관련된 다양한 문화를 불교승려·불교경전 등과 돈황의 지배 집단을 구성하였던 한족 이주민들이 가지고 온 원시 도교 문화의 융합과 변용을 고려해야만 한다고 생각된다.

다시 말해서 불교를 수용하는 데 있어 무분별함보다는 사상으로서, 종교로서, 새로운 문화의 카테고리로 수용하였던 것이다. 서진西晉 시대 축법호竺法護가 돈황에서 활동하면서 불교뿐 아니라 36종에 이르는 언어를 습득한 것 역시 새로운 문화를 받아들이기 위한 일환으로 해석할 수 있는 대목이기도 하다. 즉, 불교경전의 한역은 단순히 불교 전파를 위한 것뿐만 아니라 한자문화권의 지배계층을 공략하기 위함이었던 것으로 풀이될 수 있다는 것이다. 그리고 이러한 필자의 주장은 유진보의 '불교 신도 가운데 일련의 유식한 선비들은 자신의 발전을 위해 중국의 전통문화도 학습·연구하여 불교의 교리를 다시금 새롭게 해석하여 충효 관념을 선양하였다.'[14] 고 주장하는 내용과 일맥상통하는 것이기도 하다. 곧 적어도 서쪽으로부터 돈황에 진출한 불교도들은 중국 지배층의 전통문화를 중국문화권 내부가 아닌 돈황에서 사전에 접촉할 기회가 주어졌던 것이다.

그렇다면 한위漢魏 시대의 이 같은 맥락은 이후의 돈황에서 불교와 한문화가 융합하고 발전하는데 어떻게 작용했을까? 그리고 더 나아가 그 융합의 결과가 중원에 전해질 때는 어떤 방향성을 갖고 이식되었을까? 이 점에 대해 다음 장에서 논의하도록 한다.

---

14 유진보[2003], p.87.

Ⅲ. 불교와 돈황의 닮은꼴, 다양성 인정과 추구

돈황에서의 불교, 한漢문화 흡수와 정착

　돈황으로 전해진 초기의 불교에는 훗날에는 확연하게 구분되어 인식되는 부파와 대승의 개념 중 어느 한쪽에 치우쳐 전해지거나 또는 선택적으로 받아들인 흔적은 없다. 후자의 개념은 취사선택의 문제인데, 아무리 유가적 사상과 원시 도교적 종교성이 존재하는 지역이었다고 하더라도 불교에 대한 기반 지식이 없었기 때문에 선택적 수용은 불가능했을 것이라는 추정은 당연하게 여겨질 수 있겠다. 중원으로의 시작점이자, 동시에 인도와 실크로드의 문화가 통합적으로 모여드는 마지막 지점이 돈황이기 때문에 인도 내륙을 비롯해 서북인도 지역의 불교가 한꺼번에 밀려들었을 것이다. 때문에 특정한 불교를 취사선택하는 것은 곤란했을 것이다.

　그러나 돈황의 지식인들이 불교를 받아들이는 과정에 한정해서 본다면, 우리가 통상 말하는 '격의불교' 혹은 불교의 중국화 과정을, 규모 면에서는 작지만 대동소이하게 동일 과정을 거쳐야 했을 것이다. 왜냐하면 앞 장에서 서술한 바와 같이 당시 돈황은 한족이 위정자 계급을 장악한 상태였기 때문에 사상으로든, 종교적으로든 1차 관문과 같은 검증 과정이 존재했기 때문이다. 다만 이러한 정황이 중원 내부와 같이 거대한 규모의 흔적으로 드러나지 않지만, 검증의 과정이 존재했을 것이라 추정할 수 있는 내용으로 다음 2가지 정도의 이유를 들 수 있을 것 같다.

그 첫 번째는 승려의 집단적 활동을 들 수 있다. 현존하는 기록에 의거해 보면 돈황에 불교가 전해진 시기는 2세기 중후반으로 추정된다.[15] 이는 승려의 본격적인 활동 시기에 의거하고 있기 때문에 인물과 경전에 근거한 불교 전래 시점이라 할 수 있다. 그리고 돈황을 대표하는 승려로는 축법호竺法護를 들 수 있을 것이다. 선조는 월지인月支人이나 돈황에서 나고 자란 축법호는 한역경전 가운데 고역古譯의 장본인으로 범경梵經을 가지고 첫 번째로 도착한 곳이 바로 돈황이다.[16] 고역의 번역장飜譯場이 돈황 출신인 축법호에 의해 이루어졌다는 점은 한역화 과정에 참여하는 인물 및 경전의 숫자가 확보되어 있음을 알려주는 대목이기 때문에 이미 3세기 무렵에 돈황을 중심으로 승려의 집단적인 활동이 있었다는 것을 추정할 수 있다. 축법호뿐만 아니라 담무참曇無讖, 담마난제曇摩難提 등의 활동도 확인할 수 있다.

이 가운데 담마난제의 경우는 도거륵兜佉勒, 현재의 아프가니스탄 출신으로 건원建元;365~385년 연간에 무위태수武威太守의 요청에 의해 『장아함경長阿

---

15 한지연[2012], p.296. 승전에 기록되어 있는 안세고, 지루가참의 출신 지역을 염두에 둔다면 돈황을 거치는 육상로를 이용할 수밖에 없으며, 이들이 중원에서 활동한 시점이 2세기 중후반이라는 점은 곧 돈황에 불교가 전해진 시기가 이보다는 이르다는 것은 자명하다는 점을 밝혔다. 동시에 논문에서는 이후 돈황과 밀접한 연관성이 있는 축법호, 구마라집 등의 활동에서 확인할 수 있는 돈황의 불교역사를 검토하였다.

16 慧皎, 『高僧傳』(T50,p.326c) "其先月支人, 本姓支氏, 世居燉煌郡.⋯⋯遂大齎梵經, 還歸中夏, 自燉煌至長安".

含經』과 『증일아함경增一阿含經』을 역출하였다.¹⁷ 특히 『증일아함경』의 역출은 돈황, 무위 등지에서 출토된 북량탑北凉塔과 매우 밀접한 관련이 있어 보인다. 이는 두 번째 이유와도 연관관계에 있기 때문에 주제어를 달리하되, 동일 선상에서 다루어보도록 한다.

두 번째는 돈황에서 활동한 한족들이 자신들만의 문화 정체성을 확보하는데 주력했기 때문이다. 후한 시대부터 돈황에 이주하여 자리 잡은 한족은, 중원과의 절대적 거리로 인해 기존의 중국 전통사상, 의례 등에 있어서 중원 내에서의 발전 속도를 발맞추어 따라가지는 못했다. 지식인 계층 가문이었던 이들은 중원의 문화를 빠르게 흡수하지 못하는 데서 비롯된 피로감을 오히려 교류의 중심지인 돈황의 특수성에 기대어 자신들만의 문화 정체성을 확보하는 데 활용했던 것으로 보인다.¹⁸ 이러한 관점을 돈황의 문화에 대하여 확대 적용한 연구는 아직 이루어진 바 없다. 그러나 필자의 다른 글에서 밝힌 내용을 확대 적용해 본다면, 돈황에서 보이는 이러한 현상은 쿠차 키질석굴의 예, 즉 교류의 정점에서 나타나는 양상 또는 문화 정체성 확보의 초기 단계에서 보이는 일반적 융합의 양상과는 달리 지역의 절대적 거리를 극복하지 못하고 구舊문화와 신新문화의 융합

---

17 慧皎, 『高僧傳』(T50, p.328b) "兜佉勒人……堅臣武威太守趙正欲請出經……難提譯出中增一二阿含".
18 한지연[2016]은 논문에서 쿠차의 키질Kizil 초기 석굴 천장화에 그리스 계통의 신화적 내용이 담긴 것과 같이 돈황 막고굴 초기 석굴의 천장화에서는 한대 화상석에 등장했던 테마인 사신四神, 뇌공雷公, 우사雨師, 하백河伯, 서왕모西王母, 옥토玉兎, 구미호, 두꺼비, 삼족오 등이 등장하는 285굴의 예를 들어 돈황을 비롯한 실크로드 지역에서 불교를 처음 받아들였을 때의 문화적 변이 과정에는 불교와 기존의 문화가 융합되는 현상이 강하게 드러난다는 점을 밝혔다.

형태로 보는 것이 타당할 것이다. 또한 '고대에서 계속되어 온 중국문화가 일단 훌륭히 꽃피게 되자 거기에서 자기의 문화 중독에 의해 점점 붕괴되어 간다. 그 후는 또 새로이 자국에서도 움트고 외국으로부터 들어온 문화에 의해서 일종의 새로운 문화가 나타난 시대'[19]라고 남북조 시대를 정의하는 사례가 있듯이, 남북조라는 시대의 전체적인 경향을 고려하면, 돈황문화에 대한 이러한 추정과 적용은 충분히 가능할 것으로 보인다.

그리고 오량 시대에 중원 내부의 것과는 완전히 다른 별개의 형식으로 조성된 '북량탑'의 존재가 이 관점을 적용하는 가장 적절한 근거로 제시될 수 있을 것 같다. 북량탑은 북량 시대397~439년에 집중적으로 조성된 소형 불탑이다.

북량탑 가운데 마덕혜탑 전부   마덕혜탑 탁본

---

19 閔斗基 編[1984], p.53.

북량탑은 70cm 내외의 개인 소장용 불탑으로 추정되는데, 특이한 것은 둥근 기둥형인 탑신塔身에는 『증일아함경』「결금품結禁品」이 새겨져 있다.[20] 8면으로 이루어진 기단에는 4남 4녀의 상像과 함께 각 상마다 8괘卦의 부호가 새겨져 있다. 불상이 새겨진 복발부와 탑신까지는 불교의 내용이, 그리고 기단부에는 도교의 내용이 함께 공존하는 셈이다.

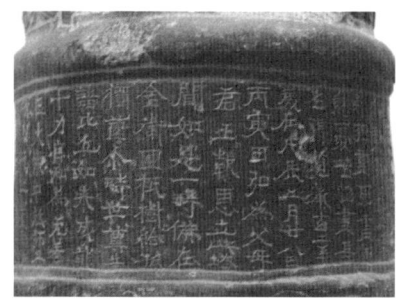
북량탑에 새겨진 증일아함경 결금품

북량탑 기단부의 4남4녀상像과 두광頭光 우측의 팔괘

북량탑 복발부의 불상

---

20 殷光明[2000], pp.216~219.

『增壹阿含經』 卷42 「結禁品」46	聞如是一時 佛在舍衛國祇樹給孤獨園 爾時 世尊告諸比丘 如來成就十力 自知為無著 在大衆中能師子吼 轉於無上梵輪而度衆生 所謂此色 此色習 此色盡 此色出要 觀此痛 想行識識習 識盡 識出要 因是有是 此生則生 無明緣行 行緣識 識緣名色 名色緣六入 六入緣更樂 更樂緣痛, 痛緣受 愛緣受 受緣有 有緣死 死緣愁 憂苦惱不可稱計 因此五陰之身 有此習法 此滅則滅 此無則無 無明盡行盡 行盡識盡 識盡名色盡 名色盡六入盡 六入盡更樂盡 更樂盡痛盡 痛盡愛盡 愛盡受盡 受盡有盡 有盡死盡 死盡愁憂苦惱皆悉除盡 比丘當知 我法甚為廣大 無崖之底 斷諸狐疑 安隱處正法 若善男子 善女人 勤用心不令有缺 正使身體枯壞 終不捨精進之行 繫意不忘 修myung苦法 甚為不易 樂閑居之處 靜寂思惟 莫捨頭陀之行 如今如來現在善修梵行 是故 比丘! 若自觀察時 思惟微妙之法 又當察二義 無放逸行 使成果實 至甘露滅盡之處 若當受他供養衣被 飮食 床臥具 病瘦醫藥 不唐其勞 亦使父母得其果報 承事諸佛 禮敬供養 如是比丘! 當如是學 爾時 諸比丘聞佛所說 歡喜奉行
田弘塔	聞如是一時 佛在舍衛國祇樹給孤獨園 爾時 世尊告諸比丘 如來成就十力 自知為無著 在大衆中能師子吼 轉於無上梵輪而度衆生 所謂此色 此色習 此色盡 此色出要 觀此痛 想〈결락〉 有盡則生盡生盡則死死盡 死盡愁憂苦惱盡是名得道〈결락〉

북량탑 가운데 전홍탑과 대장경 결금품 비교표[21]

불교와 도교의 확연한 융합 양상을 보여주고 있는 북량탑은 형식적인 측면에서도 독특하다. 이러한 독특한 형식은 인도와 실크로드는 물론 중국의 그 어떤 지역에서도 발견되지 않는 것이다. 돈황만이 가지고 있는 특유한 양식인 것이다. 동시에 돈황 지역에 불교가 본격적으로 전파되기

---

[21] 결금품의 有盡死盡 死盡愁憂苦惱皆悉除盡과 전홍탑의 有盡則生盡生盡則死死盡 死盡愁憂苦惱盡是名得道의 내용과 같이 일부 문구에서 차이가 보인다. 전홍탑을 비롯한 대다수의 북량탑이 비슷한 내용을 보이고 있어 비슷한 시기에 조성 및 번역된 증일아함경이, 당시 약간의 차이를 보이는 저본을 번역했거나 혹은 번역 초기의 단계에서 일어나는 오류를 의심해 볼 수 있다. 그러나 이 글에서 심도있게 다룰 내용이 아니기 때문에 차후 연구 대상으로 남겨두고 간략한 소개만 한다.

이전에 돈황의 한족 지배층이 가지고 있었던 원시 도교문화와 새롭게 전해온 불교문화가 결합함으로써 나타난 새로운 문화융합의 결과인 셈이다. 때문에 앞에서 필자가 주장하는 바와 같이, 돈황 지역에 이주한 한족 지배층은 돈황의 특수성을 이용해 자신들만의 문화 정체성을 형성해 나아갔던 것으로 볼 수 있다. 그 핵심은 한족 문화에 기원하는 도교적 내용과 불교라는 외래문화의 융합에 있다고 말할 수 있을 것이다.

이러한 북량탑 외에도 일본 나카무라 후세츠中村不折 소장 『비유경譬喩經』散746의 문서 끝에 "甘露元年三月十七日於酒泉城內□□中寫迄"이라는 제기가 기록되어 있다.[22] 전진 시대 연호인 감로 원년, 즉 359년에 이미 불교경전의 사경寫經이 이 지역에서 이루어지고 있음을 짐작케 하는 내용이다. 중원 내부에서 사경문화가 활발해지기 전에, 돈황 인근에서는 이미 사경문화가 활성화되었다는 것을 보여주는 사례이다. 이는 승려들의 집단적인 활동과 더불어 사경 공덕功德의 신앙체계도 자연스럽게 수용되었음을 알려주는 것이다.

따라서 매우 복합적인 원인이 작동하기는 하지만, 중국으로의 불교 전래 시점과 맞물려 돈황으로 이주한 지식인 계층의 한족, 교류의 중심지로서의 돈황, 원시 도교의 종교적 기능이 불교에 의해 대체되는 등의 여러 가지 원인이 기본적으로 그리고 복합적으로 작동하고 있었다는 점이 당시 돈황이 갖는 특수성 및 지역성을 설명하는 주요 요소라고 볼 수 있다. 그리고 이러한 특수성·지역성과 더불어 돈황에서 한족 특유의 문화적 정체성을 찾아가는데 있어 불교가 중요한 역할을 하고 있었던 것으

---

22 유진보[2003], pp.374~375.

로 볼 수 있다.

이러한 복합적 요소들을 배경으로 성장한 돈황불교는, 앞서 서술된 북량탑의 발원문 형식 등이 북위北魏 불교에 그대로 흡수되기도 하는 등[23] 남북조 시대를 거치면서 중원 내부로 이식移植되는데, 그 과정에 대해서는 다음 절에서 알아보도록 한다.

중국에서의 돈황불교 이식화 작업

돈황불교가 중원 내부로 이식되었다는 점은 교류사적 측면에서 본다면 어쩌면 당연한 결과일 수 있을 것이다. 다만 우리는 통상적으로 이식이라는 표현보다는 전래, 수용, 전파 등의 표현을 사용한다. 왜냐하면 전해주는 주체가 의도성을 갖느냐 혹은 받는 수용자의 입장이 더욱 강하게 반영된 상태로 받아들이느냐는 차원에서 보기 때문이다. 그러나 돈황불교가 중국 중심부로 전해지는 과정은 전래, 수용, 전파의 과정보다는 전하는 주체의 강력한 의도와 어떤 측면을 그대로 전할 것이냐는 내용의 측면이 강하기 때문에 굳이 '이식'이라는 용어를 사용하고자 한다.[24]

그런데 이 이식 과정의 내면을 들여다보면 문화의 자연스러운 교류의 차원과 위력威力에 의한 과정이 모두 공존하는 것을 알 수 있다. 언급한

---

[23] 한지연[2016], pp.206~211.
[24] 3~5세기에 이루어진 불교의 중국전파와 수용에 대해서 일반적으로 전파와 수용이라는 용어를 사용한다. 하지만 이 같은 일반적인 용례는 불교의 중국 전파와 중국적 변용의 과정에서 기여한 돈황문화의 역할을 제대로 묘사하지 못한다고 생각된다. 필자는 이 점을 고려하여 이 시기 동안에 이루어진 불교의 중국전파와 불교의 중국적 변용에 대하여 '돈황불교의 移植'이라는 명칭을 통해, 돈황불교와 돈황문화의 독특한 역할을 강조하고자 하였다.

두 가지 요소는 서로 어긋남이 있어 보이면서 동시에 공존할 수 없는 교류의 과정으로 보인다. 그럼에도 두 가지 과정을 언급할 수밖에 없는 것은 돈황불교의 특수성 때문일 것이다.

첫 번째 언급한 자연스러운 교류의 과정에 의한 결과의 부분은 민간의 이동에 의한, 민간에 전이된 결과라는 측면을 고려해야만 한다. 『위서魏書』 「석로지釋老志」에는 다음과 같은 내용이 기술되어 있다.

> 양주에서는 장궤 이후로 세속에서 불교를 믿었다. 돈황은 서역과 닿아 있어 도사와 속인이 그 옛 법식을 얻었고, 촌락이 서로 속해있어 탑과 절이 많았다. 태연연간太延年間 435~440년에 양주가 평정되자 그 백성들을 경읍京邑으로 옮겼고, 승려들의 법사가 모두 동으로 함께 가 불교가 널리 퍼지게 되었다.[25]

위 기사에서 언급된 태연연간은 북위 태무제太武帝의 통치 기간인데, 양주가 평정된다는 의미는 439년 북량이 멸망한 것을 뜻하며, 북량 멸망으로 인해 양주민 3만여 가구가 평성平城으로 이주했다는 기록을 『위서魏書』 「호저거몽손胡沮渠蒙遜」조[26]에서도 찾을 수 있다. 그리고 이 부분은 운강석굴 조성의 문제와 더불어 중원 내부로의 불교문화 이식의 중요한 문제로 인식하는 것이기도 하다. 그러나 이 문제를 다른 측면에서 보면, 민간에서의 주요 신앙으로 불교가 자리 잡는 데 중요한 원인으로 작용하기도 하였다.

---

25 『魏書』권114, 「釋老志」제20 "涼州自張軌後, 世信佛教. 敦煌地接西域, 道俗交得其舊式, 村塢相屬, 多有塔寺. 太延中, 涼州平, 徙其國人於京邑, 沙門佛事皆俱東, 象教彌增矣".
26 『魏書』「列傳」권99, 「胡沮渠蒙遜」"徙涼州民三萬餘家于京師".

북위 시대 황실 주도하의 불교 성행보다 앞서 나타나는 것이 바로 민간에서 보이는 신앙 형태이다. 이는 돈황, 즉 양주인의 이주 직후에 본격적으로 나타나기 시작한다. 최근 허우쉬동侯旭東은 평성 일대 불교 교단 및 승려 출신이 조성한 불상을 제외한 조상造像 활동에 관한 조사를 실시했다. 그 조사 및 연구 성과에 따르면 양주민의 평성 이주 이전까지는 조성된 불상이 2구이며, 440년부터 운강석굴 개착 직전까지인 450년대 후반까지 석가상 1구, 미륵상 1구, 관세음상 1구, 부도 1구와 성격미상의 불상 4구, 옥으로 만든 상 1구가 조상되었다.[27] 그리고 양주민 이주 이후 조성된 상像 가운데 미륵상 1구와 부도를 제외한 나머지는 모두 평민 출신의 조상으로 연구·보고되어 있다.[28]

운강석굴 전경

27　侯旭東[2015], p.119 도표 참조.
28　侯旭東[2015], pp.157~158.

위에서 언급한 허우쉬동의 연구는 불교 교단 내부에서 조성한 불탑과 불상을 배제하고, 민간 부문과 관료 계층 그리고 황실에 의해 조성된 불탑과 불상을 별도로 조사하여 분류함으로써 민간에서의 불교 수용 양상을 확인하기 위한 것이다. 그런 측면에서 본다면 제시된 숫자는 상당히 유의미한 것으로 해석할 수 있다. 이미 불교가 전해져 발전의 길을 걷고 있던 낙양 혹은 장안으로 양주의 사람들이 이주했다면 돈황불교의 영향력을 논하기는 어려웠을 것이다. 이에 비해 주변부였던 평성-한나라 이후부터 북쪽 변방이라는 의식-이라는 점[29]과 양주인의 대대적 이동이라는 두 가지 기본 전제는 이 문제를 비교할 수 있는 좋은 사례가 될 수 있다. 그런 측면에서 접근해 본다면 이 연구 조사의 결과는 평성 지역에서 양주인의 이주 이전에는 이렇다 할 만한 민간의 불교신앙 사례가 발견되지 않다가 양주인의 이동 직후부터 황실에서 적극적으로 불사佛事를 벌이기 이전까지 민간의 불교신앙이 존재했다는 점을 보여주는 증거이다.

이것은 중국불교 전개에 있어 대단히 중요한 사실을 알려주는 것이다. 이는 기존의 학설과 같이 '국가불교'의 성격을 띠고 있는 것이 북위불교이지만, 동시에 돈황불교와의 연관성 측면에서 본다면 민간에서부터 돈황불교가 이식되었던 첫 번째 사례이기도 한 것이다. 위력威力에 의한 이주이기는 하지만, 결과적으로는 민간과 민간의 자연스러운 교류 속에서 불교신앙의 활동이 전개된 것으로 볼 수 있는 중요한 사례이기도 한 것이다.

---

29 閻文儒[2003], pp.3~4.

두 번째 언급한 위력威力. 强制에 의한 과정이라고 설명한 것은 이민족 국가였던 북위가 자신들의 문화 형성 과정에서 돈황불교를 적극적으로 활용한 흔적이 있기 때문이다. 태무제 집권 이후 444년부터 시작된 불교 탄압 이전까지 북위는 중국의 전통사상과 더불어 불교를 적극적으로 활용하여 정신적 정통성을 찾아가려 하였다. 이러한 현상은 이전부터 지속된 흉노 및 티베트족들의 중국 영토 침입 및 점령의 과정에서 발생한 한족 사족士族들의 배외적 감정[30]과 그 절정이 자신들을 향한 것에 대한 일종의 '엑소더스 결과'라 볼 수 있다.

물론 이와 같은 현상이 불교, 유교, 도교와의 사상적·종교적 우위 다툼 등 많은 요인에 의해 불교 탄압이라는 결과를 낳기는 했으나, 탄압 이전까지는 중국 내에서 이민족 왕조의 정체성 확보를 위해서 불교를 적극 활용하였다는 점은 부인하기 어렵다. 또한 탄압 이후의 불교에 대한 여러 조치는 국가불교적 성격을 띠고 있는 부분도 존재하지만, 신앙 활동의 측면으로 이루어진 경향도 상당 부분 차지하기 때문에, 위력을 적절히 이용한 불교 정책이 이루어졌다고 볼 수 있다. 다만, 여기서는 북위불교를 논하고자 하는 것이 아니라 앞서 언급한 바와 같이 돈황불교의 이식 과정을 확연하게 확인할 수 있기 때문에 북위불교를 언급한 것일 뿐, 이를 깊이 논의하는 것은 피한다. 그러나 교학적으로도 돈황과 북위 및 북조의 연관관계 역시 나타나고 있기 때문에[31] 관련 내용을 부정하기는 힘들 것으로 생각된다.

---

30   에릭 쥐르허, 최연식 역[2010], p.601.
31   이상민[2019], pp.47~78.

교학적인 측면 이외에도 북위 평성 일대(현재의 섬서성 북부 및 산서성 일대)에서 발견되는 북위 조상비에서도 그 연관성을 찾을 수 있다. 북위 태무제에서 효문제에 이르는 시기에 조성된 조상비가 섬서성 약왕산藥王山 석굴의 비림에 안치되어 있는데, 시광始光 원년(424년)의 '위문랑조상비魏文朗造像碑', 태화太和 20년(496년)의 '요백다조상비姚伯多造像碑', 태화 23년(499년)의 '유문랑조상비劉文朗造像碑' 등이다. 이 가운데 위문랑조상비만이 폐불 이전의 조상비이고 나머지 2점은 모두 효문제 때의 것이다. 그런데 이들 모두 앞서 언급한 북량탑과 많은 연관관계를 갖고 있다. 북량탑과 마찬가지로 불상이 새겨져 있고, 동시에 도관道冠을 쓴 천존天尊이 발견되거나 발원문에 불도상佛道像 1구씩 조성한다는 내용이 발견되는 등[32] 도교와 불교의 혼합된 문화 형태를 보여주고 있다. 이는 돈황의 이주민이 이 지역에 정착하면서 북량탑과 북위 조상비의 내용, 조상의 형태 등이 동일한 양상을 띠게 되었다고 이해해도 무방해 보인다.

현존하는 중국불교 자료상, 민족의 이동으로 야기된 불교의 발전 양상은 돈황에서 북위로 연결되는 예가 유일무이

약왕산석굴의 북위조상비-요백다조상비

---

[32] 한지연[2016], pp.206~210.

할 것이다. 이는 돈황불교에 대한 특수성을 논하는데 있어 당시의 정황과 더불어 새롭게 의미 부여해야 하는 요소가 존재함을 의미한다.

여기서는 돈황불교가 갖는 특수성 가운데서도 특히 불교에서 다양성을 인정하고 추구하는 고유의 교리와 돈황이 갖는 지역적 특수성이 불교 교리의 내용과 부합하는 점을 통해 돈황불교의 중국 이식 과정을 살펴보았다. 이러한 측면에서 국가 · 정치 · 민족 · 문화 등의 다양한 카테고리가 작동함으로써 지닐 수밖에 없는 강제성과 그 속에서 자연스럽게 이식될 수 있는 민간 층 신앙 위주의 불교라는, 동시다발적 다양성을 부각시켜 보았다.

돈황불교의 시작점부터 무작위적 전래가 아닌 수용과 필요에 따른 변용의 입장이었다는 점이 이후 중원 내부로의 이식에 있어서도 지극히 의도적이면서 선택적인 이식을 가능하게 했던 것으로 보여진다. 그리고 이러한 일련의 과정은 적어도 수당 시대 이전까지 중국 북조에 한하여 지속적으로 진행되었던 것으로 볼 수 있을 것이다.

IV. 고대 불교문화 교류의 중심지였던 돈황

글의 서두에서 밝힌 바와 같이 낙양 또는 장안으로 대변되는 중국불교의 발전 양상을 그대로 받아들여도 되는가라는 문제를 특수한 지역

환경을 가진 돈황불교와 그 전개 방식을 통해 교류사적 측면에서 재고해 보았다. 우리는 일반적으로 중심지에서 중심지로의 문화적 이동만을 생각하고, 그 중간 지대에서 이루어진 변용은 주변부의 사소한 문제로 치부하는 경향이 있다. 돈황불교에 대해서도 역시 그러한 측면에서 바라보는 경향이 컸다.

그러나 앞서 살펴본 바와 같이 돈황은 지배계층의 특수성을 고려해야 하고, 또 서쪽에서 들어오는 문화에 대한 선택적 수용의 과정이 분명 존재했음을 알 수 있다. 다시 말해서 중심부에서 일어날 수 있는 현상이 돈황에서 발견되고 있는 것이다. 이것은 동서 문화교류 또는 불교교류사의 관점에서 볼 때, 당시의 돈황은 적어도 '중심부' 역할을 충분히 하고 있었다고 말할 수 있을 것이다. 그리고 수용에 있어서 선택의 과정은, 전래와 전파의 과정에서 단순 전파가 아니라 문화이식의 역할을 할 수 있는 기반을 당시의 돈황 지역이 갖추고 있었다고 볼 수 있다. 그리고 돈황불교는 이 과정에서 불교의 중국 전파와 중국적 변용 과정에 있어서 선행자로서 역할을 충실히 해내었다.

단순한 전파가 아니라 중국 전통사상 및 민족성을 고려한 수용을 통한 전파였음과 동시에 민족의 이동을 통해 또 다른 중국의 변방으로 이식시켰다는 점은 대단히 주목할 만한 부분이다. 따라서 적어도 돈황불교의 중국 내 전파 과정은 '전파와 수용'이 아니라 '이식移植의 과정'으로 이해할 필요가 있다. 뿐만 아니라 이식의 과정이 황실 주도하에 이루어지기보다 오히려 민간과 민간의 교류 과정에서 우선적으로 이루어졌다는 것은 '국가불교' 논의에 있어 중심부에 서 있는 북위불교의 시작점을 새롭게 볼 수 있는 여지를 주고 있는 것이다. 곧 북위불교를 국가불교라는 측면만이 아니라 민간의 불교교류와 그것을 적절히 활용한 결과로써의 국가불교라는 시각에서도 포착할 수 있게 되는 것이다. 그리고 이러한 사실은 불교신앙의 차원에서 더 많은 영향력을 가졌던 것이 돈황불교라는 점을 재인식하게 한다.

논지에서 시대적으로 조금은 벗어나는 내용이기는 하지만 최근 장원지앙長元江 교수는 '불경의 중국화라는 여정에 있어 중국 전통종교의 불교신앙요소에 대한 창조적 흡수와 전환이 없었다면, 혹은 불교가 해당 영역에 대한 적극적인 투입을 행하지 않았다면 불교 자신의 순수한 의리와 관념, 수행 방식으로는 중국 사회생활 속에 이처럼 견고한 뿌리를 내리고 성공적인 발전을 이루게 되었을 것이라고 상상하기 어렵다.'[33]는 내용을 발표한 바 있다. 비록 위의경僞経과 관련한 의미 부여 결과이면서 동시에 일반론적 관점이기는 하지만, 돈황이라는 특정 지역에서의 불교 수용-전개-발전-전파이식의 과정에 대하여 장원지앙 교수의 논지를 적용시킬 수 있을 것 같다.

따라서 이 글의 시작점에서 논의의 대상으로 삼았던 낙양과 장안이라는 중심부 역할은 중국불교 정착의 단계에서 논의될 대상이라는 점, 이에 따라 적어도 불교교류의 관점에서 본다면 중국불교 발전 혹은 불교의 중국적 변용의 유의미한 단계의 중요한 출발점의 하나로서, 그리고 변화와 교섭의 중심부로서 돈황을 주목하는 것이 불교의 중국화 과정을

---

[33] 2019년 6월 금강대학교 제8회 삼국공동학술대회에서 발표된 張元江의 「"佛說咒魅經」약론」에서 인용.

이해하는데 더 유효할 수 있다는 결과를 도출할 수 있다. 이식의 첫 번째 단계로서 돈황불교에서 보이는 불교와 원시 도교의 융합은 그 극명한 사례가 될 것이다. 그리고 이것은 불교의 중국적 변용의 시대적 단계를 구분하는 것과 마찬가지로, 지역적 단계를 구분해야 할 필요성을 보여준다. 곧 돈황에서의 불경 번역과 불교문화의 중국적 변용을 1차적 단계의 변용으로 이해할 수 있고, 중국문화권 내부의 불경 번역과 불교문화의 중국적 변용을 2차적 단계의 변용으로도 이해할 수 있을 것이다.

동시에, 이와 같은 결론은 불교의 중국 진출과 중국화 과정에 있어서 돈황을 포함한 실크로드 지역 전체에 대한 새로운 시각의 접근을 요구한다고 생각된다. 돈황은 당대(唐代) 이전에도 실크로드 문화와 중국문화가 직접적으로 교차하는 지역이었기 때문에 앞서 본 것과 같은 선행 접촉 사례를 확인할 수 있었다. 하지만 이와 같은 사례는 주목할 만한 것이지만 아직은 단편적인 것이며, 좀 더 폭넓은 사례의 수집이 필요할 것이다. 동시에 돈황 이서(以西) 지방에 대해서도 불교문화와 중국문화의 선행접촉 사례가 존재했을 가능성을 염두에 둔 새로운 검토가 필요할 것이다.

· 참고문헌

- 後漢書

慧皎, 『高僧傳』 T50

陳垣, 『跋西涼戶籍殘卷』, 『燉煌吐魯番文書硏究』, 중국; 甘肅人民出版社, 1984.

齊陳駿 외, 『五涼史略』, 中國; 中國社會科學出版社, 1988.

卿希泰 主編, 『中國道敎史』1, 中國; 四川人民出版社, 1996.

酒井忠夫 외, 최준식 옮김, 『도교란 무엇인가』, 서울;민족사, 1990.

任繼愈 主編, 『中國道敎史』, 中國;上海人民出版社, 1990.

閻文儒 著, 『雲崗石窟 硏究』, 中國;廣西師範大學出版社, 2003.

殷光明, 『北涼石塔硏究』, 中國;財團法人覺風佛敎藝術文化基金會, 2000.

侯旭東 著, 『五六世紀 北方民衆佛敎信仰』, 中國社會科學文獻出版社, 2015.

閔斗基 編 『中國史時代區分論』, 서울;창작과 비평사, 1984.

에릭 쥐르허 저, 최연식 역, 『불교의 중국정복』, 서울;씨아이알, 2010.

유진보 지음, 전인초 역주, 『돈황학이란 무엇인가』, 서울;아카넷, 2003.

酒井忠夫, 「中國民衆道敎の形成」, 『歷史敎育』, 1960.

張元江의 「『佛說呪魅經』 약론」,금강대학교 제8회 삼국공동학술대회 발표논문, 2019년 6월.

윤찬원, 「후한 시대 초기 도교 철학사상에 관한 연구—사천성 〈오두미도〉를 중심으로—」,
   『도교문화연구』14, 2000.

이상민, 「지론문헌 내 『本業瓔珞經疏』Stein no.2748의 위치」 금강대불교문화연구소 학술총서, 『돈황 사본과 불교학』, 서울; 씨아이엘, 2019.

한지연, 「동아시아적 전환 시발점으로서의 돈황 불교에 대한 고찰」, 『인도철학』34, 2012.

_____, 「西域において小乘教団と大乘教団とは対立したのか」, 『동아시아불교학술논집』, 2015.

_____, 「고대 실크로드 경제권의 변화와 대승불교의 발전」, 『원불교사상과 종교문화』64, 2015.

_____, 「중국 북량탑과 북위 조상비에 나타난 중국불교 전개와 전통신앙과의 융합」, 『불교학보』74, 2016.

_____, 「북위 중국화 과정 속에서의 불교 발전과 의의에 대한 연구-북위 한화정책에 대한 재해석을 통해서-」, 『불교학연구』48, 2016.

_____, 「중국 전통신화에 대한 불교적 재해석의 역사- 화상석의 불교문화적 변용과 발전을 중심으로 -」, 『동아시아불교문화』28, 2016.

대승불교 경전으로 인한 불교 수행의 변화

Ⅰ. 『현겁경』, 대승불교 초기 신앙의 소의경전

Ⅱ. 『현겁경』의 동전東傳과 천산남로의 수행 체계
  『현겁경』의 동전과 한역
  양주 지역의 수행 체계와 현겁신앙

Ⅲ. 실크로드의 현겁신앙과 수행 양상
  간다라 지역의 관불수행
  우전국의 초기 불교와 『현겁경』 성행의 연관성

Ⅳ. 『현겁경』이 제시한 관불수행

I. 『현겁경』, 대승불교 초기 신앙의 소의경전

중국으로 불교가 전해지고 이후 동아시아 세계는 기존의 고유사상 체계가 뒤흔들릴 만큼 역동적인 사상과 문화가 전개되었다 해도 과언이 아니다. 그러나 이는 지극히 결론적인 이야기이고, 그 과정에 있어서 수많은 인물, 불교경전의 수용, 신앙信仰의 역사가 존재한다. 이 가운데 신앙이란 사전적으로 '믿고 받드는 일'이란 뜻을 지니고 있다. 그렇기 때문에 불교의 교주敎主인 부처님 말씀에 믿고 따르며 받드는 행위 자체를 불교 신앙이라 할 수 있다. 신앙사는 불교라는 큰 카테고리 안에서 이루어지고 있지만, 불교의 역사가 초기·부파·대승으로 나뉘듯이 신앙 역시 복잡다단한 전개가 이루어졌다.

더욱이 대승불교 경전에 보이고 있는 많은 부처와 더불어 우리에게 제시되는 보살도菩薩道 등은 특정 부처를 모시거나 혹은 특정 수행을 하는 일군의 무리를 생성하게 한다. 여기서 생성된 일군의 무리가 행하는 수행과 거기서 파생되는 여러 현상에 관해 '신앙행위'라 명명해 본다면, 중국 초기에는 많은 숫자의 신앙이 존재했다는 것을 인지할 수 있다. 그리고 대부분의 불교신앙은 소의경전所依經典을 기반으로 수행 및 행위가 이루어진다. 그렇기 때문에 특정 신앙에 관해 논의할 때는 대부분 경전명이나 관련 사상명이 앞서 등장하고, 그 뒤에 신앙이라는 글자를 덧붙이는 경향이 많다.

그런데 여기서 다룰 『현겁경賢劫經』과 관련된 신앙의 경우에는 '현겁경 신앙' 혹은 '현겁신앙'이라는 명칭이 붙지 않았고, 그에 따라 『현겁경』을 바탕으로 한 신앙 형태가 존재했는가라는 점에 대해서도 심도있는 연구가 이루어지지 않았다. 현겁신앙[1]에 대한 연구뿐만 아니라 『현겁경』 자체에 대한 연구 역시 이루어지지 않아 이 경전에 대한 인식이 단순히 초기 수행과 관련된 경전이라는 것에 국한되어 있다. 이러한 인식이 형성된 데에는 아마도 동아시아 불교 전개에 있어 그 어떤 교파 또는 종파에서도 이를 소의경전으로 삼고 있지 않기 때문일 것이다.

그러나 중국에서 이루어진 역경譯經 초기 단계에 포함되어 번역된 이 경전이 지니고 있는 의미와 불교신앙사에 어떠한 영향을 끼쳤는가에 대해 고찰할 필요성이 있다. 또한 신앙의 구체적 형태와 여기서 파생되는 수행 구조에 관해 면밀히 살필 필요가 있을 것이다. 왜냐하면 중국을 비롯한 동아시아 세계에 불교가 본격적으로 전파되는 시기 −우리가 현재 사용하고 있는 용어를 빌어 말하자면 학파 혹은 종파의 개념이 정착되기

---

[1] 현재까지 관련 연구가 진행되지 않았기 때문에 여기서는 『현겁경』을 바탕으로 이루어지는 신앙에 관해 임의로 '현겁신앙'이라는 명칭을 사용하도록 한다.

이전의 시기― 현겁신앙으로 해석될 수 있는 현상이 상당수 발견되고 있기 때문이다. 하지만 현재까지 불교학계에서는 이렇다 할만한 관련 연구 성과가 없기 때문에 이 글에서는 현겁신앙 연구의 첫 시도로 우선 불교 동전東傳의 가교역할을 했던 서역[2]에서의 현상을 집중적으로 다룰 예정이다.

그러나 중국에서 단독으로 형성되거나 수행의 측면에 영향을 끼친 독자적 발전이라고 볼 수는 없다. 전파 과정에 놓여있는 실크로드한서에서 특정한 서역에서의 현겁신앙 형태와 그 배경에 관해 언급하지 않을 수 없기 때문이다. 실크로드에서도 역시 『현겁경』을 기반으로 하는 수행이 주를 이루거나 혹은 집단을 이루는, 이른바 '결사結社'의 형태로 일부 나타나는 것을 바탕으로 살펴볼 수 있을 것이다.

따라서 여기서는 실크로드 지역에서 드러나고 있는 문화적 현상과 더불어 이에 대한 이해를 바탕으로 동아시아 전반에 걸친 현겁신앙을 연구하는데 기본적인 정보를 제공하고 이에 대한 활발한 연구를 진행하고자 하는 시론적試論的 입장임을 밝혀둔다. 그리고 논지 전개 방식은 수행을 기반으로 하는 신앙 형태의 성격이 강력하기 때문에 대표적인 수행 방식의 양상을 기준으로 전개해 나가도록 한다.

---

[2] '서역西域'의 개념과 범위에 관해서는 『漢書』 「西域傳」에서 제시하고 있는 것을 바탕으로 하며, 이는 한지연, 『서역불교 교류사』(pp.11~13)에서 상세히 밝힌 바와 같이 여기서도 역시 동일한 범주로 이해하고 연구를 진행하도록 한다.

II. 『현겁경』의 동전東傳과 천산남로의 수행 체계

대부분의 불교경전은 기원후 2세기 말엽부터 본격적으로 중국으로 전해지기 시작했다. 전파 초기의 불교경전은 그 성격과 관계없이 물밀듯 밀려 들어왔고, 대부분은 인도 혹은 실크로드 각 국가의 승려들에 의해 한역된다. 그 가운데 대승불교 경전은 대부분 별행경別行經의 형태로 동전되었고, 그 상태 그대로 한역되는 것이 통상적인 일이었다. 그 가운데 『현겁경』은 대승불교 경전에 속하면서도 처음부터 온전한 형태로 번역된 경전 중 하나로 꼽을 수 있다.

또한 대승불교 경전 번역 시점 가운데서도 상당히 이른 시기에 한역되었다는 점은 대승불교 출현과 『현겁경』 사상의 관계가 고려되어야 할 점이며, 초기 대승불교 경전의 한 자리를 차지할 수 있다는 점이 더불어 고찰돼야 할 점이다. 이 같은 문제들은 '대승불교'의 출현 및 전파 문제와 깊은 연관성을 가지고 연구돼야 한다.

뿐만 아니라 앞서도 언급한 바와 같이 『현겁경』이나 현겁신앙에 관한 논의가 이루어지지 않았기 때문에 기본적인 수행 체계와 관련된 부분을 우선적으로 논의하고자 한다.

『현겁경』의 동전과 한역

『현겁경』은 총 8권 24품으로 구성되어 있으며 각 권마다 최소 1품에서 최대 5품으로 이루어져 있다. 그리고 경전의 원형은 남아있지 않으며 현존하는 한역경전 상의 번역자는 '서진 월지삼장 축법호 역'으로 명기되어 있다.[3] 경전 상에 드러나고 있는 축법호에 관해 『출삼장기집出三藏記集』에 남아있는 경기經記의 기록을 보면 다음과 같다.

> 영강원년永康元年; 300년 7월 21일 월지보살 축법호가 계빈의 사문으로부터 경전을 입수하여 현겁삼매를 얻어 경전을 잡고 입으로 선양했는데 이때 조문룡趙文龍이 필수를 담당했다.[4]

위의 기록으로 미루어보면 우선, 당시 역장을 구성해 『현겁경』이 역출되었다는 점을 알 수 있다. 그리고 『출삼장기집』의 경기는 사실상 작자미상으로 기록되어 있다. 그런데 이 부분과 관련해 『대당내전록大唐內典錄』의 기록을 살펴볼 필요가 있을 것 같다. 이에 의거해 보면 서진西晉 시대 번역된 경전들을 기록하면서 『현겁경』과 관련한 다음의 내용을 찾아볼 수 있다.

> 원강원년元康元年; 299년 조문룡趙文龍이 필수했다. 그리고 10권, 13권의 구록舊錄에서는 영강년永康年이라 기술된 섭도진聶道

---
3 『賢劫經』(T14, p.1a), '西晉月氏三藏竺法護譯'.
4 僧祐, 『出三藏記集』(T55, p.48c), "賢劫經. 永康元年七月二十一日. 月支菩薩竺法護. 從罽賓沙門得是賢劫三昧. 手執口宣.…筆者趙文龍".

眞의 기록을 볼 수 있다.[5]

『대당내전록』에 기록된 '구록'이라는 것이 정확히 어떤 것을 지칭하는 지는 알 수 없다. 그런데 이 기록에서 주의 깊게 살펴볼 점은 '한역시기' 와 '섭도진'이다. 첫 번째 한역 시기는 원강원년이라 밝히면서 다만 섭도 진이 기록한 구록의 영강년과 차이가 있다는 점을 기록하고 있다. 사실 상 원강년元康年과 영강년永康年은 1~2년의 차이밖에 나지 않는다. 그럼 에도 불구하고 굳이 이를 밝히는 것은 기존 사료에 대한 비교분석이라는 기법을 통해 기록의 완성도를 높인 측면으로 해석할 수 있다.

두 번째 『대당내전록』에 기록되어 있는 섭도진에 관한 부분이다. 섭도 진은 축법호가 중국 내, 특히 낙양에서 역경 활동을 펼치던 당시 역장에 참여한 인물 가운데 한 명이다.[6] 대부분의 경기가 대표 번역자의 역장에 참여하고 있는 인물들 혹은 제자 등이 기술한다는 점을 감안해 본다면 『현겁경기』의 작자 역시 『현겁경』 한역 당시 역장에 참여했던 인물 가운데 한 명일 가능성이 높다. 또한 ' '영강년'이라 기술된 섭도진의 기록'의 문 구에 관해 현존하는 사료만으로는 기본적으로 경기를 의심할 수밖에 없 다. 그렇다면 위의 기록에서 밝히고 있는 '섭도진의 기록'이라는 것이 『출 삼장기집』에 수록되어 있는 작지미상의 경기가 섭도진의 기록일 가능성

---

[5] 『大唐內典錄』 권2(T55, p.232b), "賢劫經七卷(元康元年出趙文龍筆受或十卷十三卷舊錄云永康年出見聶道眞錄)".
[6] 이 같은 사실은 慧皎의 『高僧傳』에서도 확인할 수 있을 뿐만 아니라, 佐佐木孝憲, 「竺法護の譯經について-正法華經讀解のための基礎的考察-」(坂木幸男 編 『法華經の中國的展開』, 平樂寺書店, 1972) pp.486~487에서도 축법호의 조력자들에 대한 부분과 더불어 섭도진 289년부터 축법호 역장에 참여한 인물임을 밝히고 있다.

을 생각해 볼 수 있다. 이러한 사실로 보았을 때, 필수는 조문룡이 담당했으나 『현겁경기』는 섭도진이 완성했으며 『현겁경』의 한역과 경기의 완성 시기는 299~300년으로 추정할 수 있다.

이와 같은 『현겁경』은 주로 불명경佛名經류로 분류되고 있다.[7] 그 이유는 경전의 내용에 등장하고 있는 천불千佛에 관한 설명 때문이라 볼 수 있다. 특히 제6권 천불명호품千佛名號品, 제7권 천불흥립품千佛興立品, 제8권 천불발의품千佛發意品은 부처님 명호가 상세하게 등장하고 있어 불명경류로 분류될 만한 근거로 작용하고 있는 것이다. 또한 『현겁경』은 『현겁정의경賢劫定意經』 또는 『현겁삼매천불본말제법삼매정정경賢劫三昧千佛本末諸法三昧正定經』이라고도 불리듯이 경전 이름 자체에서 이미 '천불'이 등장하고 있다. 때문에 일반적으로 『현겁천불경賢劫千佛經』과 동일 경전으로 인식되어 왔다.

그런데 『현겁경』이 번역되는 서진 시기, 이와 비슷한 불명경류가 대량으로 번역되고 있어 일반적인 인식에 관해 재고할 여지가 있다고 보여진다. 이 부분에 관해 두 가지 가능성을 고려해 볼 수 있다. 첫 번째는 표면적으로 드러나고 있는 바와 같이 불명경이 이 당시 대단히 유행함으로써 다량으로 한역 될 수 있었다는 점이다. 두 번째는 중국 역경사譯經史에서 흔히 볼 수 있는 현상인 '별행경別行經'의 형태로 전파됨으로써 각기 다른 별역본別譯本의 형태로 다른 역경가에 의해 번역되었을 가능성이다. 물론 두 번째 가능성은 첫 번째 가능성—당시의 유행 경전이라는 점—을 내포하고 있다고 할 수 있다. 다시 말해서 각각의 별행경 형태라 할지라도 당시

---

[7] 대표적으로 『佛敎の東傳と受用』에서는 한역경전에 대한 분류 방법 중 한가지로 편집경전을 제시하면서 이 가운데 法數 및 佛名 관련 경전으로 나누며 『현겁천불경』을 제시하고 있다. (東京: 佼成出版社, 平成22년 12월), pp.271~272.

유행하지 않았다면 대량으로 번역될 수 없다는 시대 상황은 감안해야 한다는 것이다.

『현겁경』이나 『현겁천불경』, 그리고 그 외의 불명경류 모두 범본이 발견되지 않고 있다. 때문에 앞서 제시한 두 번째 가능성에 관해 확인할 길이 모호한 것은 사실이다. 그러나 초기 경전 목록을 정리한 『출삼장기집』에서는 『賢劫五百佛名』 1권, 『現在十方佛名經』 1권, 『過去諸佛名』 1권, 『千五百佛名』 1권, 『三千佛名經』 1권, 『五千七百佛名經』 1권[8] 등의 기록을 찾을 수 있다. 『출삼장기집』에서 나열하고 있는 불명경은 모두 서진 시대에 번역되나 승우 당시에는 찾을 수 없는 소실된 경전들로 분류하고 있다. 그런데 특이한 점은 이들 모두 1권짜리 소경전小經典들임을 알 수 있다. 이처럼 소경의 형태로 동일 시대에 번역이 이루어진다는 점은 앞서 제시한 두 가지 가능성을 모두 내포하고 있는 셈이다. 따라서 여기서는 잠정적으로 『현겁경』의 동전 형태도 여타의 다른 대승경전과 같이 별행경 형태로 번역되고 이를 유포했던 양상으로 이해하고자 한다.

양주 지역의 수행 체계와 현겁신앙

앞서 『현겁경』의 동전 형태를 언급했다. 이와 같은 양상은 이미 언급했다시피 기본적으로는 특정 경전의 유행이라는 부분을 생각하지 않을 수 없다. 그렇다면 서진 시대, 즉 4세기 초반까지 이 경전이 가지고 있던 사회적 역할은 무엇이었는지, 불교 교단 내에서의 역할이 어떠했는지에

---

8 僧祐, 『出三藏記集』 권4(T55, p.32a)

관해 고려해 보아야 할 것이다. 이러한 측면에서 서진 시대까지 불교의 주요 가교역할을 했던 것과 동시에 경전의 한역자인 축법호의 활동 지역이었던 양주涼州 지역을 중심으로 경전의 유행과 그 연유에 관해 밝혀보고자 한다.

불명경 중에 비교적 이른 시기에 번역되었을 뿐만 아니라 대승경전의 한역이라는 차원으로 접근하더라도 『현겁경』의 번역은 매우 이른 시기라 볼 수 있다. 이 시기의 양주는 인도·실크로드 각국의 승려들이 경전을 들고 중국으로 들어오는 주요 관문의 역할을 하고 있었다. 인도 및 실크로드 각국의 승려들은 대부분 낙양洛陽이나 장안長安으로 바로 입성하기보다는 바로 이곳에서 당시의 중국어를 습득하는 장소로 이용하였다.[9] 그들은 어학을 습득함과 동시에 그들 출신 지역에서 행하던 수행 역시 지속했던 것으로 보여진다.

그 흔적은 바로 양주 지역에 산재해 있는 석굴石窟에서 찾을 수 있다. 인도 내륙 지역과 실크로드에서는 수많은 석굴을 확인할 수가 있는데, 특히 천산남로에 위치한 지역에서 조성되었던 석굴은 그 기원을 불교의 동전 시기 또는 그 이전 시기까지 거슬러 올라가 개착 시기를 가늠하고 있다. 이와 같은 석굴사원은 개착 당시에는 대부분 현실적인 수행과 강경講經을 위해 이루어진 것 같다.[10] 초기 석굴의 용도 가운데 특히 '수행'의

---

9 이에 관한 내용은 한지연, 앞의 책, pp.198~203에서 상세하게 밝혀놓았다.
10 『敦煌志』(《敦煌志》編纂委員會編, 北京:中華書局, 2007, p.791)에서는 돈황(敦煌) 막고굴(莫高窟) 제156굴의 묵서 제기(題記)에는 "晋司空索靖題壁號仙岩寺"라고 기록되어 있다고 밝히고 있다. 색정(索靖, pp.239~303)은 『晋書』, 『三國志』, 『舊唐書』, 『新唐書』, 『宋史』 등에서 돈황인으로 당시 최고의 서예가이며 특히 草書의 書法을 이끌어간 이로 기록하며 동시에 서진 시대를 대표하는 20여 시구가 있다고 밝히고 있다. 그런데 돈황 막고굴의 개착시기와 색정의 활동기간이 전혀 맞지

돈황 막고굴 승방굴의 전경

측면은 선정수행禪定修行과 관불수행觀佛修行의 방식으로 나누어지고 있는 모습을 눈여겨 볼 필요가 있을 것 같다.

    승방굴僧房窟의 형태로 자리 잡은 석굴과 예배굴禮拜窟 형태를 기본으로 하면서도 불상을 중심으로 양측에 승방굴이 따로 자리 잡고 있는 석굴의 형식 등은 선정 수행의 대표적인 예로 꼽을 수 있다. 이 형식은 시대를 불문하고 전반적으로 나타나기는 하지만 특히 북위北魏 시대 이전까지 집중적으로 나타나고 있어서 불교가 본격적으로 중국화 되기 이전 단계까지의 막고굴은 인도 석굴의 용도를 거의 그대로 답습하고 있음을 알 수 있다.

    이에 비해 관불수행의 양식은 주로 불상의 조성 및 벽화의 조성과 맞

않아 이러한 『돈황지』의 내용은 오류가 있다고 판단된다. 뿐만 아니라 156굴은 당대에 기록된 제기가 존재하고 있어 더욱이 위의 기록은 맞지 않다. 그러나 막고굴의 초기 석굴 형태를 보았을 때 강경활동과 수행에 집중되어 있다는 부분에 관해서는 이 글에서 수용하도록 한다.

물려 나타나고 있는데, 대표적인 예로 5~6세기에 조성된 돈황 막고굴 257굴과 263굴 내부에는 천불이 벽화로 조성되어 있다. 돈황 막고굴의 경우는 후대에 덧대어진 벽화가 상당수 있기 때문에[11] 사실상 북위 시대 이전의 석굴을 쉽게 접할 수 없다. 또한 『현겁경』이 한역되던 서진 시대, 즉 300년에는 막고굴이 개착되지 않았기 때문에 경전을 바탕으로 한 관상수행굴이 형성될 수가 없는 여건인 셈

돈황 막고굴 263굴 남벽. 서하시대 중수된 석굴로 중수 이전에 북위시대의 벽화가 보인다.

이다. 그럼에도 불구하고 막고굴 내에서의 초기 석굴에 해당되는 북위 시대의 석굴 군에서 이 같은 천불 조성이 벽화로 등장한다. 이는 당시 『현겁경』을 기반으로 한 관상수행이 유행하고 있었음을 보여주는 대목이다.

막고굴뿐만 아니라 하서河西 지역의 석굴에서도 『현겁경』을 바탕으로 하는 수행법과 신앙이 형성되어 있음을 확인할 수 있다.[12] 하서 지역은

---

11 이에 관해 李羨林 주편, 『敦煌學大辭典』에서는 '重修石窟'로 분류하고 있다.(上海辭書出版社, 1997, p.24).
12 하서지역 석굴은 엄밀히 말해 돈황의 막고굴을 포함해 주천(酒泉) 문수산(文殊山) 석굴, 장액(張掖) 마제사(馬蹄寺) 석굴, 무위(武威) 천제산(天梯山) 석굴 등을 말한다. 이들 석굴들의 시작점은 대부분 北凉 시기로 추정할 수 있다.(杜斗城 등, 『河西佛敎史』, 北京: 中國社會科學出版社, 2009, pp.172~173).

하서회랑 지역에 위치한 마제馬蹄 북사北寺 전경

지형상 흉노를 비롯한 여러 이민족의 끊임없는 침략이 있었던 지역임에도 불구하고 중국 내에서 불교가 융성하기 전, 이미 이 지역에서의 불교는 이른 시기부터 정착되어 있었다. 이에 따라 '하서 석굴'이라 명칭이 붙여질 만큼 석굴 숫자도 상당하다.

그러나 언제, 누구에 의해, 어떤 목적으로 이곳에 많은 석굴이 조성되었는지에 대해서는 현재도 연구 중에 있어 그 어떠한 결론도 내려지지 않고 있다. 다만 북량이 들어서면서 저거몽손沮渠蒙遜, 368~433년 치세 기간, 다시 말하면 북량이 이 지역을 점령하면서 조성된 초기 석굴들이 존재한다는 의견은 공통된다. 공통된 의견이 있음에도 불구하고 다시금 문

하서회랑 지역에 위치한 문수사文殊寺 석굴군 전경

제되는 부분은 도선道善의 『집신주삼보감통록集神州三寶感通錄』 기록에 보이는 석굴이 과연 지금 어떤 석굴을 가리키는 것인가 하는 문제가 집중적으로 논의되었다. 우선 도선의 기록을 살펴보자.

> 양주 석굴에 세워진 불상은 옛날 저거몽손이 진나라 안제安帝 융안원년隆安元年, 397 양주에서 20여 년의 재위 기간을 지내고 조성한 것이다. 농서隴西 지역의 오량 가운데 가장 오래되고 강성했으며 복업福業, 불교을 숭상했다.[13]

---

[13] 道善, 『集神州三寶感通錄』권2(T52, p.417c), "十五涼州石崖塑瑞像者 昔沮渠蒙遜以晉安帝隆安元

4-2. 대승불교 경전으로 인한 불교 수행의 변화   **305**

위의 기록은 혜교慧咬『고승전』의 '담무참曇無讖'조에서 나타나는 '저거 몽손이 어머니를 위해 장육 석상을 조성했다.'[14]는 기록과 연관 지어 연구 및 조사 활동이 이루어지면서 저거몽손의 '양주 석굴'이 지금의 천제산 석굴, 금탑사 석굴, 그리고 문수산 석굴로 그 범위가 좁아졌다.[15] 이러한 연구 성과는 하서 지역의 석굴 조성 시기를 밝히는 것뿐만 아니라 이들 석굴이 국가적 혹은 왕실 차원에서 조성된 사실을 알 수 있는 것이다.

여기서는 특히 주천酒泉의 문수산文殊山 석굴과 금탑사 석굴에 초점을 맞추어 보고자 한다. 주천 문수산의 천불동 벽화는 비교적 보존 상태가 좋으며 대략 북량北涼, 397~439년으로 그 시기를 추정하고 있다. 그리고 여기서도 막고굴과 마찬가지로 '천불'이 조성된 흔적을 찾을 수 있다. 벽화의 구성이 총 4단으로 이루어져 있는데, 가장 상층에 9열로 배열된 천불이 조성되어 있다. 그리고 각각의 불상에는 각기 명호가 씌어있던 흔적이 남아 있는데, 당시 벽화에 조성된 천불을 관觀하며 부처님의 명호를 외우거나 부르는 일명 불명회佛名會의 수행 집단 혹은 신앙집단이 존재했던 것으로 추정해 볼 수 있다. 동굴東窟과 서굴西窟의 두 개 굴로 구성되어 있는 금탑사 석굴에서도 마찬가지로 '천불'을 확인할 수 있다.

석굴의 중심탑주中心塔柱의 북측면에 천불을 배치하고 있으며 빈 공간마다 천불·보살·비천으로 장식하고 있다. 이는 300년에 번역된『현

年, 據有涼土三十餘載, 隴西五涼斯最久盛, 專崇福業」.
14 慧皎,『高僧傳』권2(T50, p.335c),「蒙遜先爲母造丈六石像」.
15 천제산 석굴이라 주장하는 것은 중국 向達이며(『西征小記』『國學季刊』7권, 1950), 감숙성문물관리국에서는 조사보고서(『馬蹄寺, 文殊寺, 昌馬諸石窟調査簡報』『文物』, 1965)에서 천제사, 금탑사, 문수사로 보았다. 宿白 역시「凉州石窟遺蹟與凉州模式」(『考古學報』1986 4기)에서 감숙성문물관리국과 동일한 의견을 내놓고 있다.

하서회랑 지역에 위치한 금탑사 석굴 전경

겁경』에 나타나고 있는 천불과 이에 근거한 관불수행의 흔적으로 이해할 수 있을 것이다.

수당 시대에 접어들면서 비단 『현겁경』만이 아닌 여러 불명경이 이러한 수행에 사용된 것으로 보여진다. 『현겁경』의 한역 이후 양주 지역에서의 관상수행과 그와 관련된 문화적 현상은 이후 10세기까지도 지속되며, 동시에 이 시기 사용했던 경전의 판본이 발견되고 있다. 따라서 이미 실크로드를 거쳐 밀려 들어오는 타종교에 불교가 쇠락의 길을 걷게 되면서도 꾸준히 『현겁경』은 수행적·문화적으로 그 역할을 다했던 것으로 보여진다.

Ⅲ. 실크로드의 현겁신앙과 수행 양상

　북쪽의 타클라마칸 사막과 남쪽의 곤륜산맥을 끼고 위치한 사막남도의 대표적인 오아시스 국가인 우전국于闐國, 현재의 신장위구르자치구 화전 지역은 기원전 2~1세기 무렵 불교를 받아들인 것으로 파악되고 있다.[16] 우전국의 역사적 측면으로 보았을 때 서북인도의 간다라 지역에서 이동한 이주민이 주류住留한 것으로 보여진다. 따라서 당시 간다라 지역에서 성행하던 불교가 우전국에 영향을 미쳤을 것은 자명한 일이다. 이러한 연관 관계를 고려해 이번 장에서는 간다라Gandhara 지역과 사막남도에 위치한 우전국에서의 수행 방식을 살펴보도록 한다.

　물론 장章의 제목에 있어 '실크로드'라는 개념에 광의적廣義的으로는 간다라 지역이 포함되나, 엄밀하게 간다라 지역은 서북인도의 개념으로 보아야 할 것이다. 그러나 여기서는 지역 개념에 국한되기보다는 수행 및 신앙의 연관성이라는 측면으로 접근하고자 하므로 이 두 지역에 대한 비교를 시도하고자 한다. 그리고 우전국 주변에 존재했던 고대 국가의 유적지 내에서 수행 체계를 볼 수 있는 사원지 역시 연구의 범주 속에 넣도록 한다.

16　한지연, 앞의 책, pp.47~49 참조.

파키스탄 시르캅Sirkap 유적지의 전경

간다라 지역의 관불수행

간다라 지역과 그 역사에 대해서는 여러 사료를 통해 확인할 수 있다.[17] 최근에는 탁실라에 한정한 지역적 분류를 하기도 한다.[18] 간다라 지역에서 불교가 성행했다는 점은 여러 경로를 통해 알 수 있는데, 그 흔적은 탁실라Taxila, 페샤와르Peshawar, 스와트Swat 등지에 남아있는 불교 유적에서도 확인이 가능하다. 물론 이 지역에서의 다종교적 양상도 보이고 있는 것은 사실이다. 탁실라의 고대 도시유적인 시르캅Sirkap 유적지는 비르마운드 북쪽에 위치하며, 너비 약 6m, 거리가 남북으로 700m 가량 펼쳐져 있다.

---

17 현장의 『大唐西域記』에서는 건타라국과 탁샤실라국으로 나누어 기록하고 있는데(T51, p.884b), 당시의 건타라국은 지금의 페샤와르이며, 탁샤실라국은 지금의 탁실라 지역을 말한다. 현재 기준으로는 현장이 방문했을 당시의 두 개 국가 지역을 합쳐서 간다라 지역이라 일컫는다.

18 Ihsan H. Nadiem, "Buddhist Gandhara", Lahore; Sang-E-Meel Publication, 2008, p.11에서 지도를 제시함과 동시에 간다라에 관한 역사는 리그베다Rigveda에서 처음으로 그 주제를 다루었다고 하고 있다.

파키스탄 달마라지카Dharmarajika 사원지 전경

이곳에서는 조로아스터교, 기독교와 같은 외래 종교의 흔적도 상당수 보이고 있어 당시 간다라 지역에서는 불교만이 아닌 여타의 종교들이 공존하고 있었음을 알 수 있다.

타종교와의 공존 속에서도 간다라 지역에서의 불교는 대단히 안정적으로 발전했던 것으로 보여진다. 이는 한정적 지역 분류로 구분된 탁실라 지역의 불교 유적만 보더라도 명확하게 드러나고 있다. 조우리안Jaulian Ⅰ·Ⅱ 사원지, 다르마라지카Dharmarajika 사원지, 모라모라두Mohra Moradu 사원지, 탁트히바히Takht-i-Bahi 사원지 등 불교사원지가 다수 발견되고 있는 것은 당시 이 지역에서의 불교 성행 모습을 가늠해 볼 수 있는 부분이다.

그런데 이들 사원지의 구조는 중앙의 주탑主塔을 중심으로 승원이 자

파키스탄 탁트히바히 Takht-i-bahi 사원지 전경

리 잡고 있는 것으로 파악된다. 이는 간다라 지역에서 기원전후로 불상이 출현하고, 수많은 불상이 조성되었다는 점을 고려해 본다면 비록 불상이 출현하기는 했지만, 사원건립의 중심에는 불탑이 존재했음을 짐작케 하는 대목이다. 또한 3세기 중반 이전에 간다라 혹은 인도에서 사리 및 사리 신앙을 기반으로 하는 조탑造塔의 행위가 구자국 Kuche에 전해졌다는 사실은[19] 인도를 비롯해 간다라, 더 넓게는 실크로드 전역에서 불탑 중심의 사원지가 건립되는 것이 일반적이었다는 것을 알려준다.

이와 같이 사리신앙을 바탕으로 하는 불탑 중심의 사원지 건립에 있어 2~3세기 무렵이 되면 인도와는 다른 변화가 일어나는 것을 확인할

---

19 周炅美, 「중앙아시아의 佛舍利莊嚴」, 『중앙아시아연구』 7호, 2002, p.133.

4-2. 대승불교 경전으로 인한 불교 수행의 변화 **311**

수 있다. 불탑을 중심으로 하고 그 주변을 소형 탑으로 둘러싸는 형태를 기본으로 하되, 소형 탑의 기단 부분에 불상의 모습이 출현한다는 점이다. 기단부의 불상은 일반적인 불전도의 한 장면을 그 주제로 하거나 혹은 붓다의 일대기가 주제로 등장하는 것이 아니라 일반적인 좌불 형태를 띠고 있는 것이 그 특징이라 할 수 있다.

이와 같은 형식의 기단부 불상은 방형의 기단, 즉 4면을 둘러싸고 일렬로 늘어져 있는 방식으로 조성되어 있다. 조우리안Ⅰ 사원지에서 출토된 소형 탑을 한 곳에서 보존하고 있는데 이곳에서는 기단부뿐만 아니라 2층 혹은 3층에 해당되는 탑신부까지도 불상이 부조상으로 존재하고 있다. 또한 신체 부분은 부조상이지만 두부頭部는 환조에 가까운 제작 방식을 취하고 있다. 이와 같이 탑의 기단부에 불상이 병렬로 배치되며, 반부조 반환조의 양식을 취하고 있는 것은 간다라 지역만의 특징이라 할 수 있다.[20]

간다라 불탑 기단부 및 탑신부의 조형물

---

20 林玲愛, 「호탄의 佛敎彫刻」(동국대학교 편, 『실크로드의 문화—서역남로Ⅱ』, 한국언론자료간행회, 1993, p.230)에서도 이같은 견해를 밝히고 있다.

그렇다면 이러한 부조상들이 의미하는 것이 무엇인지에 관해 고찰할 필요가 있다. 단순하게 기단부 및 탑신부의 불상에서만 그 의미를 찾는 다는 점은 모호한 결과가 나올 수 있기 때문에 여기서 잠시 눈을 돌려 조 우리안 I 사원지 주탑 주변에 남겨진 건물의 회랑 부분을 살펴보자. 조우 리안 I 사원지에는 주탑主塔이 2개로 추정되고 있다. 그리고 2개의 주탑 사이에 건물지로 추정되는 장소가 현재는 회랑의 형태로만 남아 있다. 바로 이곳에 불좌상 2구가 남아 있는데, 좁은 복도에 거대한 불좌상이 조 성되었던 것이다.

조울리안 사원지의 병렬 불상

이는 후에 언급할 호탄의 라왁Rawak사원지에서 볼 수 있는 회랑과 그 안을 가득 채우고 있는 불상의 부조상과 흡사 비슷한 모습을 하고 있다. 이러한 라왁사원지의 불상 조성은 사원 내의 장식적 요소로만 작용하는 것이 아니라 대형 주탑을 둘러싸는 소형 탑을 대신한 불상과 그의 역할이 수행적 측면으로 활용되었다는 점을 감안해 본다면, 간다라의 조우리안 I 사원지 회랑의 불상 역할 역시 역으로 추정해 볼 수 있을 것이다.

간다라 지역은 설일체유부說一切有部 계통이 성행하던 지역임은 틀림없다. 부파불교를 대표한다고 할 만큼 그 세력이 컸던 설일체유부 지역에서 불상이 조성된다는 점은 상당히 이채로운 일이 아닐 수 없다. 지극히 부파불교적 추구 목표, 즉 개인적인 깨달음의 추구라는 차원에서 본다면 간다라 사원지의 구조는 이를 뒷받침해 주는 부분이기도 하다. 다시 말해서 승방이 각 개인 공간의 형식으로 이루어져 있는 것은 경전의 이해와 개인의 수행으로 당시 승단의 구조를 이해할 수 있는 것이다.

그럼에도 불구하고 위에서 밝힌 바와 같이 불상이 특정 양식에서 벗어나 병렬로 배치되어 있다는 점은 이들 불상을 관觀하며 선정에 들어갈 수 있는 관불의 수행이 존재했음을 유추하게 한다. 또한 여기서 주목할 수 있는 점은 병렬로 여러 불상이 늘어져 있다는 점이다. 이는 곧 『현겁경』에 등장하고 있는 다불多佛의 개념과 수많은 부처를 관함으로써 얻어지는 과果는 부파와 대승이 갖는 의미라는 차원에서 상당한 차이를 낳고 있는 셈이다. 이에 대한 심도있는 연구는 차후의 과제로 남기고 간다라 지역에서 2세기 무렵에는 이미 『현겁경』을 기반으로 하는 수행 방식이 이루어졌음을 밝힌다.

그리고 앞서 밝힌 바와 같이 『현겁경』이 다른 대승불교 경전과 동일하게 별행경의 형태로 유통되었다면 인도 및 서북인도, 즉 여기서 말하고 있는 간다라 지역에서도 이를 경전의 형태가 아닌 수행을 위한 하나의 단본單本으로 이해되고 있었을 가능성을 배제할 수 없다. 이러한 측면에서 대승불교의 사상적 차원을 굳이 언급하지 않더라도 수행적인 측면에서는 대승불교가 싹트고 있었음을 알 수 있다.

아프가니스탄의 바미얀Bamiyan에서 동남 방면에 약 2.5km 떨어진 Kakrak의 Cupola석굴에서 발견된 벽화[21]는 7~8세기의 것으로 추정되는데, 이곳에서도 역시 천불이 조성된 것을 확인할 수 있다.[22] 따라서 대승불교 출현과 더불어 등장하는 『현겁경』을 바탕으로 한 현겁신앙은 광범위한 지역에서 유행하고, 이에 따른 관불수행 역시 복합적으로 나타나고 있었음을 추정해 볼 수 있다.

우전국의 초기 불교와 『현겁경』 성행의 연관성

우전국, 지금의 호탄Khotan이 고대 불교국가였음은 이미 여러 사료에서 보이고 있다.[23] 그리고 이 지역에 대한 사원지 및 불상 등에 대한 양식적 분석은 20세기 초 영국의 오럴 스타인A.Stein을 시작으로 다양하게 이루어졌다. 그러나 이에 대한 사상적 연원이 밝혀진 바는 거의 없다. 그런데 이 지역 사원지의 형식은 기본적으로 간다라 지역의 것과 상당한 유사점을 지녔을 뿐만 아니라 출토 당시 불상의 나열 방식, 출토된 불상의 양식 등은 간다라와 거의 동일하다는 특징을 지니고 있다.

그렇다면 간다라 지역에서 살펴보았던 관불수행의 일환으로 사원,

---

21 현재 프랑스 Guimet박물관과 Kabul박물관에 벽화의 부분이 각기 소장되어 있다.
22 Bérénice Geoffroy Schneiter, "GANDHARA The Memory of Afghanista", NewYork; Assouline, 2001.
23 Rockhill,W.W., The Life of the Buddha and the Early History of His Order, London, 1892., 法顯,『法顯傳』(T51, p.857b)., 僧祐,『出三藏記集』(T55, p.67c)., 玄奘,『大唐西域記』(T51, p.943a)., 慧超,『往五天竺國傳』(T51, p.979b) 등에서 내용을 확인할 수 있다.

특히 승방의 형태가 이루고 있는 것은 아닌지 검토할 필요가 있는 것이다. 더욱이 5세기 초에 중국에서 번역되고 있는『대지도론大智度論』의 내용 중에서도『현겁경』의 내용이 등장하고 있다.[24] 이는『현겁경』이 본격적으로 한역되는 4세기 초반 이전에 이미 대승불교 논서에서 인용하고 있을 만큼 대승불교의 전파 과정에서 불교사상 발전 측면에 많은 영향을 지니고 있었던 것 같다. 이러한 배경을 바탕으로 이 지역 사원구조 혹은 불상의 배치, 천불의 조성 등을 하나의 흐름으로 이해하고자 하는 것이다.

현재의 미란Miran 사원지로 알려진 곳은 고대 선선국의 수도라고도 주장되는 지역이다. 호탄과는 거리가 멀지 않은 곳에 위치해 있는데, 미란 사원지에서도 특히 제15사원지의 경우 승방일 가능성이 매우 높은 곳이다.[25] 사원지의 원 형태를 알 길은 없지만, 탑으로 추정할 만한 파편이 나오지 않았기 때문에 승방이라는 가정이 성립되는 것이다. 그런데 바로 이 사원지에서 무려 7개의 불두가 발견되었고, 불좌상의 파편 역시 출토되었다. 승방에 불상이 늘어서 있는 모습은 사실 동아시아 내에서 발견하기 어려운 부분이기도 하다.

이러한 미란의 제15사원지를 이해하기 위해서는 동일 유적지의 제2사원지를 되짚어볼 필요가 있을 것 같다. 제2사원지는 회랑의 개념으로

---

24 『大智度論』(T25, p.271a), "問曰. 不爾. 彼中說六波羅蜜廣普具足. 此言少施乃至少智. 似不同上六波羅蜜義. 答曰. 不然. 卽是六波羅蜜. 何以故. 六波羅蜜義. 在心. 不在事多少. 菩薩行若多若少. 皆是波羅蜜. 如賢劫經說. 八萬四千諸波羅蜜. 此經中亦說. 有世間檀波羅蜜. 有出世間檀波羅蜜. 乃至般若波羅蜜. 亦有世間. 出世間"(T25, p.395a), "佛爲法王. 隨衆生可度. 或時略說一 二 三 四. 或時廣說. 如賢劫經. 八萬四千波羅蜜".

25 A. Stein, "Serindia" vol.1(london;Oxford, 1921), p.490.

미란 사원유적지

이해될 수 있는 복도식 벽면에 불상이 조성된 흔적이 보이고 있다.[26] 승방이나 강당의 형식으로 이루어진 이 유적지에서 복도식 벽면에 불상이 조성된 점은 두 가지 가능성을 제시하고 있는 것이다. 첫 번째는 지극히 단순하게 사원 벽면을 불상으로 장식했다는 점이며, 두 번째는 불상을 조성한 후 그 용도가 예배나 혹은 수행의 도구로 사용되었을 가능성이다. 첫 번째의 경우는 간다라 지역 유적지에서 보여지고 있는 탑 기단부의 불상 부조물들이 단순한 장식적 요소로 작용하지 않았다는 점을 감안해 본다면 이 경우는 제외할 수밖에 없다. 그렇다면 예배나 수행의 도구로 이용되었을 가능성이 높은데, 제2 사원지와 제15사원지가 승방지였다는 감안해 본다면 예배보다는 수행이었을 가능성이 더 큰 셈이다.

26 임영애, 『서역불교조각사』(서울:일지사, 1996, p.63).

미란이 우전국 주변국의 유적지라고 한다면 우전국 내에서는 라왁 Rawak 사원지와 단단윌릭Dandan-uilik, 다마고Domoko 사원지를 주의깊게 살펴볼 필요가 있다. 라왁 사원지의 담 벽에는 빽빽하게 불상이 조성되어 있는데 건립 연대는 대략 4세기 중반에서 5세기 초로 보고 있다.[27] 그리고 이에 대한 불교사상적 접근은 대부분 화엄사상과 연관 지어 논의되어 왔다.[28] 특히 수미산 혹은 화불化佛의 개념으로 이들을 화엄사상과 관련지었다는 점이 이 논의의 주요 관점인데, 물론 많은 불상 가운데 광배光背 부분에 화불이 형성되어 있는 유물도 확인할 수 있어 이에 대해 필자가 극단적으로 부정하는 입장은 아니다. 그러나 이러한 유물 이외에 빼곡하게 형성되어 있는 불상군을 화불로 정의할 수 있는가에 대해서는 쉽게 동의할 수 없다. 이를 동의할 수 없는 데는 크게 두 가지 이유를 들 수 있겠다.

첫 번째는 『화엄경』의 유통 문제와 관련지어 이와 같은 해석을 한다는 것은 위험한 결론이라는 점이다. 두 번째는 『현겁경』에 대한 심도있는 연구가 이루어지지 않은 상태에서, 더 나아가 관불수행이라는 측면을 배제시킨 결론이라는 점이다. 이에 대해 좀 더 구체적으로 논의해 본다면 다음과 같다.

---

27 A.Stein은 라왁 사원지에서 발견되고 있는 오수전五銖錢의 사용연대를 통해 적어도 7세기 이전으로 보고 있으며(A.Stein, 앞의 책, pp.500~501), 임영애는 스타인의 견해를 수용함과 동시에 더 나아가 양식적 특징을 통해 라왁의 1군을 4세기 중엽, 2군을 5세기 초라고 보고 있다.(임영애, 위의 책, pp.135~143)

28 임영애는 대승화엄불교사상의 분위기 속에서 조영되었을 것이 분명하다고 밝히고 있고(위의 책, pp.147~149), 松本榮一은 라왁 사원지의 예는 아니나 라왁 사원지보다 후대에 조성된 Balawaste의 그림에 나타나는 수미산 중심의 세계도와 『화엄경』과의 연관성을 지적하면서 고대 우전국과 화엄사상과의 연관성을 주장하고 있다.(『敦煌畵の硏究』)

'화불과 천불'이라는 모호한 명칭으로 불리는 벽화 일부. Karakash Kim Rabat유적지 출토

우전국과 『화엄경』과는 대략 경전의 집성이라는 장소와 완성된 경전의 형태라는 카테고리로 연결 지어 이야기되어 왔다. 그런데 우전국과 관련한 60『화엄경』의 출현은 5세기 초에 활동한 지법령支法領과 관계되어 있다. 물론 이후에 전개되는 80『화엄경』 역시 우전국 출신의 승려가 번역하는 등 화엄경전과 우전국과의 밀접한 연관관계는 부정할 수 없다. 그러나 앞서 언급했던 바와 같이 우전국 내 사원지에 형성된 불상군이 4세기 중엽부터 이루어진다는 점을 다시 상기해 본다면 오히려 경전의 집성보다 먼저 문화적 발현이 일어났다는 결론인 셈이다. 이 같은 현상에 관해 『법화경』을 기초로 한 문화적 현상화는 거의 동시다발적으로 이루어졌다는 관점에서 보면 아주 불가능한 일은 아니다.

그렇지만 우전국 내에서 '대승'을 바라보고 있는 시각은 그리 긍정적이지만은 않았다는 사실을 염두에 두고 본다면,[29] 화엄사상을 배경으로 한 불상으로 해석하기보다는 오히려 실질적인 수행의 측면에서 조성되었다고 보는 것이 타당할 것이다. 라왁사원지의 불상군에 대한 해석은 다마고 사원지에 조성된 불상에서도 극명하게 드러나고 있다. 다마고 사원지가 사실상 1인 1실의 수행처 공간이 다수 형성되어 있고, 그 안에 불상이 안치되어 있는 것과 내부에 천불이 조성되었던 흔적이 보이는 것은 관불수행의 차원으로 해석될 수 있는 것이다.

따라서 화엄사상과의 연관성보다는 당시에는 관불수행 측면에서 사원이 형성되었다고 짐작해 볼 수 있다. 그리고 이러한 수행 방식과 문화의 발현을 사상 및 경전의 유통과 연관 지어 본다면 『화엄경』보다는 오히려 『현겁경』의 유통과 그에 바탕한 수행이 발전되어 있었다고 보는 것이 타당할 것이다.

IV. 『현겁경』이 제시한 관불수행

『현겁경』과 관련된 연구가 미진했던 관계로 여기에서는 지극히 시론적 단계의 연구를 진행하였다. 경전이 언제, 누구에 의해 동아시아로 전

---

29 대표적으로 3세기 초반에 우전국을 방문해 대승경전을 구하고자 했던 주사행과 관련된 기사를 그 예로 들 수 있을 것이다.

파되었는가라는 단편적 사실만이 존재했고, 이에 따른 구체적 연구가 이루어지지 않았다. 그 이유는 이 경전이 후에 발전되는 학파 간 논쟁 혹은 종파로의 성립과 전혀 관계없는 경전이었던 이유가 가장 클 것이다. 그러나 불교가 동아시아로 흡수되고 발전되는 초기 과정에 있어『현겁경』은 수행이나 대승불교 신앙의 촉진제 역할을 했음이 분명하다.

베제크릭 천불동 내의 천불조성 벽화

첫째,『현겁경』이 '현겁'이라는 글자가 들어간 기타 다른 경전과 이본異本 혹은 별행경의 형태라 가정한다면, 당시『현겁경』을 둘러싸고 이루어진 수행과 신앙은 극성했다고 볼 수 있다.

둘째, 불교가 중국으로 전파되는 과정에서『현겁경』을 바탕으로 하는 수행은 주로 '관불수행'이 기준이 된다. 또한 경전의 번역이 완성되고 1세기 이내에 이미 수행의 측면과 신앙의 측면 모두 발전하는 모습을 보여주고 있다.

셋째, 서북인도 지역에서는 『현겁경』에 대한 인식이 현재의 관점에서 얘기하는 대승의 측면으로 이해되었다고 보기는 힘들지만, 이를 기반으로 하는 수행이 이루어지고 이를 바탕으로 차츰 대승불교적 성격이 기존의 부파불교와 어우러져 발전 가능성을 내포하고 있었을 가능성이 있다.

넷째, 그동안 우전국과 『화엄경』의 집성이라는 측면에서 이해되는 많은 부분 가운데 초기에 이루어진 사원의 형태 및 불상의 조성방식은 『화엄경』보다는 오히려 별행경의 형태를 띤다고 하더라도 『현겁경』을 바탕으로 하는 것으로 이해될 수 있는 측면이 많다. 그리고 이러한 측면들이 대승불교의 발전 양상과 맞물려 이후 『화엄경』을 기반으로 하는 화불형식이 자리 잡게 되는 배경으로 작용했을 가능성이 있다.

위와 같이 초기 대승불교 경전 가운데 하나인 『현겁경』을 바탕으로 잠정적 결론을 내려보았다. 그러나 이후의 지속적이고 심층적인 연구를 통해 좀 더 면밀하고 심도있게 다루어져야 할 것이다. 또 하나의 연구과제를 삼기 위한 작업이므로 지극히 시론적인 측면이 강하기 때문에 향후 관련된 연구가 지속되어야 할 것이다.

• 참고문헌

- 『賢劫經』T14
- 僧祐, 『出三藏記集』T55
- 慧皎, 『高僧傳』T50
- 『大唐內典錄』T55
- 道善, 『集神州三寶感通錄』T52
- 法顯, 『法顯傳』T51
- 『往五天竺國傳』T51
- 玄奘, 『大唐西域記』T51
- 『大智度論』T25

- A.Stein, "Serindia" vol. london;Oxford, 1921

- 季羨林 주편, 『敦煌學大辭典』, 上海辭書出版社, 1997
- 《敦煌志》編纂委員會編, 『敦煌志』, 北京;中華書局, 2007
- 『佛敎の東傳と受用』, 東京;佼成出版社, 平成22년 12월
- 임영애, 『서역불교조각사』, 서울;일지사, 1996
- 한지연, 『서역불교 교류사』, 서울;은정불교문화진흥원, 2011
- 杜斗城 등, 『河西佛敎史』, 北京; 中國社會科學出版社, 2009
- 佐佐木孝憲, 「竺法護の譯經について—正法華經讀解のための基礎的考察—」, 坂木

幸男 編『法華經の中國的展開』, 平樂寺書店, 1972
- 向達, 「西征小記」, 『國學季刊』7권, 1950
- 甘肅城文物管理局, 「馬蹄寺,文殊寺,昌馬諸石窟調査簡報」『文物』, 1965
- 宿白, 「凉州石窟遺蹟與"凉州模式"」, 『考古學報』, 1986 4기
- 周炅美, 「중앙아시아의 佛舍利莊嚴」, 『중앙아시아연구』7호, 2002
- 林玲愛, 「호탄의 佛敎彫刻」, 동국대학교 편, 『실크로드의 문화-서역남로Ⅱ』, 한국언론자료간행회, 1993
- Ihsan H. Nadiem, "Buddhist Gandhara", Lahore; Sang-E-Meel Publication, 2008
- Bérénice Geoffroy Schneiter, "GANDHARA The Memory of Afghanista", NewYork; Assouline, 2001
- Rockhill,W.W., The Life of the Buddha and the Early History of His Order, London, 1892

북방불교의
수행 문화에 대한 고찰

Ⅰ. 한국의 선불교 문화의 기원을 찾아서

Ⅱ. 서북인도의 수행 문화
　　간다라 지역의 수행
　　간다라의 공동 수행 문화

Ⅲ. 실크로드의 수행 문화
　　천산남로와 사막남도의 수행 문화
　　양주 지역의 수행 문화

Ⅳ. 서북인도로부터 전해 온 한국불교의 수행 전통

Ⅰ. 한국의 선불교 문화의 기원을 찾아서

 종교와 수행의 관계는 결코 분리될 수 없는 것이다. 특히 불교에서의 수행은 불교의 궁극적 목표점인 깨달음에 도달하는데 필수적인 과정이며, 이를 통해서만이 도달할 수 있는 목표점이기 때문에 더더욱 그 의미가 크다. 그러나 불교 전파 과정과 루트, 그리고 파생된 결과가 다르듯이 수행 방식에서도 차이가 있다. 다시 말해서 북방과 남방에서 각기 받아들이고 발전시켜 나아간 불교의 성격이 다른 것처럼 수행 문화에서도 역시 차이가 존재한다.

 수행 문화에는 수행 방식과 그 수행을 이루기 위해 주변에 성립된 모든 것을 포함하는 의미를 내포하고 있다. 예를 들어 수행 방식에 따라 형성된 사원, 수행 공간, 수행 방식에 따라 성립된 불탑—동시에 성립되기도 하고, 혹은 기존 성립된 불탑에 수행 방식에 근거해 덧붙인 부조물 등—, 그리고 수행에 필요한 부분들이 회화로 드러나는 등 많은 내용들을 수행 문화의 범주에 넣어볼 수 있을 것이다. 여기에서는 북방에 한정된 지역과 그곳에서 나타나고 있는 수행 문화에 관해 다룰 것이기 때문에 북방, 즉 동북아시아로 전파되는 시발점으로서의 서북인도에서 시작해 전파의 가교 역할을 주도했던 실크로드, 그리고 중국에 이르는 지역 분류를 통해 보고자 한다. 그리고 임의적으로 분류한 각 지역에서 수행 형태가 어떤 식으로 전개되고 있었는가에 관해 일부 문헌 자료를 근거로 하며 이를 바탕으로 이루어지는 수행 문화의 전개 양상을 보도록 한다. 특히 현재 한국불교에서 수행하고 있는 선수행 방식의 지리적 근원점과 인도-실크로드-중국에 이르는 북방 불교의 수행 방식을 고찰함으로써 수행 방식의 역사를 보고자 한다.

다만 인도에서 동아시아에 이르는 전파 경로에서 볼 수 있는 수행 문화라는 것이 대단히 큰 주제이기 때문에 이 글에서 모두 다룰 수 없는 주제라는 한계가 있다. 그러나 한국에서 이루어지고 있는 선수행 방식에 대한 역사적 근원을 찾아보고자 시도한 글임을 시작에 앞서 미리 밝혀두는 바이다.

II. 서북인도의 수행 문화

간다라 지역의 수행

서북인도西北印度의 지정학적 위치는 모두가 주지하다시피 현재의 파키스탄, 우즈베키스탄, 아프가니스탄 일대를 지칭한다. 불교사에 있어서는 특히 쿠샨 왕조가 제1, 2수도로 삼고 주요 활동을 전개했던 광의廣義의 간다라 지역[1]이 서북인도를 대표한다고 볼 수 있다. 서북인도는 그 지정학적 위치로 인해 불교의 전파 경로 가운데 주요 위치를 점하고 있다. 특히 동아시아로의 전파에 주요한 역할을 했기 때문에 아무래도 대승불교의 흥기 혹은 발원지 중의 하나로 지적되고 있는 지역이다.

전파 문제를 제외하고 불교발달사적 측면에서 언급해 본다면 서북인도는 전통적으로 부파불교적 성향이 짙은 지역으로 분류될 수 있다. 이는 구법승들의 기록을 통해 알 수 있다. 대표적으로 법현法顯은 『고승법현전高僧法顯傳』에서 "이 나라 사람들 대부분이 소승을 배우고 있었다."[2] 고 밝히고 있으며, 현장玄奘 역시 『대당서역기大唐西域記』에서 간다라의

---

[1] 간다라와 서북인도에 관한 지정학적, 환경적, 불교사적 위치와 그 의미에 관해서는 한지연의 「서역에서 소승교단과 대승교단이 대립했는가?」, 금강대학교 불교문화연구소 편, 『동아시아에서 대립과 논쟁』, 2015, p.25.
[2] 法顯, 『高僧法顯傳』권1(『大正藏』51, p.858中) "揵陀衛國……此國人多小乘學".

불교사와 일부 사원의 성격에 관해 언급하면서 "소승법을 학습한다."[3]고 밝히고 있다. 그러나 대승불교를 기반으로 하는 활발한 활동 및 경전의 편찬[4] 및 편집[5] 등의 대승불교 경전 내용에 근거하고 그와 관련된 여러 신앙활동 및 사상의 전개 방식들이 바로 서북인도에서 일어나고 있다. 다시 말해서 문헌상에 언급되는 내용과 최근의 연구 성과의 내용을 통해 기원전후의 시기, 서북인도 지역이 대승불교와 직접적으로 연결될 수 있었던 당시의 불교 성향을 짐작해 볼 수 있다. 즉 부파불교 일색보다는 스스로를 '대승불교도'라는 관념을 인지했는지는 알 수 없는 대승불교적 성향을 지닌 일군의 무리가 부파불교 교단 내부에서 함께 공존하고 있었다는 것으로 해석해 볼 수 있을 것이다.

이러한 서북인도 불교의 당시 경향성은 수행 문화에 직접적인 영향을 발휘하였다. 이 대승불교적 성향을 지닌 무리는 기존 부파불교에서 제시되지 않았던 대승불교의 삼세불三世佛, 다불多佛의 사상 등에 관해 사상적인 이해보다 수행의 한 측면으로 받아들임과 동시에 재가자의 신앙적 측면이 더불어 작용하면서 수행과 결합된 하나의 문화가 형성된 것으로 추정해 볼 여지가 있을 것 같다. 단적인 예로 탁실라Taxila에 위치한 조우리안 사원지Jaulian Site 안에는 수많은 불탑이 존재한다. 그리고 그들 불탑에서는 특정 사상과 연계할 수 없는 많은 불상이 각 층마다 조성되어 있다. 그런데 〔사진1〕에서 볼 수 있듯이 부파나 대승불교 교리에서는 그 의미를

---

3 玄奘, 「大唐西域記」권2(「大正藏」51, p.881上) "然皆遵習小乘法教".
4 카라시마 세이시(辛嶋靜志), 「누가 대승경전을 창작하였는가?: 대중부 그리고 방등경전」, 「불교학리뷰」 16호, 2014, pp.9~96.
5 석길암, 「화엄경의 편집의 배경과 편집지에 대한 검토」, 「인도철학」 제40집, 2014, pp.121~126.

[사진1] 조울리안 사원지. 불탑에 늘어선 불상

찾기 힘든 도상이 불탑을 감싸고 있다.

불탑의 기단부터 각 층마다 조성되어 있는 불상에는 특정 주제가 내포되어 있거나 규칙성이 존재하는 것으로 보기는 어렵다. 또한 동시대에 동일한 조성 방식으로 이루어진 불탑 양식을 찾아보기 어렵기 때문에 필자는 이와 관련된 부분을 『현겁경賢劫經』 속에서 찾아본 바 있다.[6] 즉, 간다라 지역에서 이루어졌던 사리신앙과 불탑신앙을 기반으로 불탑에 조울리안 사원지에서 발견되는 바와 같이 어떤 규칙성이나 일관성이 없이 나열되는 불상 조성에 대한 해석을 『현겁경』과 관련지어 본 것이다. 그리고 이에 대해 불상을 관觀하며 수행하는 형식, 다시 말해서 관불수행과 밀접한 연관이 있을 것으로 추정하였다. 이러한 예는 비단 조우리안

---

6 한지연, 「『현겁경』을 기반으로 한 초기 서역 불교 수행 체계에 관한 고찰」, 『불교학보』 67집, 2014.

〔사진2〕 달마라지카 사원의 병렬 불상

사원지에서만 발견되는 것이 아니다. 모라모라두 사원지MoraMoradu Site에서는 주탑Main Stupa, 主塔 주변으로 대형 불상과 등신대불等身大佛이 상당수 조성된 점 등 역시 하나의 예로 볼 수 있을 것이다.〔사진2〕

대승불교가 어디서 발원하였고, 대승불교의 경전이 언제, 어디서, 누구에 의해 편찬 및 편집되었는가라는 근원적인 문제를 차치하더라도 불교 수행 방식의 전개에 있어 서북인도, 특히 간다라 지역에서 기존 수행 방식과의 차별화가 일어나고 그것이 문화적으로 발현하고 있다는 점은 분명해 보인다. 그리고 수행 방식은 동아시아에서 일반적으로 행해지고 있는 선관禪觀의 일종인 관불수행觀佛修行이었을 가능성을 제시하고 있다. 이러한 관점의 근거로는 첫 번째, 돈황지역에서 불교 전파 시기 유행했던 것이 선관이며, 이와 관련된 경전이 초기부터 다수 번역되고 있다는 점이다. 두 번째, 불상의 조성이 수행 공간 가운데서도 특히 불탑을 중심으로 이루어져 있다는 점이다.

첫 번째, 돈황 지역 선관의 유행과 관련된 경전의 유행 및 번역의 문제를 제시한 이유는 돈황이 지리적 특성상 동전東傳하는 서쪽의 문화가 가장 활발하게 받아들여진 까닭이다. 물론 돈황에 이르기까지 거쳐야 할 여러 소국小國이 존재한다. 그리고 그 과정에서 첨삭되는 내용도 존재할 것이다. 그러나 여기서 다루고 있는 '초기'라는 시기가 기원 2세기 이전이다. 이 시기의 실크로드의 오아시스 국가들은 사실상 서북인도로부터 전파되는 불교를 있는 그대로 받아들일 수밖에 없는 정국이었다.[7] 때문에 당시의 돈황 지역에서 유행하던 불교의 양상은 서북인도 혹은 인도에서 발전하던 원형에 가까운 불교의 모습을 받아들였다고 보아도 무방할 것이다. 이 같은 배경을 전제로 하고 이 문제에 접근해 보면 돈황 지역에서 선관이 유행했던 이면에는 인도 및 실크로드 출신의 승려들이 중국 내부로 진출하기 이전에 바로 돈황 지역에서 언어를 습득했다는 점을 간과할 수 없다.[8] 동시에 그들의 출신국에서 행했던 수행을 그대로 이어가면서 중국으로의 불교 전파를 준비하고 있는 지역이었다는 점 역시도 당시의

---

7 흉노와 중국이 각기 서역 경영을 목적으로 각국의 정치·경제권을 획득하고자 깊이 관여했기 때문에 서역 제국의 정세가 인도로부터 밀려드는 문화를 선별할 수 있는 상황은 아니었다. 대표적인 예로 반초가 永元3년 龜玆國 의 왕 우리다를 폐위시키고 백패를 세워 왕으로 삼는 등(『後漢書』 권47, 「班超傳」 제37)의 내용을 볼 수 있는데 이를 통해 흉노, 중국이 각각 서역 제국의 정치에 깊이 관여했음을 알 수 있다.
8 돈황 명칭에 대해 티베트어의 '誦經地' 혹은 '誦經處'라는 함의가 있다는 李得賢, 「燉煌與莫高窟釋名及其他」, 『青海社會科學』, 5기, 1988.의 주장 외에도 축법호가 『不退轉法輪經』을 돈황에서 얻어 역경되었다는 『出三藏記集』(T55, p.50中)의 기록 외에는 대부분의 기록이 돈황에서 수행과 더불어 언어를 습득했다는 내용이다.

돈황불교 특성이라 할 수 있겠다. 이러한 돈황불교로부터 역으로 서북인도의 불교 수행을 추정해 본다면 기원전후의 시기, 선관수행의 내용이 존재했음을 짐작할 수 있다.

두 번째 근거로 제시된 문제는 불탑을 중심으로 형성된 불상이 갖는 의미이다. 불상이 출현하기 이전, 무불상無佛像 시대에는 붓다를 직접적으로 표현하지 않고 지극히 관념적이고 상징적인 표현을 통해 종교성을 담지하고 있었다. 때문에 붓다가 상像으로 표현되기 이전에도 이미 종교적 상징화 작업은 존재했다고 보여진다. 그럼에도 붓다를 굳이 표현한 이유가 무엇이었을까? 이에 관해서는 여러 가지 배경이 존재하겠지만 여기서는 수행에 필요한 하나의 대상으로써 불상을 이해해 보고자 한다.[9]

즉, 무불상 시대 이후에도 지속적으로 불교 교단의 중심 역할을 하고 동시에 신앙의 대상으로 자리 잡고 있던 불탑이 존재했음에도 불구하고 '불탑과 그 주변부에 불상을 나열하는 것을 어떻게 이해할 것인가?'라는 문제에 대한 접근인 것이다. 신앙의 대상으로 이미 불탑이 존재했고, 강경講經과 개인 수행에 무게가 실려 있던 당시 부파불교적 관점에서 본다면 이처럼 형성된 불상의 모습은 결국 다른 각도에서 해석할 수밖에 없다는 것이다. 따라서 여기에서는 이 문제를 당시 관불수행이 존재했을 가능성과 연관 지어진 것으로 추정한다. 위의 두 가지 근거를 통해 간다라에서 수행은 기존의 수행법과 더불어 관불수행을 행했을 가능성을 제시하고자 한다.

---

9 이러한 언급은 자칫 불상 출현과 수행의 관련성으로 비춰질 수 있기 때문에 미리 불상 출현의 원인이 아니라 여기서 다루고 있는 불탑과 불탑 주변부에 안치된 여러 불상들에 대한 해석을 수행과 관련한다는 점을 밝힌다.

간다라의 공동 수행 문화

앞서 간다라 지역에서의 수행이 관불수행과 연관되어 있을 가능성을 제시하였다. 그렇다면 이 지역 사원 구조 속에서 이러한 요소를 찾지 않을 수가 없다. 이미 불상 조성의 문제와 관련해 그 의미를 관불수행과 연관 지어 보았다. 따라서 이 장에서는 불상 배열과 그 의미, 그리고 사원 구조를 통해 어떤 방식으로 관불수행이 이루어졌는지에 관해 살펴보기로 한다.

간다라 지역에 존재하고 있는 사원들은 사원 중심부에 위치한 주탑 Main Stupa, 주탑을 둘러싼 소형탑군, 공용 강경 공간, 2층으로 이루어진 개인 수행 공간, 공용 목욕탕과 부엌 등이 기본 구조로 이루어져 있다. 대승불교가 출현하기 이전으로 추정되는 기원전 3세기에서 기원전후에 성립된 사원의 주탑은 주로 인도 탑 원형의 모습을 그대로 유지하고 기단부에는 그레코로만 양식의 장식부가 발견된다. 그리고 동전을 쌓았던 흔적들이 주로 나타나고 있어 재가자들의 '믿음'을 중심으로 한 신앙의 단면을 확인할 수 있다.

예를 들어 탁실라에 위치한 마니키알라 Manikyala Stupa에서 이러한 내용을 확인할 수 있는데, [사진3]에서 볼 수 있듯이 주탑의 기단부에 기원 전후에 사용되었던 주화와 동일한 크기의 흔적들이 남아 있다.[10] 따라서 대승불교가 출현하기 이전으로 확신할 수 있는 시기의 사원 내부 불탑에는 불상의 흔적이 없고, 신앙의 대상으로써 불탑만이 존재했음을 확인할 수 있는 셈이다.

---

10 Muhammda Ilyas Bhatti, "*Taxila an ancient metropolis of Gandhara*", Pakistan; Umar Zirgham, 2006, p.99.

▲ (사진3) 마니키알라 불탑, 마니키알라 불탑
◀ 기단부의 주화 흔적

이후 성립된 사원의 주탑은 확연하게 기단부의 변화 양상을 볼 수 있는데, 특히 방형기단에 부조되는 불상의 출현이 큰 특징이라 할 수 있다. 이에 대한 해석은 다양하게 할 수 있을 것이다.

첫 번째로 불상의 출현으로 인해 단독 불상이 조성될 뿐 아니라 당시까지 붓다를 형상화시키는데 극대화할 수 있었던 불탑에 함께 조성하여 '붓다'라는 상징성을 강조하는 문화사적 관점으로 이해할 수 있을 것이다. 또한 불탑과 불상의 동시 조상을 통한 재가자의 신앙활동으로 해석될 수 있는 것이 그 두 번째 해석 방식이라 할 수 있겠다. 세 번째는 여기서 보고 있는 수행 방식의 보조 수단으로서의 불상의 개념이다. 사실 불

〔사진4〕 조울리안 사원지의 개인 수행공간

상의 기원과 관련해 특히 간다라 및 마투라 불상에서 특정한 불교 교단이 불상 조성에 관여했던 흔적은 찾아볼 수 없다.[11] 그렇지만 초기 불상 가운데는 명문銘文을 통해 어떤 불상인지 그 성격에 관해 단서를 제공하는 경우가 종종 있다. 또한 대부분이 단독이거나 삼존상의 양식으로 조성되어 있어 여기에서 보고 있는 바와 같은 불상 조성은 특정한 목적에 의해 조성되었다고 볼 수 있을 것이다.

주탑과 주변의 소형 탑에 조성된 불상이 관불수행의 대상으로 조성된 것으로 추정해 볼 수 있다면, 사원 내에서의 생활상은 어떠했을까? 간다라 지역에 분포되어 있는 사원은 공통적으로 개인 수행 공간과 공동생활 공간으로 나누어져 있다. 불탑 주변의 수행 공간 이외에 개별적인 공간에서

---

11 다카다 오사무 지음, 이숙희 옮김, 『불상의 탄생』, 서울: 예경, 1994, p.20.

강경이나 관불수행이 아닌 다른 개인 수행을 행할 수 있는 개인공간이 확보되어 있다. [사진4]에서 볼 수 있듯이 개인공간이 확보되어 있으며, 기원전부터 형성된 마니키알라 사원지를 포함하여 대다수의 사원지에서는 부엌으로 활용했던 공간이 형성되어 있다. 이는 탁발을 하고 수행에 전념했던 남방불교 교단의 모습과는 사뭇 다르다. 남방불교 교단에서는 공동으로 수행하는 모습을 지니고 있으나 수행의 공간으로 사원이 활용될 뿐, 의식주 모두를 포괄한 개념의 공동생활이 이루어지지는 않고 있다. 이에 비해 간다라 지역에서의 사원구조는 이를 모두 포괄한 공동생활 및 수행의 공간으로 활용되고 있는 것이다.

이는 앞서 언급했던 마니키알라 사원지뿐만 아니라 바달푸르Badalpure 사원지, 탁티바히Takht-i-Bahi 사원지 등에서는 부엌으로 사용되었던 것으로 보이는 유적지가 발견되었다. 그리고 그 안에서는 도자기 파편 및 그릇 등이 출토되어 이를 뒷받침해 주고 있다.[12] 이러한 사실을 통해 의식주를 사원 공간에서 해결하면서 공동생활을 하며 수행에 전념했던 간다라 불교 교단의 일면을 볼 수 있다.

---

12 Muhammad Arif, M.K.Khan Khattak, Syed Shakir Ali Shah, '*Excavation at the Buddhist Site of Badalpur, Taxila Vallely*', "*Ghandharan Studies*"vol.5, 2011.

Ⅲ. 실크로드의 수행 문화

불교사에서의 실크로드는 천산남로와 사막남도에 해당되는 루트와 실제 그 루트를 점하고 있던 고대 오아시아 국가인 구자국龜玆國, 현 신강성 쿠차현과 우전국于闐國, 현 신강성 허티엔시이 대표적인 국가로 부각될 수 있다. 그리고 각 고대 국가의 수행 문화 역시 공통점과 차이점이 나타나고 있어 수행 방식에 있어서도 차이가 존재했음을 유추해 볼 수 있다. 따라서 여기서는 천산남로와 사막남도, 그리고 양주 지역으로 나누어 살펴보도록 한다.

천산남로와 사막남도의 수행 문화

천산天山을 중심으로 남쪽에 위치해 있는 루트에는 고대 구자국이 존재하고 있었다. 구자국은 5세기 초, 중국에서 활동했던 구마라집鳩摩羅什의 출신국으로 잘 알려져 있다. 비교적 이른 시기부터 불교를 받아들이고 발전시킨 구자국은 왕실 후원으로 승단이 발전하는 등 명실공히 불교국가로 자리 잡고 있었다. 훗날 당나라에 복속된 이후에도 불교문화의 형성은 꾸준히 이루어지고 있었는데, 그 가운데서도 특히 석굴 형성은 왕실부터 귀족, 승려 그리고 천산남로 루트를 지나면서 교역하는 동시에 종교에 지대한 영향을 끼쳤던 소그드 상인들[13]에 의해 조성되었다.

구자국에 형성된 석굴의 특징을 보면 초기 석굴에서는 주로 중심 탑주와 붓다의 전생고사, 열반상, 미륵불彌勒佛의 설법 장면이 주 테마로 등장하고 있다. 그리고 수행을 위한 석굴은 주로 개인용으로 형성된 것이 대부분이어서 서북인도의 주탑主塔과 수행 공간이라는 사원 구조와 비슷한 양상을 보이고 있다. 즉, 주탑에 해당하는 중심 탑주가 모셔져있는 예배당과 개인 수행 공간이라는 구조를 가진 셈이다.

초기 석굴에서는 과거-현재-미래를 대표하는 전생고사, 중심 탑주에 안치되어 있는 주실 및 후실後室의 열반상, 전실 입구부에 위치한 미륵불을 확인할 수 있다. 적어도 150여 년의 기간 동안 위와 같은 구조를 유지하다가 이 구조에서 탈피하여 다양한 주제가 등장하기 시작한다. 이때 첫 번째로 나타나는 것이 바로 천불도千佛圖이다.

키질Kizil 석굴, 쿠무툴라Kumutula 석굴, 키질가하Kizil-Kargh 석굴 등에서 공통적으로 4~5세기 무렵부터 천불도가 벽화의 중심 테마로 등장하는데, 이들 불상을 벽화로 조성하고 각각의 불상 옆에 부처의 명호를 묵서墨書로 새겨놓았다. 이러한 현상은 이후 살펴볼 양주 지역의 돈황 막고굴에서도 나타나고 있다.

4세기 무렵부터 서역 특히 천산남로를 기점으로 양주 지역까지 천불도 조성이 기하급수적으로 늘어난다고 볼 수 있다. 이는 간다라 지역의 불교사상 및 불교문화를 전적으로 받아들였던 실크로드에서 수행 방식에

---

13 Paipakov K. M., 'Silk Road and Spread of Religions in Kazakhstan', 『종교와 문화』 제1권.

있어서는 그들만의 독창성을 띤 수행과 불교문화의 형성이 시작되었다는 것으로 풀이할 수 있겠다. 다시 말해서 서서히 간다라 지역에서 관불수행이 시작되었다면, 실크로드에서 독자적 방식으로 발전시키고 본격적으로 동전東傳시켰다고 할 수 있다.

인도 및 서북인도에서의 관불수행은 지극히 초기적인 형태이다. 그 배경은 초기 불교 및 부파 혹은 주류 불교의 시대를 지나 점차 대승불교 흥기를 거치면서 수행 방식의 다양성이 갖추어지면서 등장한 현실적인 수행 방식으로 해석될 수 있다. 이러한 양상은 앞서 간다라의 수행 체계와 문화를 언급하면서 그 배경에 관해 상세히 다루었기 때문에 여기서 깊이 있기 다룰 필요는 없을 것 같다. 때문에 주지하다시피 간다라 지역에서의 수행 문화가 변화 양상을 보이면서 실크로드에서의 수행 문화 역시 변화·발전되는 양상으로 거듭나고 있다. 그리고 이러한 양상이 천산남로에서는 석굴 내부에서 극명하게 드러나고 있다.

한편, 타클라마칸 사막의 남쪽에 위치한 대표적인 고대 불교국가로 우전국을 들 수 있다. 불교사상적인 측면에 있어서는 천산남로와 공통분모가 존재하기도 하지만 대부분 다른 사상 발전이 있었기 때문에[14] 수행 문화 역시 동일한 범주 속에서 이해할 수 있는 가능성이 높다. 그러나 천산남로와 비교해 보았을 때, 석굴이 형성될 수 없는 여건과 우전국이 간다라와 밀접한 영향이 있는 고대 오아시스 국가라는 점[15] 등의 민족성과

---

14 사막남북로의 공통점은 초기 대승경전 가운데 특히 『반야경』을 근간으로 하는 사상의 조류가 존재했고, 사막북로에서는 여기에 『법화경』을, 사막남로에서는 『화엄경』을 더한 사상적 흐름이 있었을 것이라는 부분은 필자가 이미 밝힌 바 있다.(한지연, 『서역불교교류사』, 서울: 해조음, 2011)
15 우전국이 간다라, 특히 탁실라국과 동일한 민족성을 지녔다는 점은 오럴 스타인(A. Stein) 등에

자연환경의 배경이 천산남로와는 달랐기 때문에 약간의 차이가 나는 방식으로 수행과 불교문화가 양산되었을 것이라는 추측이 가능하다.

특히 수행 방식에서는 간다라 지역과 크게 다르지 않다는 점은 확인할 수 있다. 즉, 관불수행을 기반으로 하는 수행 방식을 고스란히 받아들여 우전국에서도 역시 그 흔적을 찾을 수 있다. 과거 우전국을 중심으로 하여 우전국의 통치권 내에 존재했던 오아시스 국가들의 불교 유적에서 이를 확인할 수 있다. 미란Miran, 다마고Damako 사원지, 라왁Rawak 사원지 등을 대표적인 예로 들 수 있겠다. 이들 사원지에 조성되어 있는 불상에 관해 임영애는 탁실라, 아프가니스탄, 호탄, 미란, 난주 병령사 등지로 이어지는 계보상에 있다고 밝히고 있다.[16] 그러나 불상의 연대와 조각사에서 갖는 특징을 밝히고 있을 뿐, 이들이 갖는 불교사적 의미를 밝히지는 않았다.

임영애가 밝힌 바와 같이 간다라에서 호탄, 중국 난주까지 동일 선상으로 이어지는 미술의 양식적 계보는 불교사적 관점에서 본다면, 동일 범주 속에서 형성된 사상, 신앙, 수행의 형태가 존재했다는 것을 의미한다. 물론 미술사적 양식에서는 불상에 한정지어 그 계보를 밝히고 있어 형식적 계보상의 불상이 지니고 있는 의미를 통해 불교사상 및 신앙의 형태를 밝히는 것에 초점이 두어져야 할 것이다. 다시 말해서 동일 범주 속 유사 형식의 문화를 통한 불교사적 해석이 이루어질 수 있다는 것이다.

의해 밝혀졌다.(한지연[2011], pp.48~49)
16 임영애, 『서역불교조각사』, 서울: 일지사, 1996, p.84.

우전국의 불교문화적 측면에서 나타나고 있는 동일성 및 유사성은 간다라에서 찾을 수 있다. 따라서 앞서 밝힌 간다라 수행 문화의 발전 양상과 그 정통성을 동일시하고 있다. 간다라 불교문화 및 수행 문화의 전통을 이어가고 있으나, 우전국 수행 문화의 경우 간다라와 동일하지 않은 자연환경이 바로 우전국 수행 문화의 특수성으로 성립될 수 있는 배경이 될 수 있다는 점을 확인할 수 있다. 우전국의 위치상 타클라마칸 사막과 곤륜산을 배경으로 하기 때문에 천산남로와 같은 석굴을 조성할 수는 없었다. 때문에 간다라와 동일하게 사원 형태를 취할 수밖에 없는데, 사막의 영향으로 인해 간다라와 동일한 환경에 놓인 사원을 조성할 수는 없었다.

따라서 사원의 중심을 이루고 있는 주탑을 둘러싼 높은 담장이 형성되고, 바로 이 담장의 내외벽에 관상수행의 대상이 되는 불상이 안치된다. 간다라에서의 불상이 불탑과 주변부에 배치되고 있는 것에 비해 우전국에서는 주탑에 불상이 안치되는 경우보다는 주변 시설에 불상이 안치되는 차이점을 보이고 있다. 즉, 우전국의 사원 형태는 간다라의 그것보다 주변부 환경을 극복하고자 하는 시설이 존재하기 때문에 이 공간을 수행의 공간으로 활용한 예가 보이고 있는 특수성을 지니고 있다. 그 예는 대표적으로 라왁Rawak 사원지를 들 수 있다. 임영애를 비롯한 많은 미술사학자들은 라왁 사원지의 담장에 존재하는 불상의 형식에 관해 시기 구분을 통해 분류하고, 형식의 계보를 밝힌 바 있다.[17] 그러나 1, 2군 각기 1,000여 구가 넘는 불상의 활용에 대해서는 밝힌 바가 없기 때문에 여기서는 수행의 대상, 즉 관불수행의 대상으로 보고자 한다.

---

17 임영애, 위의 책, pp.140~145.

라왁 사원지 담장의 1, 2군 불상을 수행의 대상으로 보는 관점의 근거는 다마고 사원지에서도 찾을 수 있을 것이다. 다마고 사원지는 2000년부터 본격적으로 불교 사원지 발굴을 진행하고 있다. 다마고 사원지는 6~8세기에 세워지고, 약 400여 년간 사용된 것으로 추정되고 있는 사원지이다.[18] 그런데 고대 우전국 지역에서 발견된 사원지 형태 가운데 미란 사원지와 비슷하지만, 지극히 개인 수행이 강조된 구조를 가진 사원지이다. 아직 발굴 과정에 있기 때문에 단언할 수는 없으나 다마고 1호 사원지의 크기와 면적이 각기 남북 2m, 동서 1.7m, 면적 4.5㎡인 점을 보면 개인 수행을 위한 사원지였음을 추정할 수 있다.

사원지 내부의 불상 존재여부는 사실상 큰 의미가 없어 보인다. 실제 불상이 존재하는 사원지도 있지만, 주로 사방의 벽면에 채색된 불상이 그려져 있다. 따라서 좁은 면적의 사원지에 채색된 불상 벽화가 있다는 점은 예불의 목적보다는 개인 수행의 목적에 비중을 두고 볼 수밖에 없는 것이다.

이와 같이 천산남로와 사막남도에서 대표성을 띠고 있는 고대 오아시스 국가들은 공통적으로 간다라 불교 전통의 영향 내에 있었으며, 수행의 측면에 있어서도 개인 수행의 공간을 확보하면서 특히 관불수행의 문화가 존재했음을 알 수 있다. 다만 간다라 지역과 다른 이 지역의 특수한 자연환경이 배경으로 작용하면서 실크로드의 독특한 불교 수행 문화를 전개·발전시킨 것으로 이해해야 할 것이다.

---

18 禮小山, 王 博 編著, 『絲綢之路, 新疆高代文化』, 新疆人民出版社, 2008, p.65.

양주 지역의 수행 문화

양주涼州 지역은 역사·지리적으로 중국의 역사와 지리에서 이해돼야 할 것이다. 이 지역 역사 속에서 이해될 수 있는 지역 문화는 지극히 실크로드의 문화와 동일 선상에 있다.[19] 따라서 이 글에서는 양주 지역을 실크로드의 종교문화 범주에서 이해하도록 한다. 양주 지역은 불교가 중국으로 전파되는 기초 과정에 있어서 가장 동단東端에 위치했다고 할 수 있다.

이에 비해 초보적 전파 단계의 시기에 있어서 낙양 및 장안 등에서 이루어지는 것은 불교의 발전으로 이해될 수 있다. 반면 양주 불교는 전파의 과정상에 있기 때문에 엄밀히 말하면 전파 과정의 끝단인 것이다. 이런 측면에서 양주를 고려해 본다면, 간다라 및 협의적 실크로드의 의미를 지닌 지역에서 행해졌던 수행 방식을 고스란히 전해 받은 지역임과 동시에 동아시아에서 발전할 수 있는 수행 방식의 변화 및 발전에 가장 직접적인 영향을 끼칠 수 있는 지역이다.

불교사에 있어 양주는 불교사상이나 의례 등이 본격적으로 발전된 지역으로 볼 수는 없다. 그러나 사상·의례 발전에 가장 근간이 되는 불교 경전의 한역화漢譯化 작업의 근거지로 이해할 수 있는 지역이다. 인도 및 실크로드의 각국으로부터 중국으로 불교를 전하는 전법승傳法僧들이 중국에 대해 이해하고 어학을 습득한 지역이 바로 양주이다.

이러한 견해에 관해서는 필자가 그동안 지속해서 주장했던 바인데,[20] 이때 반드시 인식해야 할 문제가 수행이다. 전법승들이 전파를

---

19 이에 관해 한지연, 「동아시아적 전환 시발점으로서의 돈황 불교에 대한 고찰」, 『인도철학』 제34집, 2012에서 자세히 다루고 있다.
20 한지연[2011], pp.198~203.

목적으로 한 어학 습득을 위해 양주에 머무는 동안 실질적인 경전의 번역이나, 사상에 대한 담론을 행하는 것은 거의 불가능한 일이다. 때문에 어학을 습득하는 것 이외에는 결국 수행자로서 기본적으로 행해야 할 수행만이 그들의 일상생활이었을 것이다. 따라서 양주에서의 수행 문화는 오히려 중원 지역보다 더 발전적일 수밖에 없다는 결론에 다다른다.

실제로 양주, 즉 중국 역사상 오량국五梁國이 건국되었던 하서회랑河西回廊 지역에는 수많은 석굴군이 존재한다. 이 지역 석굴의 대표성을 띠고 있는 돈황 막고굴을 비롯해 유림굴榆林窟, 주천酒泉 문수산文殊山 석굴, 장액張掖 금탑사金塔寺 석굴·마제사馬蹄寺 석굴, 무위武威 천제산天梯山 석굴 등 다른 지역에 비해 많은 숫자의 석굴이 있다. 이들은 주로 북량北凉 및 서진西晉 시기에 개착된 것으로 추정되고 있다.[21] 그리고 동일한 시기, 전법승들의 중국 내에서의 활동은 『고승전高僧傳』을 비롯한 많은 불교사서류에서 그 내용을 확인할 수 있다. 혜교慧皎의 분류법에 따르면 이 시기 인도 및 실크로드 출신의 고승에 해당하는 인물들은 역경譯經편에서 가장 많이 찾아볼 수 있고 신이神異, 습선習禪편에서도 그 예를 찾을 수 있다.

습선편에 등장하는 인물이 총 21인인데, 그 가운데 6명 만이 하서회랑 출신 인물이며 그 외에는 주로 중원 지역의 출신 인물들이다. 오히려 인도나 실크로드 출신 고승은 습선편에서 찾기 힘들다는 것이다.

그런데 특이한 점은 습선편에 등장하는 6인의 하서회랑 출신 지역 고승들은 모두 활동 시기가 북위 건국 이전 혹은 그와 맞물린 시기에 집중되어 있다. 습선과 직접적으로 연결되어 있는 인도와 실크로드 출신 고승

---

21 마쓰창 외, 양은경 역, 『중국불교 석굴』, 서울: 다할미디어, 2006, pp.94~96.

들의 관련 기사는 오히려 역경편에 편중되어 있다. 그리고 습선편에서는 북위 건국과 맞물려 있는 시점까지 하서회랑 출신의 승려들에 대한 기록을 남기고 있다. 이에 해당되는 인물들을 도표로 정리하면 다음과 같다.

이름	출신 지역	내용
축담유竺曇猷	돈황	젊을 때부터 선정수행
석현호釋賢護	양주	중국 광한廣漢 염흥사閻興寺에서 활동
석법서釋法緒	고창	'촉'지역에서 활동. 후에 맥적산에 은거함 *석법서와 관련된 혜숭慧崇 역시 양주 사문으로 기록
석법성釋法成	양주	16세 출가, 암혈에 은거하며 선을 익힘
석혜람釋慧覽	주천	계빈에서 선요禪要 배운후, 우전국에 전수, 중국에서 활동
석도법釋道法	돈황	

<도표1> 『고승전』 「습선편」 하서회랑 출신 승려

    이들 대부분은 해당 지역에서 출가를 하고 선정 수행을 익힌 후 중원으로 진출하는 행보를 하고 있다. 따라서 역경편에 기록되어 있는 인도·실크로드 출신의 승려들의 선수행과 관련된 행적 이외에도 하서회랑 출신의 승려들이 선수행과 밀접하게 관련되어 있다는 문헌상의 근거를 바로 『고승전』에서 찾을 수 있을 것이다.

    문헌상의 기록 외에도 앞서 잠시 언급한 석굴 내부의 구조와 내용에 있어서도 역시 선수행과 밀접하게 관련되어 있는 점을 확인할 수 있다. 주천 문수산의 천불동은 북량北凉, 397~439년시기에 조성된 것이며, '천불'이 조성되어 있다. 그리고 각각의 불상에는 각기 명호가 씌어있던 흔적이 남아 있는데, 당시 벽화에 조성된 천불을 관觀하며 부처님의 명호를 외우거나 부르는 일명 불명회佛名會의 수행 집단 혹은 신앙 집단이 존재했던 것으로 추정해 볼 수 있다.[22]

금탑사 석굴에서도 마찬가지로 '천불'을 확인할 수 있어 저거몽손沮渠蒙遜 치세 기간인 368~433년 사이에 조성된 '양주석굴'에서는[23] 관상수행 위주로 불교 수행이 이루어지고 있었음을 추정할 수 있다. 따라서 문헌상, 문화상 양주에서는 북위 건국 건립 무렵까지 관상수행이 상당히 발전되었으며, 이와 같은 수행 문화가 중원으로 흡수되면서 전통적인 수행 방식으로 자리 잡을 수 있었다 하겠다.

IV. 서북인도로부터 전해온 한국불교의 수행 전통

북방불교와 남방불교의 차이점에 있어 가장 크게 부각될 수 있는 문제는 인도로부터의 직접적 전파인지 혹은 가교 역할을 했던 지역의 성향이 불교의 경향성을 바꿀 수 있느냐는 변용變容의 문제일 것이다.

첫째, 서북인도 불교의 경향성이 배경으로 작용하여 간다라 지역에서는 대승이라 인지함과 무관하게 새로운 수행 방식의 일환으로 불상이 이

---

22 한지연[2014], p.148.
23 감숙성문물관리국에서는 조사보고서, 「馬蹄寺, 文殊寺, 昌馬諸石窟調査簡報」, 『文物』, 1965.

용되고 관불수행의 방식이 도입되었다.

둘째, 간다라 내부에서는 기존의 강경활동이 지속되었기 때문에 공동체 생활 속에서 개인 수행의 일환으로 관불수행이 시작되고, 특정 경전의 내용을 담지 않은 불상의 나열된 모습이 등장하기 시작한다.

셋째, 이러한 수행의 경향성은 실크로드를 거치면서 그 성격이 더욱 분명해진다. 중원으로의 불교 전파 목적과 맞물려 전법승들의 개인 수행, 즉 관불·관상수행의 성격이 좀더 강해지는 것이다.

넷째, 한국불교 선수행의 계보 혹은 그 원류를 찾는 것에는 중국 선의 발전사에 국한될 것이 아니라 서북인도로부터 시작되어야 할 것이다.

북방이나 남방 양 루트 모두 불교가 전파되고, 이에 따라 관련 문화 역시 전파된다. 불교라는 전제는 동일하지만 결과적으로 대승과 소승이라는 성격으로 구분되어 이해하고 있다. 그러나 수행의 측면에 있어서는 그 목적은 동일하다 하겠다. 양 루트 모두 깨달음을 얻겠다는 목적은 동일하지만 방식에 있어서 차이가 나고, 수반되는 문화 양상이 다르게 나타날 수밖에 없다. 때문에 여기서는 북방에서 나타나고 있는 수행 문화의 공통점과 특수성을 찾고, 이를 통해 한국 선의 원류를 문화적 측면에서 거슬러 찾아보았다. 그러나 글머리에서도 밝혔듯이 북방루트 전반에 걸쳐 수행의 흐름을 고찰한 글이기 때문에 상당 부분 거칠게 전개되었고, 앞으로 관련 연구를 지속하기 위한 것임을 다시 한번 밝힌다.

• 참고문헌

- 『後漢書』
- 法顯, 『高僧法顯傳』T51
- 玄奘, 『大唐西域記』T51
- 『出三藏記集』T55

- 금강대학교 불교문화연구소 편, 『동아시아에서 대립과 논쟁』, 2015
- 다카다 오사무 지음, 이숙희 옮김, 『불상의 탄생』, 서울;예경, 1994
- 마쓰창 외, 양은경 역, 『중국불교 석굴』, 서울;다할미디어, 2006
- Muhammda Ilyas Bhatti, "Taxila an ancient metropolis of Gandhara", Pakistan; Umar Zirgham, 2006
- 禮小山.王 博 編著『絲綢之路.新疆高代文化』, 新疆人民出版社, 2008
- 임영애, 『서역불교조각사』, 서울;일지사, 1996
- 한지연, 『서역불교교류사』, 서울;해조음, 2011

- Muhammad Arif, M.K.Khan Khattak, Syed Shakir Ali Shah, 'Excavation at the Buddhist Site of Badalpur, Taxila Vallely', "Ghandharan Studies"vol.5, 2011
- Paipakov K.M., 'Silk Road and Spread of Religions in Kazakhstan', 『종교와 문화』 제1권
- 李得賢, 「燉煌與莫高窟釋名及其他」, 『靑海社會科學』5기, 1988

- 감숙성문물관리국에서는 조사보고서 「馬蹄寺,文殊寺,昌馬諸石窟調査簡報」『文物』, 1965
- 카라시마 세이시辛嶋靜志, 「누가 대승경전을 창작하였는가?: 대중부 그리고 방등경전」, 『불교학리뷰』16호, 2014
- 석길암,「화엄경의 편집의 배경과 편집지에 대한 검토」, 『인도철학』제40집, 2014
- 한지연, 「『현겁경』을 기반으로 한 초기 서역 불교 수행 체계에 관한 고찰」, 『불교학보』, 2014
  「동아시아적 전환 시발점으로서의 돈황 불교에 대한 고찰」, 『인도철학』 제34집, 2012

남은 과제

대승불교의 **재발견**

　대승불교는 정확히 언제, 누구에 의해서, 어디서, 왜 시작되었는가에 관해 밝혀지지 못하고 있다. 그럼에도 각 연구 분야에서 부분적으로 밝히고자 하는 시도는 지속되고 있다. 그러나 우리가 대승불교의 시작점에 관한 문제 해결을 위해 갖고 있는 열쇠는 한정되어 있다. 자물쇠는 너무 많은데 한정된 열쇠로 자물쇠마다 끼워 넣는, 조금은 지루한 작업을 지난 수십 년간 하고 있는 셈이다.

　그 열쇠를 조금 더 확보해 보고자, 끼워 넣는 자물쇠를 좀 더 한정시켜 보고자 대승불교의 흥기가 아닌 발전 과정을 통해 대승불교가 집단화되는 배경과 시점을 밝혀보기 위한 시도를 해보았다. 그러나 이 과정 역시 수많은 주변부가 아직 산재해 있다. 예를 들면 대승경전의 사본과 완성된 형태의 경전에서 사용하는 용어의 차이점이 무엇을 시사하는지, 그것이 대승불교 발전에 있어 어떤 과정이었고 이후 어떤 영향을 끼쳤는지에 대한 이해 부분도 결여된 상태다. 또한 서북인도를 기점으로 한 교류의 현황 속에서 주변부를 살폈기 때문에 이는 서북인도를 대승불교의 발원지로 보는가에 대한 오해를 불러일으킬 수도 있다. 다시 말해서 중남부 인도를 기점으로 한 동남아시아 교류의 현황이 포함되지 않은 부분이 있다는 것이다.

이러한 지역적 차이점뿐만 아니라 시대적 배경에 있어서도 풀어야 할 문제들이 많다. 대승불교 발전에 있어서 각 지역에 따른 차별화가 존재할뿐만 아니라 시기별로 발전하는 양상이 대승불교의 집단화에 끼치는 영향력에 변화를 줄 수 있기 때문이다. 마치 패션에 있어서 유행이라는 부분이 형성되는데 있어 소비 패턴, 사회 이슈 등이 배경으로 작동하듯이 말이다. 즉 불교사상을 이해하는 양상과 변화에 주목하여 배경으로 작동하는 문제들도 염두에 두어야 할 것이다.

이러한 많은 문제를 해결하기 위해서는 개인이 진행하는 연구에는 한계점이 있다. 더욱이 폭넓은 분야를 섭렵해야 하는 불교학에 있어 사상·사상사·지역사·신앙사뿐만 아니라 언어학·사본학 등의 분야도 함께 연구되어 많은 논의가 진행되어야 비로소 일부가 해결될 수 있을 것이다. 그리고 이러한 연구는 1~2년 사이에 그 성과를 내놓을 수 있는 성격은 아니다.

논의의 대상이 10년, 아니 그 이상의 공동연구가 이루어져야 가능하다는 것을 모두가 주지하고 있을 것이다. 어쩌면 지루한 연구의 과정을 거쳐야만 한다. 그러나 전통적인 강학에서부터 오늘날에 이르기까지 한국불교의 불교학 전통은 유구한 역사를 가졌다. 10년, 20년의 시간이 길다고 생각하면 무척 긴 시간이지만 그 유구한 역사를 생각해 보면 아주 짧은 시간에 불과하다. 수많은 정보를 접할 수 있고, 인적 네트워크가 원활한 시대에 많은 불교학자가 공동으로 대승불교의 발전, 더 나아가 대승불교의 흥기 문제를 함께 다루어보면 어떨까 하는 제안을 하면서 부족한 점이 많은 글을 마친다.

한지연 저자

동국대학교에서 1993년부터 2007년까지 공부에 매진.
동국대학교와 한국전통학교 등에서 후배들을 위해 강의 활동.
대승불교 발전 과정과 관련된 연구에 매진하고자 금강대학교 인문한국(HK)사업단에서 활동.

현재, 동국대학교WISE캠퍼스에서 본서와 관련된 연구 및 실크로드를 통해 전해진 대승불교의 동아시아적 전개상에 집중하여 연구 중임.
이 책이 나오기 전, 서역불교 교류사 외에 다수를 집필했고, 돈황학사전을 공역.

Sillasian 인문총서 3
대승불교는 어떻게 발전했는가

초판 1쇄 2024년 11월 14일 발행
초판 2쇄 2025년 12월 19일 발행

저 자 한지연
펴낸이 박기련
펴낸곳 동국대학교 출판문화원

출판등록 제2020_000110호(2020. 7. 9)
주소 04626 서울시 중구 퇴계로36길 2 신관1층 105호
전화 02_2264_4714979-11-91670-38-7 93320
전송 02_2268_7851
Homepage http://dgpress.dongguk.edu
E_mail abook@jeongjincorp.com

디자인 페이퍼붓다
제작 건영프린텍

ISBN 979-11-91670-65-3(93320)
값23,000원

ⓒ2024, 이 책의 저작권은 동국대학교 출판문화원에 있습니다.

※잘못 만들어진 책은 구입처에서 교환 가능합니다.